天下文化

BELIEVE IN READING

天下文化 遠見

交易遊戲

日交易量百兆元的法人操盤手
揭露富人愈富、窮人愈窮的失衡現象

GARY STEVENSON
蓋瑞・史蒂文生

卓妙容 —— 譯

THE TRADING GAME

A CONFESSION

目錄

獻給所有夢想成為百萬富翁卻在現實中挨餓受凍的孩子。
我自己做到了，所以我也要助你一臂之力。

「在瘋狂的世界裡，只有瘋子才清醒。」

——日本導演黑澤明

「生活就是生活，遊戲就是遊戲。」

——安尼詩的祖父

序幕

「我想告訴你一個故事。」

迦勒的大臉若隱若現的在餐桌上晃動。幾縷蒸氣從它下方一空一滿的兩個拉麵碗冉冉上升，與他露出白牙的笑容共舞。我一點儀態也沒有的癱在椅子上。從我的視角，一雙插在我碗裡的筷子看似幾乎要戳入他的下巴。他的笑容愈發燦爛。

「我曾經認識一位非常優秀的交易員，非常、非常厲害。他在德意志銀行上班。很聰明、很年輕。就像你一樣。」

迦勒粗壯的前臂圈住他面前溫暖的空碗，用力將它往桌面擠壓。他的雙手離我的臉不遠，緊緊交握在一起。我至今仍然記得那些手指的樣子：粉紅色，又粗又圓，像尚未煮熟的香腸。看起來彷彿下一秒就會爆開。

「你知道的，這傢伙是個非常棒的交易員。賺了很多錢。不只為自己賺了很多錢，也為德意志銀行賺了很多錢。他的職業生涯本來應該十分光明。」

我們四周圍充斥餐廳的喧囂。這裡不是那種存在於日本大城市後巷質樸簡陋的拉麵店，而是一家位在巨型企業摩天大樓六樓的大型商業餐廳。拉鬆領帶的男人舉著啤酒和他們的老闆乾杯，並在老闆講笑話時適時捧場大笑。幾個美國銀行家夾雜在日本上班族裡高談闊論，不僅話太多，聲音也太大。我一言不發，看著那張巨大的臉穿過黑暗，穿過桌子，向我逼近。

「可是你知道嗎？這傢伙，這個年輕的交易員。即使他很優秀，但他有一個非常嚴重的問題。你甚至可以說他有一個致命的缺點……你知道嗎？這傢伙，他以為他想走就可以走。他以為他可以離開。你懂我的意思嗎？」

迦勒身材高大。我前面形容那麼多，可能已經將這點說得很清楚，但他的「大」不僅呈現在臉和手指，而是身上所有的一切似乎都比應有的尺寸大兩倍。他的眉毛很大，下巴很大。不知道為什麼，連頭上的頭髮都顯得太大、太黑、太濃密。更重要的是，他的笑容太過燦爛，嘴咧得太開，兩排巨大的白牙閃爍著珍珠般的光芒。我覺得他的嘴咧得幾乎比他的臉還寬，彷彿《愛麗絲夢遊仙境》裡的妙妙貓出現在週二晚上的拉麵店，以過大的微笑照亮整個陰暗的餐廳。

「所以這傢伙，決定拿了錢就走。離開這個行業，你知道，想得挺好的。找個地方安定下來，結婚生子，組織小家庭。很美好。嗯，問題是，這傢伙根本不了解這行業的運作規則。德意志銀行可不想見到他離開。你懂吧？」

不需天才也能看得出來他說這些話的意思。我感覺自己的胃開始下沉，身體愈來愈不舒服，嘴裡突然嚐到或聞到什麼不尋常的味道。是血嗎？我深埋在椅子裡，睜大眼睛看他。迦勒仍然在微笑，而且笑容似乎一瞬間變得更大。

「嗯，德意志銀行回頭查看他所有的交易，你想像得到嗎？他的每一則聊天記錄、每一封電子郵件。他在那裡工作過很長的時間，你知道的，做過很多很多交易。他們設法在裡頭找到一些不是太完美的東西。你知道我在說什麼吧？就是一些理論上他不應該做的事。」

我開始感覺彷彿有一把火在我的雙腿內部燃燒。在我的腳上。一種灼熱的、逐漸擴大的、發癢的感覺。一種刺痛感，但我維持原來的姿勢，文風不動。

「所以，你知道的，這麼做當然不對，可是德意志銀行真的拿了其中幾件當證據，將年輕交易員告上法院。老實說，他並沒有做過什麼十惡不赦的壞事，可是銀行想方設法羅織一些似是而非的罪名到他身上。案子在法院來來回回審理很多年。你知道我的意思吧？審判、宣判，上訴、駁回。完全是一場惡夢。於是，這個交易員，優秀的年輕交易員，從來沒有得到真正離開的機會，從來沒有得到組織夢想小家庭的機會，得到的只是不斷進出法院的折磨。在他一生中本該是最美好的年紀。你能想像嗎？蓋瑞？你能想像嗎？案子雖然最終沒有成立，可是他依舊失去所有的錢，因為全付給了律師。他損失全部的錢，甚至還欠債。最後，他破產了。到頭來，這傢伙失去一切。」

現在那把火已經蔓延至我的全身，想吐的感覺和血腥味也愈發強烈。然而，我依舊動也不動，只是抬頭看他的臉。

「蓋瑞，我說的你聽到了嗎？你明白我說這麼多，想表達什麼吧？」

那張大圓臉朝我的方向逼近。

「蓋瑞。我喜歡你。我認為你是一個好人。可惜有時候，壞事同樣會發生在好人身上。你很快就會學到這個教訓。我們可以讓你的生活變得異常艱難。」

剎那間，許多回憶湧上心頭，帶著我飛越萬里，離開東京，回到東倫敦的伊爾福德（Ilford）。十八歲的我，在鐵路旁的死巷裡，坐在一顆足球上，聽哈利告訴我，他媽媽得了癌症，當時的我不知該如何回應，只好問他：「你現在想踢足球嗎？」我記得在一個漆黑的夜裡，我站靠在小巷的牆上，看著正威脅要捅我一刀的薩拉萬；他的兩隻手都插在口袋裡，他真的有刀嗎？我不知道。我記得我在排屋*的街道上被追著跑，跳過一排又一排的花園柵欄，布拉塔普就是在那一次被車碾過，他受重傷的身體躺在地上不停抽搐。我記得發生過的所有愚蠢暴力、血腥事件，以及鄰居孩子們的滿嘴胡說八道，還有我做過的每個承諾，以及我認識的所有人。我記得和傑米夜裡坐在多層停車場的屋頂上，看著我們城市新建的摩天大樓在周圍愈蓋愈高。我告訴他，總有一天我會成為舉足輕重的人物；我向他保證，我會做到。他嘲笑我，在月光下吸了一口菸。可是他知道我會成功的。我也是。

不，我心想。事情不會在這裡結束。

我不會讓它在這家冰冷的餐廳裡結束。我不會任由迦勒臉上微笑的重量將我就地掩埋。

*譯注：住宅的一種樣式，由多幢相連的雙層或多層房屋所組成，這些一排排相鄰的房屋會共用同一堵牆。

第 1 章

登上金融交易的舞台

1

從許多方面來說，我天生就應該是交易員。

我長大的那條街盡頭是一排高大的回收子母車組成的凹牆。它和一盞路燈、一根電線桿彼此相距四公尺，形成一組完美的即興球門柱。

如果你站在兩根柱子之間，往後退十大步，抬頭凝望它們的正上方，金絲雀碼頭*最高的摩天大樓的燈光會從遠處透過那堵高牆，對著你眨眼。

小時候，我會在放學之後，穿著破爛的校鞋和我哥哥的舊校服，在漫長的傍晚繞著球門柱，裡裡外外、一趟又一趟的踢著破舊的軟式安全足球。媽媽來叫我回家吃飯時，我總會習慣性的回頭望著那棟對我眨眼的摩天大樓。它在我眼中是一種全新生活的象徵。

我和那些閃爍金光、高聳的資本主義寺廟共享的，可不只是東倫敦的街道，還有其他東西，某種共同的信念。關於錢的信念。關於渴望的信念。

金錢的重要性，以及我家並不富裕的認知，從小就深深的刻在我的骨頭裡。我最早的記憶之一是爸媽給我一枚一英鎊硬幣，叫我去埃索加油站買檸檬汁。在路上，我弄丟那枚硬幣，它不見了。我還記得為了那枚一英鎊硬幣找了好久好久，甚至鑽進汽車底下爬行，在排水溝裡亂挖，感覺我找了好幾個小時才放棄，兩手空空的回家，淚流滿面。雖然事實上我大概只找了三十分鐘。不過我想，當你還是個孩子時，三十分鐘是一段很長的時間，而一英鎊則是很多很多錢。

我不知道我是否真的失去過對金錢的熱愛。雖然，現在回想起來，我不確定是不是應該用「愛」這個字。也許，尤其當我還是小孩子，我覺得它更可能是一種恐懼。無論我對錢抱持的是恐懼、熱愛或渴望，隨著我長大，那種情緒也就愈來愈強烈，驅使我不停的去追逐那些我從未擁有過的英磅。十二歲，我開始在學校賣廉價糖果給同學；十三歲，我開始一年三百六十四天的派送報紙，賺取每週十三英鎊的工資；到了十六歲，我在高中的銷售業務變得更激進、更有利可圖，卻也更不正當。但這些小打小鬧從來都不是我的真正目標。每天晚上，太陽下山後，我總會抬頭凝望那些在街道盡頭對我眨眼的摩天大樓。

然而，從現實面來說，我並非天生就會成為交易員。因為這些背景，不管過去或現在，對個人成就而言都非常重要。

因為在東倫敦摩天大樓的陰影中，在路燈柱和汽車周圍踢著破舊足球，滿懷渴望、野心勃勃的年輕男孩很多、很多。他們之中許多人都很聰明，許多人都意志堅定，幾乎每個人都願意犧牲一切，只為了能夠繫上領帶、戴上袖扣，走進那些高大、閃亮的金錢巨塔。可是在走進閃亮摩天大樓的交易

＊編注：Canary Wharf：倫敦重要的商務區之一，數棟英國最高的建築物坐落於此。

大廳、每年賺取數百萬英鎊之後仍以東倫敦港區人自居的年輕人，卻再也聽不到來自米爾沃爾區和堡區、斯特普尼區和麥爾安德區、沙德韋爾區和波普拉區的熟悉口音。我知道，因為我曾經在其中一個交易大廳工作過。曾經有人對我的口音感到好奇，問我是哪裡來的，而他才剛從牛津大學畢業。

金絲雀碼頭的花旗銀行大樓共有四十二層。在我進入花旗的二〇〇六年，它是英國並列第二高的建築。二〇〇七年的某一天，我決定登上大樓樓頂看看風景如何，順便看看能否從那裡看到我的家。花旗銀行中心頂樓僅供會議和活動使用。換句話說，當沒人用它時，整層樓都是空的。鋪滿鬆軟細緻藍色地毯的地板，宛如一個遼闊而連綿的國度，四周則是厚厚的落地玻璃圈成的圍牆。我無聲的走過地毯，來到窗前，卻發現我無法看到我的家。從花旗銀行中心的四十二樓看不到東倫敦，只能看到匯豐銀行大樓的四十二樓。東倫敦野心勃勃的孩子們仰望在他們房屋上投下巨大陰影的摩天大樓，可是摩天大樓卻不會看向他們。它們只會互相看著彼此。

這是我如何從在摩天大樓陰影下踢足球、在學校賣糖果的所有孩子裡脫穎而出，在花旗銀行交易大廳找到一份工作的故事。這是一個關於我如何成為花旗銀行全球最賺錢的交易員的故事。這也是一個關於我為什麼在經歷這一切之後，選擇離開的故事。

在那些年，全球經濟開始從懸崖上滑落。不幸的是，直到今天它仍在繼續的往下掉。有時候，我的理智也隨之下滑。直到今日，有時依然如此。天知道，我當初並沒有做到對每個人都問心無愧。哈利、巫師、ＪＢ、我自己，以及所有我沒在書上寫出名字的人。我希望你們能原諒我將你們的故事說出來，因為它們也是我故事裡不可或缺的一部分，你們懂的，對吧？

我要將這個故事獻給安尼詩的祖父。在我們還是喝得醉醺醺的青少年時，他是一個喝得更醉醺醺的老人，只會沒完沒了、口齒不清的向我們重複他唯一熟悉的英文句子。

「生活就是生活，遊戲就是遊戲。」

我們從來沒有真正弄懂那是什麼意思。我仍舊希望將來有一天我們能夠明白。

2

我進入交易大廳的道路始於倫敦政經學院。

倫敦政經學院並不是一所尋常大學。由於沒有綠樹成蔭的宏偉校園，大學建築物將自己偽裝成一群普通辦公室，偷偷藏身在倫敦西區的小巷裡。

即使學校環境相對不起眼，全球精英仍以驚人的熱情想盡辦法將他們的孩子塞進這裡。似乎沒有一個俄羅斯大老、巴基斯坦空軍指揮官或中國政治局委員，會拒絕將胸懷大志的兒子、女兒、侄子或侄女送到倫敦市中心這個不起眼的角落去研究幾年聯立方程式的機會，也許畢業後還會讓他們留在高盛或勤業眾信工作幾年，再飛回去接管祖國的一切。

我在二〇〇五年進入大學主修數學和經濟時，並不是倫敦政經學院的典型新生。我在三年前因出售價值三英鎊的大麻，被明星高中開除。在那之前，我曾試著創辦一個車庫饒舌樂團；我甚至特別訂製一件連帽衫，正面印著「饒舌歌手蓋瑞」，背面印著極有設計感的「慘白組員」幾個大字。

我第一天上課時穿著犀牛牌運動服，搭配藍白相間的連帽衫和慢跑褲。白色連帽衫正面印了一頭很大的深藍色犀牛。在去上學前，我對這所大學其實並不怎麼了解，不過有個高中同學告訴過我，倫敦政經學院的學位是通往高薪金融工作的單程票。對我來說，這個理由已經足夠。

我無法融入大家似乎是很理所當然的事。就像是俄羅斯大老不在伊斯蘭教徒開的炸雞店吃飯，新加坡人聽不懂我的口音。為了省錢，我依舊和父母住在大學東邊十英里的伊爾福德。我才剛交到人生第一個真正的女朋友。她同樣來自伊爾福德。我將大一的大部分時間花在和她一起坐在公園的長椅上喝酒，以及在我媽媽下班回家時，陪她從我臥室的窗戶偷偷爬出去，越過鐵軌閒晃；只有在上課和聽講座時我才會出現在校園裡。

儘管如此，我還是下定決心要在倫敦政經學院取得好成績。我沒有任何可以攀附的家庭關係，對金融城也不了解。我個子不高，也不帥，既沒有合身的西裝，也沒有圓滑的社交技巧。我的履歷表上最令人印象深刻的課外活動其實極為普通，不過是當了一陣子的車庫饒舌歌手，以及在貝克頓區的ＤＦＳ品牌沙發店拍鬆了兩年的靠枕。然而，數學對我來說卻一直是易如反掌的科目，所以在我看來，進入倫敦金融城只有一條路，我必須打敗所有阿拉伯億萬富翁和中國企業家，以優異的成績拿到學位，然後向上帝祈禱高盛會注意到我。

我實現目標的計畫相當簡單：每次聽講座和上課都坐在第一排，確保我聽懂每位教授和老師所說的每句話。

策略奏效。我以極優異的成績拿到大一系排名的前幾名。如果要我老實講，我要說做到這點完全不難。當時我在放暑假前，仍覺得自己的計畫很有可能成功。

可是當我回到倫敦政經學院展開大二生活時，卻注意到情況發生明顯的變化。

第一，毫無前兆且看似無緣無故的，幾乎每個大二學生突然間全變成認真學習的新進銀行家。我並不是說所有人真的都在金絲雀碼頭或倫敦金融城的閃亮摩天大樓裡找到工作，但完全出乎意料的，至少出乎我的意料，每個人都開始表現得彷彿他們已經進入某家銀行。大家開始參加每週三、每週五由金融協會（Finance Society）舉辦的活動，以及每週一由投資協會（Investment Society）舉辦的社交聚會。他們在說話時開始使用幾乎全由三個字母組成的縮寫──ABS（資產抵押債券）、IBD（投資銀行部門）、CDS（信用違約交換）、CDO（擔保債務憑證）、M&A（合併與收購）──並高談「銷售交易部」和「證券化」。出於某種莫名其妙的原因，許多人開始穿全套西裝來上課。謠言四起，到處都有人在討論那些身材高大、胸肌發達、髮型精美、穿著得體、國籍不明且顯然很富有的學生，已經在高盛、德意志銀行、摩根大通或雷曼兄弟拿到極佳的實習機會。甚至有傳言指出，其中一些人已經找到全職工作。

所有學生都開始申請實習。不只向一家、兩家公司申請，而是向十五至二十家投履歷，有的人甚至投更多。模擬面試題目開始在學生社團中流傳，據稱是某位主修統計或國際關係的神祕學長之前的真實經歷。人們普遍相信，面試候選人很可能被問到維吉尼亞州有多少人禿頭。據說曾有一名學生必須在五秒內回答出四十九乘以四十九是多少，每個學生當然都認真的將二四〇一這個答案牢牢記在腦子裡。校園裡出乎意料的區域開始出現莫名其妙的自發性排隊長龍。通常你若詢問為什麼在排隊，人龍中大多數的學生都不確定。但是也許，最終會有人因此得到實習的機會，也許會有和銀行從業人員交流的機會。我還看過一群二十名左右的學生拿著筆電，聚集在圖書館的電腦周圍，大喊各種數字和字母，他們在參加摩根史坦利舉辦的線上算數能力團體競賽。

我完全不知道該如何應對身邊同學在求學態度、行事方法和優先事項上的徹底轉變。許多人再也不參加講座，以便能將時間和精力更充分的投入拓展人際關係，尋找求職機會，以及學習金融世界的用語和專業名詞的縮寫。我開始明白迄今為止看似成功的策略，也就是單純的參加講座和課程，充分理解教材內容，這些是如此的貧乏和天真。

我滿心困惑，不得不向大一結識的少數好友之一求救。高大英俊的馬蒂茲是我在數學系的同學。他雖是斯洛維尼亞人，卻在英國長大。雖然馬蒂茲並沒有像其他許多學生那樣穿著「全套正式西裝」上學，但他的穿著風格卻明顯變得更為幹練時尚。他是金融協會成員。他說話時會用縮寫。他提出實習申請。他去過好幾個面試。他參加不少活動。

我問馬蒂茲，這個夏天究竟發生什麼事，使得全年級的學生產生如此翻天覆地的變化。

「蓋瑞，你這麼問是什麼意思？你不知道嗎？大二是實習年！」

現在讓我來解釋一下它的運作規則。或者，至少，當時馬蒂茲是這樣告訴我的。

在倫敦政經學院念書的每個人都想為高盛工作，或德意志銀行，或摩根史坦利，或摩根大通，或瑞銀集團。不僅是倫敦政經學院的每個人，還有帝國理工學院的每個人，還有沃里克大學的每個人。當然，諾丁漢、達勒姆和巴斯的每個人也這麼想。還有曼徹斯特和伯明翰的人自然也這麼想，只不過他們一點機會都沒有，嗯，除非他們認識業內人士，有後門可以走。牛津大學和劍橋大學的人如果沒有富裕到永遠不必工作，自然也想在這些地方上班。

問題是，沒有足夠的職位提供給所有的人。事實上，僧多粥少。不僅如此，也不是每份工作都一樣。最好的職位在「銷售交易部」，它不但工作時間最佳（每天只需工作十二個小時，週末還可以休息），而且只要你夠優秀，也能在最短的時間內賺到大錢。如果沒進銷售交易部，就一定要進「投資銀行部」或「合併與收購部」，每週工作一百小時，直到你覺得自己會過勞死，可是仍然還在加班。如果你擠不進這些部門，你就只能去「顧問部」。

我根本不知道顧問是幹什麼的。依馬蒂茲說到這個詞的語調判斷，可能和打掃廁所差不多？

除非你有私人關係，否則沒有實習過，就找不到工作。得到實習的唯一時機，就是現在。如果你在大二結束時，還沒有得到實習機會，你一定要在大三結束前找到一個。實習結束後，約有五成的實習生會得到十二個月後入職的正式工作邀約，所以如果你在大三結束時*才開始實習，你將面臨畢業後失業一整年的窘境。不過說實在的，這只是理論，因為沒有一家投資銀行會雇用大三結束時才開始的實習生——他們心知肚明，你顯然在大二時被所有銀行拒絕，沒有一家銀行會想要被其他同業拒絕的實習生。

他繼續說：「就是這樣。不成功便成仁，情況可說是孤注一擲。你的未來會在這一年被決定。忘記你的『數學和經濟學』。你需要知道的是什麼叫做『信用違約交換』？什麼是『合併與收購』？什麼是『投資銀行部門』？你怎麼不知道呢？蓋瑞？每個人都知道啊！而且你需要向各家銀行提交申請。每個實習機會都有成千上萬的申請者在爭奪，加上你又沒有任何用得上的私人關係。你得到實習機會的唯一可能，是至少向三十家銀行提出申請，然後希望至少可以拿到其中一個。你

*譯注：英國大部分的學士課程只需三年。

到目前為止申請幾家？什麼？一家都沒有!?」

我給他的答案是零家。聽完他的話，我更徬徨了。數學，我很擅長；經濟學，也難不倒我。但在這個充滿縮寫的新世界裡，我什麼都不會。高中老師告訴我「努力學習，考試取得好成績，你就會找到好工作」時，我相信了。我真是個白痴。我簡直傻得無可救藥。

馬蒂茲雖然有點激進，卻是個善良的好人。他很同情我。他帶我參加一場金融協會舉行的演講，主題為「如何在投資銀行找到工作」。

這場活動選在倫敦政經學院一個較為宏偉明亮的古老演講廳舉行，參加人數眾多。主講人是一位前投資銀行家，他看起來彷彿才從描述華爾街故事的好萊塢電影中走出來。一身細條紋西裝，後梳的油頭，高大強壯。

在我看來，這場演講就是一場以努力工作為主題的意識流獨白，每句話的單字和縮寫都讓我覺得似曾相識，卻還是聽不懂其中含意，彷彿他說的不是英文，而是某種我在高中學過，卻只懂一點皮毛的第二外國語。主講人在舞台上不停的走來走去，速度很快，說話起伏很大，強度高到令人難以置信。我從他那裡得到的訊息簡單且直白：閱讀所有書籍，了解所有縮寫詞及其含義，和每個人建立關係，向每家銀行提出申請，拚命工作，不要浪費時間睡覺。我不確定我是否誤解了他想向群眾傳達的意思。演講結束後，我帶著萬分沮喪的心情離開會場。

我讓馬蒂茲失望了，事實上，就某種程度而言，我也讓自己失望了。我決定放棄實習申請。我做不到。我一直不擅長記憶縮寫，我的靈魂負擔不起它的重量。況且申請流程的第一階段是履歷表和自我推薦信，這是除了我以外的其他同學，大概從四歲就開始為此做準備。他們似乎都曾橫越撒哈拉沙漠，或在學生聯合國擔任要職，或在皇家亞伯特音樂廳吹奏過雙簧管，做的全是這類轟轟烈烈的大事。我的履歷則包括送了六年的報紙、當了一年沒沒無聞的車庫饒舌歌手、在貝克頓汙水處理廠旁的沙發店拍了兩年靠枕。何必呢？不過是自取其辱。

後來拯救我的，是我在大學裡遇上的第二個轉機，有趣的是，它和第一個一樣，發生的無緣無故且看似毫無前兆。在大二學期開始之後，突然間，每個人都知道我是誰。我這輩子從沒見過的學生，甚至有幾個穿西裝來上課的傢伙，會在圖書館走到我身邊，開始和我交談。有一次，一個中國學生在走廊上攔下我，一言不發的以憤怒的眼光上下打量我；十秒鐘後，什麼也沒說，轉頭就走。還有一次，一位身材高䠷、口音不明、髮型超酷的歐洲女孩主動來找我，說要和我一起念書。我想不明白為什麼會發生這些事。

我滿心困惑的向我的朋友兼同學薩加爾・馬爾德請教。薩加爾是肯亞印第安裔，身材高大魁梧，說起英文帶著美妙的花腔口音，他的父親是整個東非的肥皂業霸主。

「他們當然都認識你！」薩加爾大喊，好像這是非常顯而易見的事。「他們都知道你的考試成績有多好。」

這個答案並沒有完全解開我的困惑。我的成績確實很好，但據我所知，它們並未被公開，而且離全校第一名還很遠。像是說這句話的薩加爾本人，成績就比我好很多。

「當然，蓋瑞。」我把想法告訴他時，他很和善的回答：「可是沒有人想到你居然能做得到。」

薩加爾的個性相當可愛，我們至今仍然是好朋友。不過在聽見他的話那一刻，我的心裡其實非常震驚。從我有記憶以來，我的數學程度就一直很好，非常好。我小學裡的每個人都知道我數學程度很好，念同一所高中的每個人也都知道。我以前常常參加各種數學競賽，而且通常會贏。老師、家人、朋友都認為我能做到這些事，是理所當然的。我也一直這麼想。可能有人會嫉妒我，但不會有人對此感到驚訝。

然而，薩加爾的隨口評論，讓我第一次意識到一件我以前從未想過的事：很多有錢人都認為窮人是笨蛋。倫敦政經學院一年級經濟學講座的規模相當龐大，參加的學生超過千名。在這些講座中，我坐在第一排，穿著運動服，背著 Nike 抽繩後背包，用獨特的東倫敦口音向主講人提問，看在那些富有的學生眼中，顯然是一個很有趣、但算不上真正威脅的存在。不過，我出色的大一成績讓他們明白，情況似乎和他們以為的不一樣。

我在腦子裡思考這個新發現，問自己接下來該怎麼做。就在那一刻，我決定向他們展示：我們這些穿著運動服的窮孩子不全是笨蛋。沒錯！我確實不知道信用違約交換是什麼，但是如果有需要，解一些數學問題對我完全不是問題。我們會讓他們看見，是的，我們會讓他們好好看看。我們要讓那些人看見我們能做什麼。

因此，當其他同學都在向三十七家投資銀行提出實習申請時，我卻開始以相當誇張的方式，向每個會注意到我的人展示我在經濟學，尤其是在數學相關方面的超強實力。有生以來第一次，我開始在課堂外自主學習。我更頻繁的在講座上提出問題。當主講者出現錯誤時，我便開始挑戰他們。老實說，我從未想過它是否或者將如何引導我走上職業生涯，但在那時，我的心思也不在那裡。我只是想讓他們知道，他們並不比我們優秀，因為事實就是如此。

無論如何，有一天怪事發生了。一個穿著凌亂西裝、頂著拖把似的濃密黑髮、看上去彷彿身高多長了十五公分的瘦高北方男孩在圖書館裡找到我。他叫路克・布萊克伍德，來自格林斯比，是比我高一屆的數學系學長。

「你是蓋瑞嗎？」他問我，我點頭承認。

「聽著！花旗銀行下週要舉辦一個競賽，被稱為『交易遊戲』，但基本上就是數學遊戲。如果你贏了，會被邀請去參加全國決賽；如果你又贏了，就能拿到實習機會。我聽說你的數學非常好。你應該去試一試。」

在此之前，我從未見過路克，但他坐在我身邊，告訴我比賽日期和時間，並簡單的向我解釋比賽規則。我對交易一無所知，但是，正如路克所說，我不需要知道什麼，因為本質上它就是一個相對簡單的數學遊戲。在向我展示它是如何運作之後，路克站起身來，直接走開，留下我坐在閃爍的電腦前，面對幾張印在A4紙上、還未完成的數學作業。

不知道為什麼，也許是我太過自大且自信，我立刻就相信自己會贏得比賽。我可能對信用違約交換、擔保債務憑證或資產支持證券一無所知，但我了解賽局，也了解數學。就我來看，總算出現一條不需要我會吹他媽的雙簧管也能通往金融城的路。總算出現公平的競爭環境，可以展開一場真正的遊戲。我知道我能贏。我闔上課本，收起數學作業。我建立一個新的試算表檔案，開始列出遊戲裡會用到的所有數學公式。

路克找我談話後沒過幾天，就是交易遊戲的初賽日。這是我第二次參加金融相關活動。入秋的夜晚還算溫暖，儘管這個比賽並未被廣為宣傳（或者應該說，至少我不曉得），但一條中等規模的人龍已經從倫敦政經學院的一棟大型辦公大樓蜿蜒而出。很尋常的倫敦政經學院金融協會類型的隊伍：中國人、俄羅斯人和巴基斯坦人的國際大雜燴，以及更多從口音和服裝上就能看出不管國藉是什麼，名下顯然都有信託基金的人。

我很清楚自己比這些人更具優勢，已經有人向我解釋過遊戲規則，而這些人卻一無所知。的確是不公平，但人生本來就不公平。天知道在這些人的人生中有多少早有專人向他們解釋過、但我卻永遠不會知道的規則。我彷彿在人生中第一次擁有優勢。我一邊享受著這種感覺，一邊隨著隊伍前進，興奮到手指和腳趾都在顫抖。

滿懷抱負和渴望的年輕預備役交易員排隊進入一間沒有窗戶的挑高大房間。雖然我之前沒來過，不過這裡像是大樓深處的某個演講廳。每五人分成一組，在不同的桌子坐下。一個身材魁梧的男人神氣的站在大房間前方的一張大掛圖前。他是我生平見到的第一位交易員。我心想，原來交易員長這樣啊！

我們坐下之後，交易員解釋遊戲規則。當然，我已經知道規則，所以我在他說話時還有餘裕上下打量他。他在房間裡緩慢又沉重的走來走去。他精準的露出微笑，目光明亮的掃視人群，逐一打量每個學生。我幾乎可以看到一股自信，宛如蠟燭生出的煙霧從他身上冉冉升起，在大房間裡蜿蜒盤旋。它呈現出一種厚重、黏稠的黑暗，卻又像玻璃罐裡的糖蜜帶著清晰閃耀的明亮光澤，同時伴隨著露出大白牙、似乎永遠掛在臉上的巨大微笑。看到那種陰暗、黏稠的自信，讓我瞬間彷彿回到老家，回到伊爾福德，回到高中時代喜歡裝酷的孩子變成賣一次大麻賺十英鎊、一百英鎊不等的小藥頭的時候。可是它帶著我在伊爾福德從未見過的深度。那是我在進入倫敦政經學院之後，才開始有能力看到的。是一種不僅今天能贏、明天也能贏的人的自信。一種知道自己不會輸的人的自信。不知道為什麼，即使在我對交易一無所知的最初階段，我也覺得那種自信注定屬於我。

不過，眼前還有任務要先完成。這場比賽，我一定要贏。

我該怎麼做才能贏呢？嗯，首先你需要了解這場比賽的規則。

理論上，交易遊戲應該要模擬市場交易；然而實際上，它只是數字組成的遊戲。

它使用一套特製的編號卡牌，數字大小不一，共十七張。如果哪天你也想參與，我可以告訴你：這十七張分別是負十、二十以及一至十五的所有數字。每個選手都會得到一張牌，只有他們自己可以看得到，然後桌子中央會放著三張數字朝下蓋著的牌。遊戲規則為每個選手各自猜測八張牌加起來的總數（五名選手每人一張牌，加上桌子上的三張牌），以此為基礎下賭注，互相競爭。

你可以將牌局的概念想成這樣：所有人都在買賣某些資產，該資產的總值即為遊戲卡牌的總和。你手上只有部分資訊（你自己的牌）；隨著遊戲的進行，更多資訊（中間的牌）會隨之揭露。如果你拿到一張數字很大的牌，例如：十五或二十，那麼便暗示總金額可能會很高的訊息，你認為總金額可能很高，因此你會想「買進」賭注。如果你有像負十這樣數字很小的牌，你可能認為總金額應該較低，你會想「賣出」賭注。如果你拿到一張像六或七中間數字的牌，我猜你就得另外找理由說服自己了。

投注系統是這個遊戲之所以被稱為「交易遊戲」的主因，因為它的設計宗旨就是在模仿交易員在市場上進行投注的行為，也就是在「雙市場」中進行「決定價格」和「接受價格」。

讓我先很快的介紹一下，在真正的金融市場裡交易是如何發生的。像是退休基金、對沖基金或大企業等大客戶想要購買或出售某樣資產，交易標的可以是任何東西。但在這個例子裡，讓我們假設他們想用美元購買一千萬英鎊好了。正常來說，他們不會打電話給銀行說：「你好，我想用美元買一千萬英鎊。」他們不這麼做的理由有二：

1. 如果交易員知道你想購買英鎊，他可能會試著推高英鎊價格。
2. 如果交易員知道你想購買英鎊，他甚至可能搶先進入市場，很快買進大量英鎊，希望推高市場價格，然後以更高的價格賣給你。這種做法被稱為「搶先交易」，雖然它在許多情況下是違法的，可是在現實中還是時常發生。

說得更清楚一點，如果你是客戶，你不會想在真正有機會購入之前，就告訴交易員你想買進。為了避免這種情況，你可以說：「嗨，請告訴我一千萬英鎊的價格。」

當你這麼說時，交易員（理論上）不會知道你是想買進，還是想賣出。按照慣例，他必須給你兩個價格——一個是你可以買進的價格，另一個是你可以賣出的價格。這種做法被稱為「雙向價格」，幾乎所有大型金融市場都是這麼運作。如果你仔細想想，當你在機場走近外匯櫃檯時，你應該就會看到類似的告示欄：一個可以用美元「購入」英鎊的價格，另一個可以「出售」英鎊以換取美元的價格。當然，他們（銀行）購入的價格總是遠低於出售的價格，畢竟外匯櫃檯就是靠這個價差賺錢的。交易員也是一樣。

花旗銀行的交易遊戲也以同樣的方式運作。每個選手都可以隨時詢問其他選手：「你現在的價格是多少？」另一個選手就必須以雙向價格的格式，提供有價差的買進價和賣出價。

假設你是一個渴望成功、想成為交易員的倫敦政經學院年輕學生，你正在玩這個遊戲。你穿著一套你身為中國政治局委員的父親重金從倫敦最好的裁縫店買來的昂貴西裝，坐在桌子後面。一個看上去極其自信的魁梧男人向你簡單解釋一套看似相當簡單的數學遊戲規則，還有一個看上去咄咄逼人、穿著印有藍犀牛的白色連帽衫的瘦小少年，以你幾乎聽不懂的口音詢問：「你的價格是多少？」

你會怎麼應對？

對於大多數受過良好經濟、數學和統計訓練的倫敦政經學院學生來說，答案顯而易見。你看著自己手中的牌，想著這副牌中可能出現的牌，然後做一個簡單的統計速算，得出總數的「期望值」。這個數學計算一點都不難。整副牌的平均點數為七．六五。遊戲只會用到其中八張牌，因此平均總數應為六十一．二。你已經知道其中一張牌的數目，因此，如果你手上的牌數字特別大或特別小，你就得適當的往上或往下調整。如果你手上的牌為二十，你的期望值是六十八，你可能會以為應該調至七十三，因為二十比七．六五多了十二，可是二十在你手上，意味著其他人都沒有二十，所以它只會將期望值往上加七。如果你手上拿著負十的牌，則你的期望值應為五十一．二。

這些都是簡單的數學，一點都不難。桌邊的每個人都能輕易算出來。

不過這麼想其實很愚蠢。我待會再向你解釋為什麼。

比賽前，我已經在倫敦政經學院研讀數學、經濟學和財務相關知識一年。我知道他們會怎麼想，所以我認為這就是他們會採取的戰術。想像一下你正在玩這個遊戲，桌上的某個人手上拿著二十，他會立刻給你一個介於六十七至六十九（記住，他的期望是六十八）的價格。另一個人有負十，他會給你介於五十至五十二的價格。你要怎麼應對？

嗯，第一點，你馬上就會察覺這個人有負十，另一個人有二十。他們說出來的第一句話，已經毫無疑問的向你揭示他們手上的牌。然而，這還不是重點。關鍵是，你可以去找提出五十至五十二價格的人，和他對賭總值會高於五十二。然後你可以轉向提出六十七至六十九價格的人，和他對賭總值會低於六十七。以五十二買進，以六十七賣出。這兩個賭注在做出的同時立即抵消，你將獲利十五。無論遊戲最後出現的實際總額是多少，這種情況都會發生，這筆十五的利潤完全無風險。然後你看準時機，再做一次。

如果和你同桌遊戲的其他選手夠聰明，他們就會意識到你已經很快賺了一筆。他們會意識到，當另一個人提出以六十七購入時，還回答願意以五十二出售簡直愚蠢。如果其他選手夠聰明，他們會意識到那個穿犀牛連帽衫的小個子在一分鐘內已經詢價十五次，並且已經賺了毫無風險的利潤一百。他們會意識到也許他知道自己在做什麼。他們會想，說不定他們應該調整應對策略。

可惜那些在倫敦政經學院主修經濟、參加金融協會活動的人不夠聰明。或者更確切的說，他們聰明在不同的地方。他們很擅長使用電腦，也很會編寫試算表。為他們繫上精緻的領帶，在他們手裡放一杯酒，將他們和德意志銀行的招聘人員放入同一空間，他們很快就能找到話題和對方熱烈交談。讓他們和一個已經先用三天時間解出答案的東倫敦男孩玩投資紙牌遊戲，他們會在他極快話速的迷惑下，一小時後才意識到自己已經輸掉比賽。

就這樣，我贏了第一輪比賽。低買，高賣，低買，高賣，再低買，再高賣。實在太荒謬。其他選手的目光都釘在計算機上，幾乎連頭都沒抬起來過。當他們在算著他們的期望值時，我只是平心靜氣的將大把大把的積分收進口袋。

雖然這個遊戲只是一個數學賽局，但它確實可以告訴你一些關於市場的教訓：

1. 個別交易員不設定價格。如果你認為某物值六十，但其他人都以五十的價格出售，你就不會以五十九的價格購入。如果其他人以五十的價格出售，你最應該的報價為五十至五十二。如果有人以五十的價格出售，你就不該提出以五十一的價格購入。這點顯示金融市場的有趣之處，那就是：**個別交易員不應以他們認為某物的價值為它定價，應該以其他人認為的價值來定價。**
2. 因此，如果你向十個不同的交易員詢價，你不應該得到十個不同的價格：它們應該都集中在一個相似的價格帶上。即使十個不同的交易員對實際價格應該或多或少有完全不同的看法，情況依舊如此。
3. 如果另一個人看起來知道自己在做什麼，而且賺很多錢，但如果你不知道自己在做什麼，也許你應該模仿那人的行為。
4. 大多數金融市場主要是靠前面的第三點在驅動。

我知道第一輪交易比賽並不公平。我在三天前就知道規則，其他人卻是當場才聽到。我知道這大概是我那天贏得比賽的主要原因，我知道這是我最終找到變成百萬富翁的工作的第一步。我知道這不公平。但是，老實說，我一點都不在乎。那個房間裡的其他人後來也都成為百萬富翁，因為他們的爸爸就是百萬富翁。他們之中的一些人後來也成為交易員，因為他們的父親就是交易員。我爸爸在郵局工作，我家裡甚至沒有一張可以讓我寫數學作業的書桌。我認為你當然可以將所有你能掌握的優勢物盡其用。我走向大房間前面那個交易員，和他的大手相握。

「幹得好！」他說：「決賽見。」

「謝謝。」我說：「我們到時候見。」

倫敦政經學院的交易遊戲比賽結束，到全國決賽之前只隔三週。在這段時間，我幾乎沒去參加任何一場講座或課程。馬蒂茲也拿到決賽資格。我教我所有其他朋友如何玩這個遊戲，然後在圖書館的一個房間裡，和我認識的任何願意參加的人，一起持續玩了三週。當我找不到人一起玩時，我就整理相關試算表，再三背誦。它只是花旗銀行裡某個人想出的愚蠢數字遊戲。我相信等到交易遊戲決賽日，我一定已經是世界上最厲害的專家。

決賽在花旗集團大樓舉行。在二〇〇六年，花旗大樓是英國最高的三棟建築之一，僅次於匯豐銀行大樓和在金絲雀碼頭頂著閃亮金字塔屋頂的加拿大廣場一號摩天大樓。它們就是我當初站在伊爾福德街道盡頭的路燈柱間所看到的建築物。像是命中注定，只不過我得先贏得這場比賽，才有資格走進去。

決賽那日，天氣已從溫暖的秋天變成寒冷的初冬。我穿上深藍格子襯衫，繫上藍黃色寬領帶。這是我以前在DFS沙發店拍鬆靠枕時穿的衣服。當我搭乘地鐵從倫敦政經學院出發，前往金絲雀碼頭時，天色已暗。銀禧線的列車發出的聲音，與每天早上經過我床邊的列車完全不同。銀禧線在加速和減速時，會發出螺旋般逐漸加大的呼呼聲。聽起來很新潮、很高科技。對我來說，聽起來就像是金錢的響聲。

決賽在頂層的其中一個房間舉行。從那個高度看出去，倫敦在冬夜裡只剩下數不盡的窗戶和路燈。我在童年時期，日日仰望這些摩天大樓，如果我是其他日子來，說不定我會想從這裡向外看，嘗試辨認出我父母的房子。但我不是來觀光的，我的腦子裡塞滿數字。而且，我也不知道我家在大樓的哪一個方向。

比賽前，花旗銀行舉辦提供香檳和法式開胃小點心的簡短招待會。我既不懂法式開胃小點心是什麼，也沒有喝任何香檳。其他候選人則與在場的交易員打成一片，輕聲談笑。我猜想，可能是在嘲笑擔保債務憑證之類的吧？不過我沒在聽。我去那裡是為了贏得比賽。倫敦政經學院、牛津大學、劍橋大學、達勒姆大學、沃里克大學，這五家大學各派來五位參賽者。我想對花旗銀行而言，其他大學不夠重要。這樣包括我在內就有二十五名參賽者，而我已經和倫敦政經學院的所有人都交過手。我對自己非常有信心。

我們在指定的桌子坐下。出現在倫敦政經學院初賽的那位高大交易員微笑發表一些激勵人心的話，我同時悄悄打量同桌的選手。我必須在決賽採取不同於初賽的策略。這裡的每個人都參加過初賽，並且表現出色才晉級。他們應該優秀到足以意識報價和桌面上其他人不同是件蠢事。這意味著只透過在不同的選手間低買高賣，是不可能賺得到錢的。

然而，選手意識到「給出和別人相差甚遠的價格很蠢」的事實，卻為我創造新的機會。透過我持續不懈的練習，我意識到，大多數選手都表現出嚴格遵守周圍選手報價範圍的意願，即使有差距，也都不會太大。他們主要依靠聽力來做到這一點，聆聽周圍選手的報價，以便將自己的價格維持在同一範圍。這給我一個機會，只要自己大聲報價，就可干擾、甚至進一步操縱其他人的報價。

遊戲以人人皆可參與的方式進行（類似真正的市場），如果價格介於六十二至六十四之間，大聲報出介於五十八至六十的價格，只要次數夠多，通常可以順利將價格拉低至這個範圍。在遊戲一開始時，立即非常大聲的報價，也是設定價格水準的另一個好機會。

這讓我想出一種相當有利可圖的新策略。如果我拿到一張大牌，我會在遊戲開始時喊出低價。說白了就是一種簡單的虛張聲勢——暗示別人我手上的牌數字很小，將整體期望值拉低，然後在所有人都守著我最初喊出的低價範圍後，我就可以持續從各選手那邊以低價買進。當然這麼做的風險是，其他選手可能意識到我在唬人，以低價從我這裡買進，轉身高價賣給別人。我在這裡依靠的是幾週前我的朋友薩加爾・馬爾德給我的那條直白訊息：有錢人認為窮人都是笨蛋。如果一個長得像我這樣、說話像我這樣的人，在遊戲開始時大聲嚷出聽起來過低的價格，其他選手更有可能只會嗤之以鼻，認為是一個傻瓜廉價的亮出自己的底牌，不會想到我其實是不懷好意的在誤導他們。

走完第一步，之後的計畫只剩不斷的向其他人詢問價格，試圖推測他們所採取的戰術，以及他們手上的牌的大小。在這裡，我依靠的是其他倫敦政經學院選手給我的另一個訊息：這些選手中大多數都不認為自己可以贏，只是想利用決賽做為拓展人脈的機會。有鑑於此，我相信大多數選手應該會採用相對簡單的策略：如果他們手上是大牌，報價會略高於平均；如果是小牌，報價則會略低於平均。有些人為了避免洩露消息，可能會報出中立價格，但這種情況應該不多。很少人會虛張聲勢。你得記得，這些人是經濟系學生，而不是職業撲克選手。

這裡最重要的關鍵點是，現在的經濟學家其實都是數學家，而不是偉大的思想家或賽局高手。其他參賽者都在飛快的按計算機，在他們按計算機時，我卻在努力誤導他們的耳朵，觀察他們的眼神。從大聲而虛假的報價開始，進而快速評估每個選手的智力、複雜程度和手上可能有的牌。一旦心裡有底，我便會決定是否向此人買進（賭總數會較高）或賣出（賭總數會較低）。如果我是買家，我會透過大聲報低價來壓低價格，同時積極的以拉低的價格從其他選手那邊買進。如果我是賣家，則做完全相反的事。

這個戰術非常有效。贏得五局勝利之後，我順利進入總決賽，也就是決賽中的決賽。現在只剩五個人競爭，搶奪一個實習生的位子。情勢相當樂觀。

當我們五個走向房間中央那張桌子時，被淘汰的選手紛紛抓起法式開胃小點心，圍攏觀賽。

我打量周圍對手。我在之前的幾場比賽已經和他們大部分人交過手。他們都很優秀，能夠很快弄懂價格走勢，並且對牽涉其中的數學知識非常了解——不過我認為，他們之中沒有人聰明到懂得虛張聲勢或看穿我的虛張聲勢。我想我的機會還是很大。

牌卡發下來，我拿到負十。這是一張好牌。負十是距離平均值最遠的牌，意味著它最有能力改變遊戲的總值。但當然，只有當其他人沒有意識到你已經拿到它時，它才有價值。否則，他們會立刻開始降低自己的價格，你就無法從中獲利。這是交易時的另一準則：**你是對的，不一定能賺到錢；但是在別人犯錯時你是對的，就一定可以賺錢。**

我堅持我一貫的策略，立即宣布了一個高報價。如果我能讓整局遊戲維持在高價範圍，我就有希望持續以高價「出售」，充分利用我的負十這張卡。

令人驚訝的是，儘管我的價格開得很高，但第一個選手並不想「賣」給我。我問他的價格，甚至比我的報價更高。他很顯然已經揭開自己的底牌：他手上的牌數字一定很大。

我向另外三名選手詢價。所有人都報出高價，看起來每個人手上的牌數字應該都相當大。換句話說，如果忽略我的負十，這局的總數將會很高，我若要獲得利潤，必須盡可能的推高價格。我開始將價格報得愈來愈高，聲音愈來愈大，直到最後其他人開始同意賣給我。我努力將價格再推高一點之後，我開始使勁的賣。在這種價格下，加上我手上的負十，我幾乎不可能輸。我的訣竅是大聲報出高價，假裝自己是一個激進買家似的推高市場，可是實際上卻在向其他選手詢價時，盡可能的賣出。遊戲進行時場面既混亂又吵雜，其他選手無法根據自己的報價記得誰在買、誰在賣，可是不斷重複的報價卻能對推動價格產生極大的影響。

我開始累積大量「賣出」賭注，自信的認為最終總額會比這個價格低上許多。差不多是時候翻開桌上三張牌中的第一張了。結果是十三。

對我來說，十三不是個好數字。比平均卡牌數值七．六五明顯高太多，以它一己之力就能將期望總值拉高三。我的記分卡畫上大量「賣出」的賭注，這可真不是什麼好消息。不過，沒人知道我手上有一張負十，而且我賣出的價格都很高。以數學邏輯來說，一切優勢都還站在我這邊。我利用這個機會進一步提高價格，並且繼續賣出。

當桌上的第二張牌被翻開時，我已經畫滿兩張賣出賭注記分卡上的所有格子。第二張牌是十四。

看到這個數字，我當時或許就該心生懷疑，但是我沒有。而且，我也沒時間多想。我需要它開出的總值偏低，不然我就得和我的職業生涯說再見了；然而即使總值不低，我也不打算因此停下腳步。我再次將價格提高，並開始以更高的價格、更激進的態度賣出。到比賽結束時，我一共賣出大約三百個賭注。

最後一張牌被翻開。數字為二十。其他四位選手也翻開他們手上的牌。十、十一、十二、十五。怎麼可能?除了我手上的負十，其他七張牌就是整副牌裡最大的七張。發生這種情況的機率是一萬一千四百四十分之一。也就是〇．〇〇八七%。有人對這場比賽動手腳。

我不知道該如何處理這個情況。剎那間，我只覺得如墜冰窟。群眾卻愛死這麼戲劇性的轉折。其他選手當然也很開心。我進行如此多筆的銷售，不可避免的，他們的記分卡上自然是一大串的購入。最終，開出來的總值非常高。是誰操縱比賽?為什麼?這又代表什麼?

當交易員和其他花旗集團員工聚集在房間後方計算分數時，選手也離開總決賽桌，融入人群之中。

「真遺憾，老兄。」馬蒂茲將手放在我的肩膀上。「運氣實在是太不好了，夥計。不過你已經盡力了。」

我不確定我當時回應馬蒂茲什麼。也許我什麼也沒說。

長達五分鐘的時間，我感覺房間似乎在融化。我發現自己手拿高腳香檳杯，看著小氣泡不斷冒出，好像怎麼都不會停似的往上飛。剛剛發生什麼事?到底是誰幹的?他們為什麼要騙我?

不久之後，擔任主持人的交易員大步走到房間中央，他巨大的身影讓大家立即安靜下來，周圍的人群散開，為他讓出一個空間。

「我要感謝每一個參與的人。」他大喊，響亮的美國腔將我的思緒拉回現實。「我們已經算出每個人的積分，現在我將宣布最終贏家。」

我不記得其他人得到幾分。但我的應該比負一千少一點。那是……相當不好。事實是，我並不覺得尷尬。畢竟如果你連試都不試，你就真的一點機會都沒有。你懂我的意思吧？

讀完分數後，這位身材魁梧的交易員宣布獲勝者，他喊出來的名字居然是我。我贏了，是我。

我茫然的往前走。

交易員一邊與我握手，一邊向群眾解釋。

「蓋瑞在前幾場比賽的得分遙遙領先其他人，所以我們決定測試他。我們想看看當所有發展都對他不利時，他會如何反應，於是我們操控遊戲。了解一位交易員是否會堅持自己的決定或讓步很重要。蓋瑞，你堅持自己的信念，我們很高興看到這一點。做得好。」

交易員再次向我伸出他的大手，我握住它。

「我是迦勒．祖克曼，我們在交易部見。」

那天晚上非常冷，但我和幾個朋友相約在公園喝酒。我醉得很厲害，所以不太記得發生什麼事。不過有段記憶卻一直清晰的印在我的腦海裡。我記得自己跑得飛快，冷空氣不斷撲面而來。在那段記憶中，我伸出雙手緊緊抓住朋友的肩膀：「我就要成為百萬富翁了！」我大喊。我朝他尖叫，他卻在大笑。「我就要成為百萬富翁了！」

3

二〇〇七年三月初清晨，我在日出前就醒來。

我爸媽家那時還沒有淋浴設備。我們從阿爾格斯零售店買了小型橡膠水管（現在還買得到，價格為六英磅），把它接在水龍頭上。那天清晨我坐在冰冷的塑膠浴缸裡洗澡，洗到一半，爸爸就來敲浴室的門。他也一樣很早就得去上班。

我拿出以前在DFS沙發店打工穿的舊衣服：深藍襯衫、藍黃寬領帶。外面套上我在 Next 平價成衣店買來的一件不合身的廉價黑西裝外套，然後塗上髮膠。離開家門時，天還沒亮。

我在伊爾福德長大，但離我家最近的車站卻是七王站。在冬陽升起前，早起的上班族站在黑暗中瑟瑟發抖，等待火車。他們呼出的空氣全化成白霧。這列車會經過我的臥室牆外。我試著尋找我的窗戶，但失敗了。

我在斯特拉特福換乘銀禧線，再次聽見那股逐漸加大的螺旋呼呼聲。列車潛入地下，往金絲雀碼頭前進。二〇〇七年三月，我只有二十歲，那天的列車聲音給我的感覺卻和以往大不相同。在那一天，我覺得自己聽見未來。

列車在金絲雀碼頭站前一小段轉入地下。那時當地的車站才剛建好不久，金絲雀碼頭站又大又寬敞，加上超高天花板，簡直像一座地下大教堂。你可以看得出來走出列車、排隊在月台上移動的人全在銀行上班。昂貴低調的髮型和襯衫。他們排著長長的隊伍，蜿蜒穿過車站，走向出口。我加入其中一條人龍，和他們一同前進。

出了車站，朝大樓方向走去，在黎明的第一道曙光中，我看見它——花旗銀行中心，四十二層的摩天大樓，由暗灰色鋼鐵和玻璃建造而成，座落在金絲雀碼頭最精華的摩天大樓三角的南端。大樓頂端鑲有巨大的紅色發光字母，拼出「花旗集團」，末端還畫著一把發光的紅色小雨傘。不知道為什麼，冬季的早晨和夜晚，樓頂便會冒出濃濃的白色蒸氣。地鐵站有四道長長的上行電扶梯，人們乘著它們從懸掛在車站上方的巨大圓形發光開口進入地面，因此在離開車站時，你會產生彷彿正在登上太空船的錯覺。然後當你出來時，你會發現自己身處一個寬闊的開放式廣場，有樹木，有噴泉，最引人矚目的是，還有許許多多拔地而起的巨大灰色金屬柱，往上冒出大把大把的蒸氣，不停飛向深藍色的天空。

我穿過街道，走向大樓。強風在摩天大樓之間呼嘯而過，當我走進花旗集團大樓寬敞、溫暖、燈火通明的接待處時，感覺像是終於進入避難所。裡面擺滿一看就知道很昂貴的家具、色彩繽紛的抽象藝術品，還有訓練有素的員工。一位溫柔細緻的接待員引我走到一張柔軟細緻的沙發前，我坐下來調整領帶。

一位名叫史蒂芬妮的女士來接我。她看起來很親切，遞給我一張訪客通行證。她帶我通過好幾個安全檢查哨，繞過一個轉角，進入看在我眼裡彷彿是全世界最大的巨型中庭，到處都是手扶梯和玻璃。這是一棟全新建築，我可以一眼看到至少比我所在之地高出二十層樓的屋頂。每一層樓巨大而明亮的房間，都可從兩側窗戶組成的厚牆看向一片廣闊、高大、開放的空曠空間，我站著往上看的中庭，便是空間的底部。玻璃和金屬組成的走道和陽台穿插延伸，將辦公室連接起來。我當時並不知道，就在不到一年前，花旗集團一名員工跳樓自殺，從那個中央開放空間一路往下掉。他甚至還沒出大樓就已經墜落二十層樓。一些交易員在事發後特地走到陽台往下張望。我猜，他應該就是從那裡跳下去的。

史蒂芬妮領著我換了三次電扶梯，來到二樓的玻璃走道。巨大的玻璃門上蝕刻水晶鹽白色的「固定收益交易大廳」幾個字。我其實看不懂那是什麼意思。但之後，我會在此度過生命中的四年。

交易大廳是一個極大的房間。從中間進入後，感覺房間似乎向三個方向各延伸五十公尺：我的左邊，我的右邊，還有正前方。我注意到的第一件事是螢幕。每個交易員面前都有八個、九個、十個、甚至十二個螢幕，在他們面前排列成一個巨大的正方形或長方形。一排又一排的交易員，每個人都抬著頭觀看上方及左右、將他們圈在裡頭的螢幕牆。

交易員的座位背靠背的排成一長排，與頭頂天花板上懸掛的一長排照明燈相映成趣。每個人都拱著身子抬頭看著螢幕。外牆全是落地大玻璃窗，雖然從我站著的入口望過去那些窗戶顯得非常非常遙遠。寬大的黑色數位看板等距離的懸吊在天花板下，顯示世界不同城市的時間：倫敦、紐約、雪梨、東京。每位交易員的螢幕下方都有一個巨大而沉重的黑色揚聲器，寬約一公尺，上面布滿按鈕、刻度盤和開關。當天早上更晚一點的時候，房間裡會充斥揚聲器發出的噪音，愈來愈大的叮叮聲、嗶嗶聲、金屬摩擦聲，以及大聲喊出的數字聲。然而，現在是早上七點半，我站在那裡，四周異常寧靜。最響亮的不過是照明燈發出的嗡嗚聲，以及音量更小的低沉震動聲。

史蒂芬妮領我繞到交易大廳的右側，走了一段距離後，向左切入分隔通道中的一條。我們朝著交易大廳的中心前進。我一邊走，一邊觀察兩側背靠背坐著的交易員：白襯衫，白襯衫，淺粉襯衫，白襯衫。我心忖，原來交易員就是長這樣的。

我們進入交易大廳中比較吵鬧的區域。電子訊號和警報，以及人類大笑和播報數字的大叫所形成的雜亂旋律，這些成了我後來生命中的主旋律。當噪音開始變大時，我環顧四周，史蒂芬妮徑直走到其中一張桌子前。

我們直接走在交易員背部和背部之間的狹窄走道裡。噪音愈來愈大，我可以看到巨大的螢幕牆上閃爍著五彩繽紛的數字。這個座位區位於交易大廳靠後的角落，旁邊就是一扇巨大的窗戶。透過落地窗，我可以看到外面的景色，車站、廣場上的樹木和噴泉，我甚至可以看到太陽正在冉冉升起。

史蒂芬妮停下腳步，稍微彎曲膝蓋，微傾靠向一位交易員巨大且笨重的背影，在他耳邊輕輕說了些什麼。

交易員將雙臂抵在桌子邊緣，用力一推，他的電腦椅朝後滑動六十公分後旋轉半圈。他從椅子上起身，高大且魁梧的身體擋在我和窗戶之間。陽光透過窗戶照在他身上，我幾乎看不清他燦爛又巨大的笑容，但我知道那是迦勒。他伸出巨大的右手，繼決賽後我再次握住這隻手。

「嗨！蓋瑞。歡迎來到 STIRT（短期利率交易）小組。」

4

史蒂芬妮離開了。我沒注意到她什麼時候走的，但她肯定走了。我站在迦勒的影子裡，瞇起眼睛，向上打量。

迦勒沉重的手搭在我的肩膀上，領著我離開窗邊，回到交易大廳的中央走道。STIRT 小組共有大約十名交易員，背靠背的坐在我們經過的兩側。我們一邊走，迦勒一邊做出手勢介紹每一個人。

「這是比爾，他交易英鎊。」

「這是ＪＢ，他交易Aussie（澳幣）、Kiwi（紐西蘭幣）、Yen（日幣）。」

「這是惠利（Wheeley），他交易 Skandis（北歐貨幣）。」

在大多數情況下，我其實聽不懂他們負責交易的是什麼。

當我們走過時，沒有一個交易員跟我說話。其中兩、三個聽到自己的名字時很本能的轉過頭來看一眼，卻又很快的轉回去。每個人都全神貫注在他們的工作站所發出的閃爍燈光和聲音中：其中一個人拿著一部又厚又重的棕色手提電話；另一個人則對著他的巨大揚聲器大喊好幾個數字。

迦勒停在隊伍的尾端。有個男人（雖然我事後想想，那時的他應該只能說是男孩）的座位與其他交易員之間隔一個明顯的空位，他的一半身子其實已經坐在走道上。他將成為第一個在交易領域指導我的前輩。

「史努比（Snoopy）！」

迦勒大喊，史努比的椅子猛然轉了半圈，他立刻站起來，雙手在長褲前擦一擦。我很慶幸的注意到，他的身形是正常人的尺寸，只比我高幾公分。他一邊介紹自己，一邊和我握手，微笑點頭。事實證明，他真正的名字不是史努比，而是桑迪普（Sundeep）。不知道為什麼，他在向我介紹自己後，居然轉身去和迦勒握手，而且不斷的微笑點頭。

迦勒就這麼走了，和史蒂芬妮一樣，將我留給桑迪普。儘管我仍是一頭霧水，也沒人指導，桑迪普很快的離開我，回到自己的螢幕牆內。我獨自站在桌邊，不清楚我應該做什麼，或者更現實的問題，我應該坐在哪裡。

不過，沒有關係。之前就有人告訴我這件事，我已經被警告過，這就是「什麼都沒有」。我曾聽一群倫敦政經學院的巴基斯坦金融學會成員在圖書館擠在一起填寫申請表時，談論過這個問題。你填寫三十五份申請表，寫了三十五封求職信，記住大約一百個縮寫詞的意義，進行二十或三十次面試。然後，當你終於第一次走進交易大廳，開始你的第一次實習時，滿懷熱情的迎接你的第一支團隊，準備賺入你的第一個百萬美元，可是你面對的卻是……什麼都沒有：沒有為你安排的工作，沒有明確的指示，沒有明顯的職責。而且很多人遇過的，就像我現在，也沒有座位。當你只是實習生時，不會有人把工作交給你。你要靠自己的本事讓工作變成你的。我猜想，你得靠自己在交易大廳找到賺錢的門路。

史努比的左邊有個空位，甚至具備整套電腦和螢幕，不過根據我的推斷，那位子可能是有主人的。於是我趁著沒人注意的時候，從交易大廳的其他地方拖來一把空椅子，將它滑到史努比右邊的一個小文件櫃前。我半靠在中央通道上，從這位置我可以看到我需要的所有東西：史努比的螢幕就在我的前方，左邊則是坐滿交易員的辦公區。我為自己找到的工作就是密切注意各個交易員，並且在看到有人不忙時，就偷偷溜過去和他們交談。我也可以使用文件櫃充當臨時辦公桌。我從記事本上撕下一張紙，畫了簡單的圖表，寫下我能記住的所有交易員相關資訊：他們的名字、他們的職責，以及他們的座位。我把它拿給史努比看，問他我有沒有畫錯。他覺得很有趣，為我做一些更正。我把它放在面前的文件櫃上，拿出另一張紙，重畫一份乾淨的副本，然後將它摺好，放進口袋。

毫無疑問的，史努比顯然是新進人員。他最多比我大三、四歲，其他交易員看起來至少都比他大七、八歲。我好幾次試著靠近史努比的眼角餘光，問他在做什麼，但他每次都露出羞澀的微笑避開。他看起來像一個在偷抄作業的男孩，我立刻對他心生好感。但我和史努比都清楚的知道，我的未來不會掌握在他手中。他知道，我知道；他知道我知道……

我必須尋找更大的魚。

我轉向左邊，打量 STIRT 小組的成員。

即使我當時還年輕，涉世未深，也看得出來他們滿身不受控的暴民氣質。遠處的角落，一個矮小的中年男子坐在迦勒身後靠窗的座位。他的滿頭白髮近乎球形，身材有如哈比人般的矮小，坐在搖搖晃晃的辦公椅上將頭歪向左邊，用力將巨大的棕色手提電話夾在耳朵和左肩之間，瘋狂的敲擊鍵盤。他調整角度，讓身體朝向窗戶而不貼著桌子，時不時以懷疑的目光偷看其他交易員，彷彿正在做什麼壞事，擔心被抓住似的。另一個中年男子身材高瘦、臉色紅潤、完全禿頭。他沒坐在椅子上，反而直挺挺的站著，一片粉色襯衫下擺垂在外頭。他靠在電腦上，用明顯的澳洲腔拖著長長的尾音，對著螢幕大喊大叫，不停咒罵。離我三個座位遠的一個義大利人，皮膚黝黑，看上去很昂貴的襯衫皺巴巴的掛在身上，對著耳機大笑，他看似已經很久沒有好好睡過一覺。就連在交易遊戲時表現得光彩十足、魅力四射、有如萬人迷的迦勒，穿著超大號的美國西裝友善的講電話時，看起來也沒之前那麼年輕、那麼優雅。

其實這不是我第一次進入交易大廳。交易遊戲比賽冠軍的獎品是兩次為期一週的實習，當時是第二次。我現在要面對的挑戰是，將它由兩週變為暑期實習，然後將暑期實習變成一份全職工作。去年十二月，我的第一週實習是在「信貸交易」小組度過的。當然，我並不知道，大約再過一年十個月，那個小組就會摧毀世界經濟。當時我對世界經濟即將死亡一無所知。三個月後的現在，當我坐在STIRT小組最邊緣的角落時，我自然依舊什麼都不知道。我只是一直在想「STIRT」到底代表什麼，以及為什麼這裡的交易員看起來與大廳另一頭的信貸交易員如此不同。

信貸交易員和倫敦政經學院的學生很類似。舉止合宜、衣著得體、類型統一、圓滑世故。STIRT交易員，嗯，他們不符合這樣的形象。他們說話有口音，來自真正地方的真正口音。我喜歡。但我也想知道為什麼。

不過，現在不是進行社會學分析的時候。時間一點一滴的流逝。我需要讓情況有所突破。

至少，選出第一個人非常簡單。當大多數交易員全神貫注盯著螢幕或講著電話時，高瘦、光頭、紅臉的粉紅襯衫男卻做出許多突兀的動作。他對著揚聲器大聲講笑話，隔著螢幕牆對其他交易區的交易員大喊我聽不懂的話，又突然伸手拍打其他交易員的背部。他一直站著，一直在移動。他似乎很想被人打擾。我從口袋裡掏出那張紙，複習一下。「JB，Aussie，Kiwi，Yen。」不管這句話到底是什麼意思。

我移動到他的身後，站在他的右邊。他依舊站著，這樣我就能不動聲色的偷窺他的視線看向何處。在他不停的喧鬧和動作中，似乎完全沒有注意到我。我靠向他。

「ＪＢ。」

ＪＢ彷彿突然看到一隻小動物衝出似的，猛然停下動作，透過螢幕凝視著遠方至少五、六秒鐘的時間。他突然把頭迅速轉向右邊，也就是我站的地方，然後又轉向左邊，然後又轉向右邊。老實說，我不確定他是在演哪齣默劇，還是他真的沒有看到我。沒人注意到我們，其他人還繼續盯著螢幕。

「ＪＢ。」我又叫他一遍，ＪＢ慢慢將目光轉向我。我抬頭看ＪＢ，他低頭看我。

「嗨！ＪＢ。我叫蓋瑞。」我伸出手，結結巴巴的說。

ＪＢ看著我的手。我感覺他看了好久，比他應該看的時間還長許多。他再次將目光轉向我的臉。我的手已經伸出一段時間，我也再次看著他。不管出於什麼原因，他的臉上一直保持震驚的表情。

然後，突然，那張臉露出笑容。他用力抓住我的手，好像要把它拔下來一樣。

「他媽的小伙子！你這條領帶他媽的是從哪裡弄來的？」

我低頭看著我的領帶。藍色的，寬的，黃色條紋。ＪＢ的手仍然握住我的手。

「嗯。我不太確定，老兄。我記得是 Next 成衣店買來的？」

JB揮揮手，我猜應該是要我把椅子搬過來的意思，於是我將椅子拉過去，在他的文件櫃前坐下，傾身去看他的螢幕。我當時想，這些閃爍的線條和數字看起來真像賽馬場下注的螢幕啊！事後回想，至少其中一個可能還真的就是。

隨著我的到來，JB似乎立刻對那些閃爍的數字失去興趣。他稍微轉動椅子，用側臉對著我，然後維持這樣的姿勢，前一秒還在轉頭從右肩對我說話，下一秒就越過左肩對著電腦大喊大叫，對我進行一次令人意外的私人訪問。JB想知道我是從哪裡來的，以及我為什麼會出現在這裡。他想知道我支持的職業足球隊是哪支，並對我的衣服來源產生濃厚的興趣。

他的行為令當時的我困惑。我之前在交易大廳的經驗大多是乏味的試算表計算，以及對信用違約交換*的粗淺接觸。從來沒人問過我的領帶是哪裡來的。在我已經擁有六年的交易大廳工作經驗，回想起這件事，總算能看出強尼（JB的全名是強尼・布萊克斯通〔Johnny Blackstone〕）的問題所代表的真正意義。一般來說，交易大廳裡不會允許二十歲的孩子隨意進出。尤其像我一樣外表和穿著一副是被父母送到當地的房仲辦公室、想找個打工機會的二十歲孩子。你在交易大廳裡能看到的二十歲，孩子通常出自父母也在交易大廳工作的家庭，他們的外表和談吐跟我沒有絲毫相似之處。我認為JB看到我，覺得有趣，又有點好奇。現在回想起來，如果我是他，我想我也會有同樣的反應。

JB聽說我來自伊爾福德，他花了點時間弄清楚這裡至少在某層意義上屬於埃塞克斯郡，立刻表示他很開心。JB的女朋友，還有他的許多經紀人（無論是什麼行業的經紀人）都來自埃塞克斯郡。他按下螢幕下方大黑盒子上數百萬顆按鈕之一，詢問一個神祕人物是否去過伊爾福德。回答他的低沉嗓音帶著明顯的東倫敦腔。

「噢，是的，伊爾福德。我年輕時經常去伊爾福德宮夜店，可是現在一切都變了……」

JB發現我是萊頓東方足球隊的球迷後，又更開心了。「東方！」他大喊，刻意將「東」拉得超長，彷彿他以前從不知道這個字怎麼發音似的。接下來好幾天，他都暱稱我為「東方人」。

JB告訴我他所有的背景。他在二十年前為了在牛津大學研讀法律，移居英國。光聽他濃厚的澳洲口音，我還以為他才剛搬離昆士蘭不久呢！他發現自己討厭法律，因此退學加入倫敦愛爾蘭人隊打橄欖球。然後，他進入經紀業；然後，當了交易員。當然，這不是倫敦政經學院的傳統風格，也就是在研究反轉矩陣的同時，撰寫三十五份履歷表及求職信。我相信這裡頭一定有曲折動聽的故事，但和之前一樣，我沒有深入探究的時間。最後，JB終於告訴我「STIRT」代表的意思是「短期利率交易」（Short Term Interest Rates Trading）。我因此大大鬆了一口氣。

當JB得知我是因為贏了「交易遊戲」才拿到實習機會，他再次表示開心。這個話題引起他的興趣，讓他開始長篇大論的表演一齣關於交易和他的交易之旅的獨白，雖然老實說，我看不太懂。他給我看許多圖表，講很多故事。我看看強尼的眼睛，再看看圖表。我望著兩者之間的距離，思考，或者該說是，我瞇起眼睛做出我在思考的假象。我在想，他能不能看出我其實聽不懂呢？

聆聽其他交易員的談話占了我早期的交易經驗中極重的比例。靜靜的聆聽，睿智的點頭，做出一副深思好男孩的模樣，雖然實際上腦子裡一片空白。當時的我對自己的理解力如此貧乏感到絕

*編注：credit default swaps：一種保護投資者免受債務違約風險的衍生性金融商品。

望，以致一直無法理解，為什麼沒人發現我明明聽不懂還要裝懂的行為。然而，在金融界和經濟領域工作十五年後，我終於知道原因。因為每個人都在這麼做，無時無刻。

話說回來，想必我掩飾得相當不錯，因為我的連連點頭顯然讓他很開心。ＪＢ和我一見如故，相處得十分融洽（在初次談話的十五年後，我為了自己的「十二步康復計畫」中第九步，約ＪＢ在一家俯瞰泰晤士河的老酒吧見面。他告訴我一些當時我並不知道的事，解釋他為什麼會這麼快就喜歡上我，以及他以前說話的速度為何會那麼快。不過在我們剛認識時，我以為只是因為他人很好，而且也許我真的很有魅力）。

經過大約兩小時的熱烈交談後，ＪＢ決定該把我送走。他將椅子轉了一圈，擋住中央通道，然後對著他身後的交易員以毫無必要的音量大喊。

「霍布西（Hobbsy）！」

霍布西的身體微微抖了一下，幾秒鐘後，他以非常緩慢的速度轉動椅子，面向我們。

「來認識加札*。東方足球隊球迷。」

我飛快起身，伸出手，等待霍布西和我相握。

霍布西沒有握住我的手，而是以一種無論現在或當時在社交上都算無禮的方式，慢慢的看了我一眼。他坐著，我伸長手站著，他非常緩慢的從我的頭一路打量到我的腳。然後，他停下來，或許是在思考。接著，再從我的腳一路往上看回我的頭。

他又停頓一下，轉身回到自己的座位，拉開文件櫃抽屜，拿出一張名片，站起來，不急不緩的轉身，把名片放在我手上。

我看一看名片，上面印著：「歐元利率交易組長。魯伯特·霍布豪斯（Rupert Hobhouse）。」我抬起頭，視線越過名片上方，看向魯伯特·霍布豪斯——也就是「霍布西」的臉。直到那時，魯伯特·霍布豪斯才向我伸出自己的手。

「我是魯伯特·霍布豪斯。」他說：「歐元利率交易組。」

「嗨！魯伯特。」在魯伯特幾乎捏碎我的手時，我說：「我是蓋瑞，很高興認識你。」

在魯伯特掃視我的同時，我也有很多時間觀察他的臉。娃娃臉，卻又一副嚴肅憂慮的模樣，英俊，但有點過胖。他應該三十出頭。厚厚的黑框眼鏡在專業打理的棕色短髮下框住他的眼睛。他看起來很像在六歲時被父母出乎意料的送到寄宿學校，直到二十一歲才接他回家的那種典型富家子弟。我後來才發現他的經歷其實和我猜測的相去不遠。他的體格看起來就是那種從出生就吃得很好，使得原本的肌肉浮上一層油，彷彿身體很努力的想找出新方法來用掉所有的營養。他的體型就像他身上那件顯然很昂貴的襯衫一樣，在某些接縫處都顯得太過緊繃，明顯在試探暴力拉扯的忍耐上限。

魯伯特一言不發的轉回去，JB則出去上廁所。我想這是要我坐在魯伯特旁邊的意思。既然距離這麼近，我只需稍微轉動一下椅子，就能坐在他後方，望向他肩膀上方的螢幕牆。

魯伯特的肢體語言並沒有因為我的存在而有所不同，但他立即展開一段關於他工作性質的獨白。考慮到我們當時的特定周圍環境，他的獨白應該只說給我一個人聽。因為兩人並沒有眼神交

＊譯注：Gazza：澳洲腔發音的蓋瑞。

流，所以我用不著努力點頭，於是我決定有時做點筆記，有時前傾觀察螢幕。

魯伯特．霍布豪斯是資深歐元匯率交易員。這一點至少已經被確認過兩次。迄今為止，歐元是交易小組中最大、最重要的貨幣，責任由他和他的下屬阮洪共同、但非均分的承擔。魯伯特沒有看向阮洪便對他做了個手勢，於是我轉過身來看著那個人。我認出阮這個姓氏應該屬於越南人，我猜想他是否是倫敦政經學院國際學生那種類型，但他很快就笑著對我說：「你好嗎，老兄？叫我洪哥就好！」後來我才知道他根本來自英格蘭的諾維奇。

做歐元換匯交易涉及大量交易、重大風險和巨額交易量（我一直到此時才了解該小組的主要功能是進行換匯交易，嗯，儘管我還是不知道換匯交易是什麼），他們必須持續和歐洲所有的大銀行保持互動。

魯伯特此時對著他的一個螢幕揮手，上面有一長串隨機單字和數字，我後來知道它是一份交易紀錄：一份逐項列出他當天所做的全部交易的完整紀錄。我點點頭，隨便選了幾個數字，寫在筆記本上。

魯伯特到現在還是沒看我一眼，他和阮洪——老實說，尤其是阮洪——看起來確實比ＪＢ忙碌多了。小組其他交易員經常會對他倆喊出一些數字和單字，這些似乎都需要沉思、消化和回應。他們的螢幕和揚聲器定期會發出嗶嗶聲來指揮他們，而且似乎每個嗶嗶聲都必須得到後續動作的回應。

在接下來的半小時裡，魯伯特簡潔緊湊的闡述他的交易哲學，他以愈來愈長的單字清單和彩色數字來舉例。雖然比ＪＢ的解釋稍微容易理解一點點，但兩者的風格截然不同。ＪＢ的獨白充滿情感和激情；魯伯特的，卻是精確到讓我懷疑他有強迫症。我無法判斷誰是更好的交易員，但我可以猜測在酒吧裡，哪一個人會比較容易交到朋友。

等魯伯特說完他對換匯交易的分析，反而讓我比之前更加困惑。魯伯特沒有問過任何關於我的事情，因為他已經了解我的一切。或者應該說，他已經知道我對ＪＢ說過的一切。這有點令人不安，因為我當時並不知道他，或者居然有任何其他人一直在聽我和ＪＢ的對話。在每個人的揚聲器不斷發出的嗶嗶聲中，他竟然能分辨我的聲音，著實叫人無法置信。

即使難度很高，魯伯特顯然還是做到了，因為他記得我對ＪＢ說過的大部分細節。如我預料的，他想補的部分是我之前唸過的學校。這個問題對我來說，是一個潛在陷阱，我曾因銷售毒品而被一流明星高中開除，我從一流明星高中轉到綜合高中的事實，明白的列在我的履歷表上。不只迦勒，說不定魯伯特都有機會看到。不過我已經為這問題做好準備，我告訴魯伯特，我之所以離開一流明星高中轉去綜合高中，是因為我聽說大學招生時對綜合高中的學生有預留名額。魯伯特的臉幾乎沒有表情，但我看得出來他喜歡我的答案——他緊閉的唇角輕輕浮現一絲英式的微笑，彷彿不經意間漏出的一點樂音。

在問完我的學歷後，魯伯特開始談論他真正想問我的問題。直到現在，他才第一次正眼看我。他打開辦公桌抽屜最上層放名片的托盤，拿出一疊交易遊戲卡，將它們放在我面前的桌子上，然後像貓頭鷹一樣只轉動脖子，第一次將他的臉轉過來面對我。

「告訴我你是如何當上交易遊戲冠軍的。」

突然的眼神交流加上他怪異的動作，打得我措手不及，一時間說不出話來。但我很快穩住自己，並開始向他解釋我的思路：理想的策略取決於對手的程度；如果對手很弱，光是簡單的套利就可致勝；比賽時，即使心思縝密一點的選手通常還是會不知如何應付我的虛張聲勢，並且可能受到我激進的大聲叫價干擾。我在解說時，魯伯特一直盯著我看，動也不動。當他的電腦嗶嗶叫時，他也不理睬。洪哥代他接了起來。令我驚訝的是，不知道出於什麼原因，魯伯特選擇完全忘記「傾聽」和「忽略」之間存在的所有細微灰色地帶。一年後，無緣無故，魯伯特．霍布豪斯帶我去拉斯維加斯，並向我解釋，只需十個問題，他就可以肯定一個女人是否會願意和他上床。不過，他從未告訴我這十個問題是什麼。

在解釋完我的交易遊戲策略後，魯伯特不發一言，只是重回他的電腦前繼續工作，彷彿他從未離開過它們一樣。我們之間陷入沉重的靜默。我仍然笨拙的跨坐在魯伯特左方、屬於另一邊不知名交易員的文件櫃上。周圍完全沒有人搭理我，讓我原本就已經可笑的姿態更加引人矚目。

那時已接近午休時間，為了緩解尷尬，我擠進魯伯特的眼角餘光裡說：「呃……你想要我去……幫你買午餐嗎？」

對於這句話，魯伯特少見的出現實際反應。他將整個身子一轉，自然的揚起一側眉毛，從口袋掏出錢包，遞給我一張五十英鎊鈔票。

「好。順便也為迦勒、洪哥和JB買午餐。」

老實說，聽到他的答覆我鬆了一大口氣。我以前也經常為DFS沙發的門市人員買午餐，這似乎是一種既能吸引前輩注意，又能讓大家對你有好感的簡單方法。我迅速轉身，蒐集所有人的午餐訂單，然後溜出交易大廳。

金絲雀碼頭上的摩天大樓全和一個巨大的地下商城連接在一起。我想這在某種程度上使它們變成一座極大的建築。當我走過這些巨大、寬闊、人工照明的走廊，從一家外帶餐廳轉到另一家外帶餐廳時，我感到我的平衡感終於又回來了。和魯伯特的對談，嗯，如果你可以稱它是對談，它將我肺裡的空氣全部抽光。

買完，我趕緊回到交易大廳，一言不發的將每個交易員的午餐放到他們旁邊的桌子上。我走到魯伯特身邊時，放下他的午餐，還有找回來的零錢：一張十英鎊紙鈔，以及紙鈔上堆著的硬幣。

魯伯特以一種人們聽到錢掉在地上時會有的本能反應，很快的轉頭看著硬幣，

「那是什麼？」

「呃……是找給你的零錢。」

魯伯特沒有動，也沒有說話，只是繼續盯著那堆硬幣。我覺得我可能給錯答案，於是我嘗試其他的說法。

「呃……十一英鎊七十四便士。」

我知道是十一英鎊七十四便士，因為我記下每個人點的午餐價格，很快的做了心算，以確保魯伯特得到正確的找零。

魯伯特打開最上層的抽屜，將錢一路滑過桌子，從邊緣掉進抽屜裡。然後他轉向我，一副好像要告訴我什麼祕密似的，卻又用一種與我們所處的情況完全不相符的兇猛眼光打量我。

「在我們這裡，從來不需要找零的。」

這種事我還真是一輩子都沒聽說過。

接下來的幾天流程都差不多。早上醒來，坐在冰冷的浴缸裡用橡膠管沖澡。我會很早抵達辦公室——事實上，我每天抵達的時間愈來愈早，原因我待會再解釋。迦勒還是有點同情心的，他讓我處理一些複雜但最終沒什麼用的試算表，所以我每天早上都會花兩、三個小時，研究如何在Excel試算表上將間隔的橫行填上柔和的顏色。等早晨的時光匆匆過去後，我會視魯伯特和ＪＢ的心情，判斷當天誰比較樂意和我坐在一起。雖然每次看起來似乎都是ＪＢ更願意些，但我學會判斷魯伯特不外露的微妙情緒。讓這兩位前輩留下深刻印象，將會是我邁向百萬富翁生活的通行證，所以我竭盡全力的想讓他們滿意。

陪ＪＢ工作很輕鬆。他只想有個觀眾可以聽他的故事和笑話，而且老實說，他的故事和笑話都還滿有趣的。他想聽我說東倫敦的生活，想聽ＤＦＳ沙發店的枕頭大戰，想聽我和父親在週末一起看東方足球隊在雪地裡跟達格納姆與紅橋隊零比零踢和的故事。陪伴魯伯特的情況就複雜多了，我很快發現，魯伯特最喜歡的是抓到我犯錯的時候。事實上，他喜歡的不是我犯錯的事，而是「我」錯了，然後完全且徹底的接受指責，毫無保留且虔誠的道歉，收起我的矜持和悔恨，用堅忍的表情凝視空中，保證我會改正，成為一個更好的人。魯伯特非常喜歡這套把戲，所以我打定主意要經常這麼做，下定決心要讓自己犯錯的次數遠超過做對的次數。

度過一個這樣的早上後，基於第一天的良好經驗，我會主動提議出去幫每個人買午餐。每個交易員會從不同的餐廳點不同的食物，不只要確定大家拿到的餐點都是正確的，事實上，光是要將它們全帶回交易大廳就很不容易，不過這是展現我的基本能力和可靠形象的最簡單方法；直到今天，我仍堅信它是我在第二次實習那週所扮演的最重要角色。一開始，我對是否該遵循魯伯特留下找零的指示感到猶豫，但他說那句話的態度是如此直接明白，使我別無選擇，只能照做。幾天後，迦勒評論說現在的午餐變得愈來愈貴，而且找零都沒拿回來，但是他說這句話的時候，以看著長子的溫暖眼神看著我，於是我那時就知道，雖然難以置信，但是我的做法一定是對的。這群人真是奇怪，我心想。感謝他們的午餐不找零慣例，我每天的收入硬是多出二十英鎊。

透過不時的閒聊，我蒐集到一些訊息，進一步認識這個小組的人。我了解到，二十八歲的迦勒是交易大廳有史以來最年輕的董事總經理。雖然我不知道董事總經理或「ＭＤ」到底是什麼，但顯然是極為重大的成就。他在日本花旗集團表現得非常傑出，最近才被調到倫敦，擔任部門主管。那個坐在角落沉默寡言的銀髮比爾，是花旗幾年前從哈里法克斯銀行挖角過來的，但令魯伯特既懊惱又高興的是，他並沒有交出好成績。我也聽說，比爾從未上過大學，在學歷上顯然比小組其他交易員遜色。也許這就是他為何總是沉默。

下午通常安靜許多，迦勒會散步到我的角落，檢查試算表中的數學計算和令人印象深刻的配色，並對我使用的公式發表評論。迦勒擁有美國史丹佛大學的經濟學學位，他的背景與我最為接近。他說的語言是數學、數字和公式，但不知道為什麼，絲毫無損他的魅力。迦勒希望我能快速掌握邏輯和數學之間的關係，以及小組金融商品的操作理論。這一點，總算和我的實際訓練搭上線。在所有和我交談過的交易員裡，我覺得迦勒是唯一一個能夠真正看透「我了解你在說什麼」面具的人。不知道為什麼，你能感覺到他知道你懂什麼，不懂什麼。你會感覺他真的了解你。

小組裡還有另一個交易員，完全看穿我其實不知道自己在做什麼，那就是史努比。我聽說史努比並不是透過正常的畢業生招募計畫進來。銀行原本聘請他的職位是電腦程式工程師，只是迦勒很快就將他轉為交易員。這或許可以解釋為什麼他總是一副十六歲的孩子想偷買伏特加的樣子。史努比沒有金融和經濟背景，在交易大廳工作的時間也不長。因此，他的思維還不習慣絕望的點頭，他立刻就發現我聽不懂談話內容。對我來說，幸運的是，史努比也同樣聽不懂。

天知道史努比和我的背景並沒有絲毫相似之處，史努比長大的世界和我截然不同。他家位於風景如畫的牛津郡鄉村高爾夫球場社區，和前外交部長大衛．卡麥隆是鄰居。他的祖先連續十七代全是廣受愛戴的高收入醫生。他從來沒有餓著肚子上床睡覺過（從外表就看得出來）。不知道為什麼，儘管我們之間有許多不同，但我們還是立刻對彼此產生好感，建立起密切的關係。我知道史努比一無所知，史努比也知道我一無所知。我知道史努比不應該出現在交易大廳，史努比也知道我不應該出現在交易大廳。我們都知道，在某種深層且本能的層面上，周圍的人全是真正的瘋子，千萬不能讓他們發現我們的真正情況。我倆是正駛向埋藏寶藏的海盜船上的偷渡者，我們必須保持鎮靜，直到抵達目的地。也許，如果我們堅持得夠久，我們就有可能搶在其他瘋子前面找到寶藏。

由於史努比的位子和小組其他人有些距離，所以在第一天結束時我就坦白告訴史努比，我那天分別和ＪＢ、魯伯特互動滿長一段時間，可是我幾乎聽不懂他們說的任何一句話。

「聽好了，兄弟。」史努比彷彿在密謀什麼似的靠過來輕聲說：「用不著擔心。沒有人真的明白任何事。你看到那邊那個人了嗎？」

史努比的大拇指抵在左肩上，悄悄做了個手勢，他指的是那個膚色黝黑、聲音低沉的義大利人。

「那人叫羅倫佐・迪・盧卡。他是我見過最蠢的人了。他唯一會做的事就是出去玩女人。我甚至不確定他是否會說英語。有一天，他上班遲到了三小時，當迦勒問他為什麼，他只是聳聳肩說『瑞典新年』。那傢伙是個十足的白痴，但他還是為這個小組賺了好幾百萬。如果那個人能做到，任何人都能做到。別擔心，兄弟，我們可以的，保持冷靜。」

我看著羅倫佐・迪・盧卡。他是還算英俊，嗯，看起來確實有點傻。我看著他以低沉的義大利語對著耳機大笑。好，我想。嗯，的確有趣。

史努比繼續說：「還有啊！兄弟，你永遠不會從JB和魯伯特那裡學到任何東西，他們根本不知道自己在做什麼。如果你真的想學，你應該去找比爾談談。」

又是這個名字。比爾。我轉頭看他。他還是老樣子，頂著球形白髮，像個哈比人似的，坐在辦公椅上朝著窗戶將巨大的棕色手提電話夾在耳朵和肩膀之間。每個人都對我提到比爾，但我還沒找到和他說話的機會。每次我一靠近，他總會像隻被抓到在舔自己的貓似的飛快轉頭，我只好迅速的朝另一個方向走開。

好，比爾。為了接近比爾，我想出一個計畫。

我注意到比爾喝很多咖啡。我問史努比他喝哪一種咖啡，他回答是卡布奇諾。於是我第二天早上六點三十分就到辦公室，這樣我就能在比爾進來前在他的桌子上放一杯卡布奇諾。問題是六點三十分時，比爾已經到了。整個交易大廳裡只有他一個人，矮小的身影獨自坐在黑暗的角落裡。他媽的，這傢伙什麼時候來的？但至少他手上還沒有咖啡，也還沒在講電話。我走上前問他是否可以為他準備咖啡。比爾沒有轉身，只是將識別證摔在桌上。在交易大廳樓層有家小咖啡店，只要出示識別證就能購買。

「好，你去吧！也幫自己買一杯，夥計。」

我拿起識別證。照片裡的比爾皺著眉頭。上面寫著「威廉・道格拉斯・安東尼・蓋瑞・托馬斯」。

隔天，星期三，我在五點四十五分抵達。謝天謝地，那傢伙還沒到。於是我買了一杯卡布奇諾，放在他的桌上。六點五分，比爾還沒到，咖啡肯定已經冷了，所以我把它丟掉，再買一杯。六點十五分，我重複剛才的動作，幸運的是，比爾接著就走了進來。當比爾坐下看到咖啡時，我故意轉開目光，因為我不想讓他看到我在看他。但他肯定已經坐下來，因為我聽到他用濃重的利物浦腔大喊：

「謝謝蓋爾。」

我裝出一臉驚訝，轉過身來回應：「喔，嗯，不用客氣。比爾。不用客氣。」

隔天，我六點進辦公室，做了同樣的事。

隔天，星期五，是我在小組的最後一天。比爾已經帶著自己買的卡布奇諾進來了。他走過時將杯子放在我桌上。

「謝謝蓋爾。你回來時，就過來和我一起坐吧！」

我成功了。

我想再講一個比爾的小故事，好讓大家能更了解他一點，也許能更能理解為什麼我這麼想給他留下好印象。

比爾是英鎊交易員，他是觀察英國經濟的主要負責人。我進小組上班的第二天，是週二，當天早上會公布一些英國的經濟數據。具體而言是什麼，我不記得，好像是通貨膨脹之類的。就在數據出來之前，隔壁部門的人玩得很開心，聽音樂、大笑、跳舞。儘管我當時不知道他們其實是銷售員，不是交易員，不過他們這種行為並不罕見。

比爾和我一樣，比交易大廳平均的巨人身高矮了二十多公分。他站起來，走到隔壁部門，請他們把音樂關小聲一點。

他們照做，比爾走回來坐下，像隻老鷹一樣，繼續觀察，等待數據。數據應該是延遲發布了，因為幾分鐘後，音樂又變大聲。比爾再度過去，態度更加堅決的要求把音樂關小聲點。

樂音再度被調降，比爾繼續全神貫注的等待。

幾分鐘後，音量再次變大。比爾沒有站起來。銷售部門正好坐在比爾對面，只不過被兩堵巨大的螢幕牆隔開，分別是比爾的和他們自己的螢幕，電線都彙集到螢幕之間的桌子中央一個圓孔，播放音樂的揚聲器的連接線也是如此。

比爾一言不發的拉開辦公桌抽屜，拿出一把剪刀，剪斷揚聲器的連接線。態度平靜得不得了。你甚至猜不到他剛才在做什麼。他的目光幾乎沒從螢幕上移開。

音樂當然立刻停下，銷售人員過了好幾秒才意識到發生什麼事。當然，最終他們還是發現真相。他們的部門主管，一個高大、金髮、大鼻子、優雅得難以形容的英國人阿奇博爾德．奎格利，衝過來大吼大叫，好像要和我們打一架似的。

迦勒當然注意到這個不尋常的狀況，只得迅速從座位上跳起來，動手阻止他。阿奇當著他的面破口大罵。

比爾繼續盯著螢幕，眼睛眨都沒眨一下。

我認為他真是個他媽的偉大傳奇。

在我實習的最後一天，魯伯特和迦勒為我準備一個驚喜。

他們兩個似乎從我的午餐之旅中找到某種奇怪的樂趣，並且故意讓事情一天比一天更加複雜。他們會要求從不同且遙遠的餐廳購買某種食物，或者對他們的餐點進行特殊調整。他們會請我為分散在交易大廳各個位置的朋友提供午餐。有時候，我甚至懷疑他們是不是真的認識他們白送午餐的那些人。我猜他們可能是想測試我能否勝任（我當然能。畢竟這是我在那個實習週必須做且唯一稱得上還算複雜的事）。最重要的是，我認為他們就是喜歡看到我慌張的樣子。

十點三十分，迦勒叫我過去。

「我要請整層樓的人吃午餐。」

他說得好像這只是一件小事，但交易大廳樓層可真是他媽的大啊！

我沒有翻臉。他想看到我翻臉，我知道。我只是回望他，看著他的眼睛，說：

「好的，沒有問題。」

他很喜歡我的回應。

這是一次大規模行動，我不可能獨自完成。我去交易大廳的每個小組，向他們解釋即將發生的事。迦勒為了請這頓飯，至少要花上數千英鎊。我必須說服各部門經理將他們組內的新進員工借給我一個小時。這是唯一可行的操作方法。我沒辦法借到每一組的人，最後我肯定至少自己送了一百個漢堡。回想起來，我覺得當時多多少少有些故意羞辱的成分，但老實說，我並不在乎。就在兩年前，我每年三百六十四天每天早上七點出門派送報紙，賺取每週十二英鎊的工資。我還記得有一天，在我送完報紙後，老闆叫我進辦公室，告訴我他要把我的薪水從十三英鎊減成十二英鎊。我曾將一大份週日報紙誤送到錯誤的地址，結果當天的薪水就被扣光。這些傢伙一週付我七百英鎊叫我送漢堡。他們是我成為百萬富翁的最好機會，如果他們想要的話，叫我去掃廁所，我都沒有意見。

當我送完所有的漢堡時，已是下午二點。我筋疲力盡的坐在我半靠著走道的角落位子上，喘著氣。魯伯特和迦勒把椅子都轉了九十度，這樣他們面對的就不是電腦，而是我了。但我沒理他們。

「嘿！蓋瑞！」迦勒大喊。他坐在遠遠的另一頭。

我轉身看著他，看到他在魯伯特身後露出一個大大的笑容。他們兩個都將身子往後靠在椅背上。

「你有護照嗎？」

我有辦護照。兩年前我和朋友們為了慶祝大學預科會考結束，而吐遍西班牙特內里費島的每個角落。

「回家去拿吧！你要去滑雪了。」

★★★★★

我在開往斯特拉特福的列車上，傳簡訊給我老爸。

「我的護照在哪裡？」我問他。

「在我床底下的抽屜裡。」他回答。

它就在那裡。埋在他的內褲下面。

你知道嗎？當人們去滑雪時，他們真的是從山頂滑下來的。當他們這麼做時，可以看到周圍所有被雪覆蓋的其他山脈。我不知道情況居然是這樣的，但這就是事實。這就是他們的日常。

我媽媽傳簡訊給我。

「意思是你拿到這份工作了？」

「我不確定。大概是。」

然後，她開始向我要錢。

第 2 章 正式成為交易的猴子

1

三月那一週讓我得到在 STIRT 小組暑期實習的機會。暑假時，當我出現在交易大廳，每個人都已經知道我是誰：我是那個幫所有人都買漢堡的孩子。迦勒的小動作讓大家知道他想要我，既然迦勒想要我，每個人都想要我。信貸交易小組因此大力爭取我，卻讓迦勒更想要我。即使我還是完全不知道大家究竟在做什麼，可是似乎沒人在乎，或者更準確的說，沒人將這個事實列入考慮。我猜這種情況其實就是「投機泡沫」，如果你坐下來仔細思考，就能從這個例子看透比特幣背後的運作原理。

通往成功的道路已經出現，我可以聞到未來每一步的味道。我在期末考大殺四方，現在我要好好享受我的暑期實習。以它為起點，我會得到一份全職工作；一年後，也就是我大學畢業的時候，我就會開始這份工作。我會拚命努力成為全世界最棒的交易員，然後在某個時間點就會變成百萬富翁。我的計畫確實缺乏細節，比如我不知道如何交易，但我絕不會讓這種小事阻擾我。無論如何，我都會迎難而上。

那年夏天，我埋頭苦幹，全力贏得所有的實習競賽。「交易比賽」一共辦了三場，我每場都贏。其實每場都有一些小技巧，只要你搞得夠清楚，就能善加利用，畢竟它們也不過是被設計出來的遊戲。我還另外贏得一場公開演講比賽。關於那場，我就真的不知道該告訴你什麼了。我猜，可能因為我就是個競爭心極重的人，怎麼樣都要贏？

馬蒂茲也在花旗實習。他肯定在交易遊戲決賽時結識什麼大人物，他真的很長袖善舞。整個實習期間，他都在擁有超高科技、大量試算表、數百萬條公式的超新潮「信貸結構」部門喝咖啡和吃咖啡因藥丸。當時他們被視為世界之神。馬蒂茲在實習期間幾乎沒回過家。他整天都掛在微軟的 Excel 上忙個不停，晚上則直接睡在桌子底下。他會將鬧鐘設在凌晨五點，以便在任何人進來之前清醒，這樣就沒人知道他在辦公室待一整晚。實習結束時，花旗給了他一份全職工作，但他拒絕，轉身去劍橋大學攻讀資訊碩士學位。然後，隔年夏天，他又回花旗實習。我猜，有的人就是腦袋不正常。

晚上，當所有人都回家後，在馬蒂茲還在和試算表奮戰時，我常常走過去坐在他身邊。他是個高大強壯的傢伙，但那時他擱在滑鼠和鍵盤上的手也會微微顫抖，疲倦的眼睛常常無神的四處張望。

在一次這種場景的談話中，我問馬蒂茲，他覺得我應該怎麼利用我最近獲得的新人氣。

馬蒂茲的觀點很明確：「不要加入 STIRT 小組。」他以「不合時宜」來形容這些交易員，指他們還「停留在一九八〇年代」。我一點都不在乎這方面的看法，但馬蒂茲的下一個論點卻令我頗為不安：

「外匯交易員賺不到任何錢。」

儘管 STIRT 代表「短期利率交易」，但它仍然屬於外匯部門。交易大廳裡天才信貸交易員的普遍共識是：外匯交易員都是白痴，他們的角色很快就會被電腦取代。這條路沒有未來。他們提到外匯交易員時，真的就叫他們「猴子」，畢竟這個暱稱是外匯交易員興高采烈為自己取的綽號。然而，比這一切更危險、更尖銳的嚴厲控訴是外匯交易員都很窮。馬蒂茲說了這麼多，我在乎且擔心的就只有這一點。

儘管如此，出於某些我實在無法告訴你的原因，我想在那個階段我已經下定決心。通常在閒聊之後，我會給馬蒂茲留下一瓶蠻牛，或一杯咖啡。然後我就滾回家，他則繼續留下來，睡在地板上。

雖然在實習結束時，我已經拿到花旗畢業生培訓計畫的全職工作名額，可是在我不得不返回倫敦政經學院完成我最後一年的學業時，STIRT 的所有人依舊密切關注著我。每個男人都相信，如果不是因為年少時不幸受傷，或者命運的殘酷考驗，他們本來會成為一名職業運動員的。經由我的介紹，他們終於湊齊正常足球賽所需要的人數：只要承諾一場免費比賽和幾杯啤酒，不管他們缺多少人，我都能從伊爾福德街上找到足夠的孩子。足球賽意味著我每週都會見到大多數的 STIRT 成員。最好的球員是洪哥，以及你想不到的，頂著圓圓的小肚子到處跑的利物浦小個子比爾。在比賽時，你總能很快判斷追在身後的是不是魯伯特，因為他粗重的喘氣聲實在太過明顯。

迦勒和魯伯特對我的關注尤其密切，甚至在我未入職的這一年裡提出不少要求。當時我以為他們關係友好，直到過一段時間我才意識到，這兩個人互相憎恨，他們對我做的事，其實更像是競標。

魯伯特叫我和伊爾福德街上的孩子一起粉刷他在克萊姆的家。雖然我不是油漆工，但他願意付我們每天一百英鎊。他拿五十英鎊的大鈔給我，導致我根本找不到任何地方願意找零。我拿著三張連號的五十英鎊新鈔去博姿藥妝店買保溼霜，店員不肯賣我，我最後只能放棄，轉身回家。魯伯特的家超級大，共有三層樓，底層甚至有一個巨型影視廳。除了浴室之外，房子裡沒有任何的門，其他該裝門的地方都裝了可旋轉的牆壁。他想要我們把它漆成白色，儘管它已經是白色的。隨便他。我想，反正是他的錢。

大約在四月時，迦勒叫我進公司一趟。他讓我坐在一間全是玻璃牆的小辦公室裡。遠遠望去，可以看到碼頭另一邊其他建築物裡的其他玻璃牆小辦公室。

一般來說，當你得到大型投資銀行的工作機會時，你並不知道自己會被分派什麼職位。你必須參加該銀行的大型「研究生培訓／輪調計畫」，他們會在頂樓教室教你一些沒人關心的廢話，然後你得花上一年半的時間在交易部各小組之間輪調，希望有人看上你，給你一份工作。

迦勒不希望我走這條路，他要我直接進他們小組。我不確定他知不知道，我其實清楚他們小組並不是最有前景的選擇，但他給我兩個明確的誘因：第一、我隨時可以開始；第二、只要進他們小組，從第一天開始我就可以交易。這意味著損益試算表上會有一行列出我的名字，以及名字旁的清晰數字。這就是交易員獲得報酬的方式，清清楚楚的金額，在你的名字旁邊。一般人通常要花上好幾年，才有機會走到這一步。

也許這就是為什麼馬蒂茲告訴我那麼多事後，我還是選擇 STIRT 小組。也許在我二十一歲的幼稚、過度自信中，我認為如果他們讓我上了損益表，幾年內我就能將那一行變成銀行裡最大的數字。這個預感後來成為事實。也許不是原本我想的這樣。也許理由是我喜歡比爾的利物浦口音和ＪＢ的足球故事，也許是魯伯特的影視廳和他的旋轉牆。也許只是迦勒在那個明亮的四月下午，在那個小玻璃辦公室，掛上燦爛微笑看我的方式，他的眼睛就像我從窗戶看到的碼頭水面一樣閃閃發光。

二〇〇八年六月二十六日星期四，是我在倫敦政經學院的最後一場考試，科目為「ＭＡ三〇三：動態系統中的混沌理論」。我告訴迦勒下週一就會去上班。我得利用週末去買新褲子和新襯衫。

迦勒和我談過後，魯伯特帶我去洛杉磯和拉斯維加斯。在我們去女演員卡門・伊萊克特拉的生日派對時，一位交易員在加長型禮車裡突然流鼻血，我想可能是因為海拔之類的原因，於是我遞給他一張紙巾。不過，他沒有接受。大概是因為我當時穿著一件二十英鎊的Ｈ＆Ｍ灰色西服背心吧？

當時的我應該要念書準備期末考的。

我就這麼進了 STIRT 小組。二十一歲，頭髮剛剃短，穿著 Topman 平價連鎖店的尖頭新皮鞋，在二〇〇八年六月三十日，距離我最後一次大學考試僅剩四天。我走進交易大廳，成為全金融城最年輕的交易員。我不知道為什麼我把頭髮剃得那麼短，只是感覺這麼做是對的。

在一年半前，也就是我第一次為期一週的實習結束後，我拿出那段時間所有蒐集來的名片，一一向每個人發送電子郵件，表示感謝。我在這些電子郵件中寫了不少內容，其中我特別要求他們提供我任何可能對職業生涯有幫助的建議，以及推薦值得閱讀的書籍。

外表看起來不太和善的中年英國人克拉基給我一封簡短的回覆。全部內容只有：

很高興認識你，蓋瑞。不要急著進交易大廳。

慢慢來，看看世界，享受青春。

一旦你進去了，你就再也出不來了。

祝你一切順利！

克拉基

嗯，我沒有採納克拉基的意見。如今回想起來，那真是個聰明的忠告，只可惜我當時並不這麼想。以前的我怎麼這麼不聽勸呢？

如果我試著解讀自己二十一歲時的想法，我只能告訴你：我太過渴望了，也許已經渴望很久很久。睡在破舊的床墊上會讓你產生這種心情。你懂我的意思嗎？懂嗎？

如果你想搶劫銀行，並且看到金庫大門敞開，你會怎麼做？你會站在那裡等嗎？再說了，沒錢要怎麼去看世界呢？

去他的，該是我發光發熱的時候了。

從第一天起，我就知道一切都不一樣了。任務不再只是「給他們留下好印象——買一些漢堡——得到一份工作」。現在我名字旁邊的欄位明白列出盈利與虧損。那是我的錢。要發給我的錢。

所以，我該怎麼做呢？以下是我雙管齊下的攻擊計畫：

1. 學習交易。
2. 掌控帳本。

這個計畫簡單吧？不過，帳本又是什麼？

嗯，在STIRT小組裡，每個人都是換匯交易的交易員。如果你不知道什麼是換匯交易，請不要擔心，這個階段的我其實也不太清楚。你只需要知道，每種貨幣都是可以買賣的。STIRT小組一共交易十種貨幣——歐元（EUR）、英鎊（GBP）、瑞士法郎（CHF）、三種北歐貨幣（瑞典克朗、挪威克朗、丹麥克朗）、日圓（JPY），以及澳幣（AUD）、紐西蘭幣（NZD）和加拿大幣（CAD）；這些貨幣都以強大的美元（USD）來買或賣。

每個交易員都負責一種或多種貨幣。所以，如你所知，魯伯特是資深歐元交易員，他和洪哥共享一本帳本；比爾負責英鎊帳本；迦勒掌控瑞士法郎帳本；JB手下則有澳幣、紐西蘭幣和日圓帳本。

那麼，一本帳本又有什麼大不了的呢？

帳本的重要之處在於，當你負責某種貨幣的帳本時，所有以該貨幣進行交易的客戶和交易員都會直接來找你。為什麼這是一件好事？

嗯，記得我們從交易遊戲中學到的知識嗎？任何人可以隨時向任何人詢價，而那個人必須以「兩點價差」來定價。例如，六十七－六十九，六十七意思是「我會以六十七元的價格買進，或者我會以六十九元的價格賣出」。現在，想像一下，有一群外部客戶願意以更大的價差進行交易遊戲。例如，四點價差六十六－七十，表示「我願以六十六元的價格買進，或以七十元的價格賣出」。這就是真實市場的大致運作方式。如果這種情況發生，你可以用六十六美元的價格從外部客戶那裡購入，轉身立刻以六十七美元的價格售出，立即確保獲得一美元的無風險利潤。如果你願意承擔風險，持有一段時間，你甚至可能找到願意支付六十八或六十九美元的客戶，如此一來，你的利潤便能變成兩倍或三倍。這就是「掌控帳本」的意義。它意味著你能夠接觸到願意以低於市場價格進行交易的客戶，換句話說，幾乎保證你一定能得到無風險的利潤。應該不用我告訴你，這是一件非常好的事（順帶一提，如果你仔細想想，會發現這正是每次去國外度假時，湯瑪斯．庫克旅遊集團在客人換匯時所做的事情）。

此時你可能會問自己，為什麼客戶會願意以低於市場的價格來進行交易？這是一個非常好的問題，但我在二十一歲時並沒有想到要問這個問題。不過不必擔心。再給它一點時間。

現在，我們來談談如何才能掌控帳本。

嗯，所有的無風險利潤的另一面是，一旦你掌控某個貨幣的帳本，你就有義務隨時提供報價。你永遠不知道什麼時候有人會需要瑞士法郎、或澳幣、或任何你負責的貨幣的換匯交易。花旗銀行提供二十四小時報價服務（紐約、雪梨和東京也設有換匯交易櫃檯），即使在你上廁所或在拉斯維加斯，都要有人提供報價。這就是為什麼每個小組成員都有一個指定的合作夥伴，以防他們出於某種原因離開交易廳或失去行為能力（正如我們之後會看到的，有些交易員喪失行為能力的頻率比其他交易員高出許多）。

這個被稱為「掩護交易員」的職務代理人負責的工作很重要。如果你不在辦公室，掩護交易員為你的貨幣報價，該筆交易還是會記入你的帳本，而不是他的帳本，利潤（或損失）同時也歸你所有。因此，對初級交易員來說，掩護交易便成了大展身手的舞台。你可能會為同組的資深交易員賺錢（或虧錢）。你可以證明你身為報價交易員的能力，所以基本上可以將你掩護的交易當成自己的帳本。如果你能證明你是一個合格的、能為公司帶來利益的掩護交易員，資深交易員會爭取在他們離開座位時讓你掩護他們。這會讓每個人立刻明白，你理所當然的會是下一個擁有自己帳本的人，甚至可能會去幫你提醒老闆，角落裡那個看上去疲憊不堪、頭髮花白的交易員，可能不需要一個人掌控三種貨幣的帳本。

但當你還是新人的時候，沒有人會想要你當掩護。你本身就是一個風險，一種負債。你必須先贏得其他人的信任，這便成了兩個目標的交會點：贏得其他人的信任，向他們證明你是一個優秀的掩護交易員；然後，希望他們會教你如何交易。

好，我再一次需要在小組裡鎖定一個目標。讓我們先暫停，分析一下現有的選擇。

第一個選項，很簡單：比爾。比爾已經是我眼中的傳奇人物，並被史努比（我尊重且信任他的意見）正式認證為外匯小組中最聰明的交易員。不僅如此，他是英國人，小個子，並不是個時髦的白痴。我們確實有很多共同點，應該可行。唯一的問題是，當我出現在他附近時，我看到史努會比很快的靠近那個角落，而且顯然想占據那個位子。史努比的經驗和資歷比我多一年半。我要爭贏他並不容易。

另外兩個顯而易見的選項是魯伯特和ＪＢ。我給這兩人都留下深刻的印象，他們似乎都頗熱中和我合作。我可能可以加入其中一個，但同樣還是有一些問題。最明顯的是他倆看起來都有點不正常。先來講ＪＢ；ＪＢ毫無疑問的是一個可愛的人，到目前為止我已經聽過他所有的故事，並且和他喝了不少啤酒。請記住，暑假實習期間我在這個小組待了整整五週。問題是，他說話的時速每小時快達一百萬英里，不管他說的是關於交易的事，或其他話題，我通常完全聽不懂。他可能不是心靈導師的好選擇。不僅如此，還有一個似乎是從紐約調來的年輕交易員，他的外表神似科學怪人，就坐在JB旁邊，所以那個位置可能也有人。

那麼，就剩下魯伯特。他這邊的正面理由很明顯。第一，這傢伙帶我去過拉斯維加斯；第二，我幫忙粉刷他的臥室。這似乎是友誼的良好基礎，不是嗎？魯伯特與洪哥一起負責歐元，但洪哥已經三十多歲，所以增加一個初級交易員似乎合情合理。他是資深歐元利率交易員，掌控小組裡最重要的交易貨幣，所以他一定相當優秀，而且他的交易風格似乎很明智、有紀律，足以為我的學習奠定良好的基礎。然而，另一方面，他卻可能是個精神有問題的瘋子。到目前為止，我已經和他相處足夠長的時間，知道風險絕對存在。不過沒有人是完美的，你懂吧？

當然，我也可以考慮迦勒。迦勒一直被我當成備用選項。但是，算了吧！迦勒是老闆。我不能那樣做——當馬屁精這種事，我做不來。

所以我最終選了魯伯特。或者我應該說，魯伯特選擇了我。

史努比的位子移到比爾座位靠窗的角落，我被安排到接替他遠離窗戶、半坐在走道上的舊位子。我和大多數交易員之間隔著我左手邊的空位。我不知道他們為什麼要讓這個位子永遠空著。也許這是對我，以及之前對史努比的一種現實上的提醒，讓小組裡的初級交易員看清自己的地位。那個空位的左邊就是魯伯特，他在我上班的第一天的前半段時間完全忽視我。

那天我到下午二點才吃午飯。在我回來時，魯伯特正坐在我旁邊的空辦公椅上，在上面左右搖擺，叫人看了十分擔心，但我試著裝出一切正常的模樣，坐下來，直視我的螢幕牆，但當他兩個巨大的圓胖膝蓋都向著我時，要假裝他不存在就太難了。

「你去哪裡？」

我轉向他，假裝沒什麼，一切都很正常。他拿著一個霓虹橙色的壓力球，用力擠壓。

「喔，我只是去吃午飯，怎麼了？」

「你吃什麼？」魯伯特回答得有點太快，我還來不及把語調上揚就將問號說出來。

「嗯，有……香腸和……豆類和……番茄？」

「你從哪裡弄來的？」

「呃……我在樓下餐廳買的。」

魯伯特又用力捏了捏壓力球，然後沉默不語的盯著我看很久。任何人在這種情況下都難免覺得尷尬，還好現在這裡只有我和他兩個人。

「我在這個組工作十二年。我從來沒有去過那個餐廳。我們．就．在．辦公桌上．吃午飯。」

然後他繼續盯著我看，很久，我真的不知道該說什麼。

你知道嗎？就在兩個月前，我和魯伯特在一個溫暖而黑暗的夜晚，站在洛杉磯的 Jay-Z 慶功派對的游泳池邊。魯伯特一直在問一個穿著黃色比基尼的漂亮女孩她的生肖是什麼。順便說一下，魯伯特屬虎。我也是。

不過，我不記得那女孩屬什麼了。

好吧！我想。所以，以後都要這樣，是吧？

沒問題。

這並非單一事件。在我剛開始上班的幾天，大部分時間都花在嘗試在電腦上安裝軟體，和遠在印度班加羅爾、名叫吉米．約翰的外包工程師通電話。魯伯特養成一種習慣，他會突然而堅定的直接從我背後抓住我的雙肩，大聲喊叫一些像是：

「英國消費者信心如何？」

或：

「美國服務業的ＰＭＩ（採購經理人指數）是多少？」

我當然知道正確答案是「我不知道」。可怕的是，事實證明，這個答案已經遠遠不夠。

「這樣的回答已經不夠好了，蓋瑞！你現在是交易員了！你必須知道！」

這種要求因為幾個原因令我感到不適。第一，「我不知道」策略在我整個實習過程中非常成功，以致放棄它感覺像是失去一條腿；其次，我甚至不知道ＰＭＩ代表什麼，三個字母的縮寫向來是我的弱點。有一次，當我在講一通長途電話時，他又抓住我，並將我拖離座位。我驚慌失措，連忙採取另一種策略，大聲喊：

「四十七點一！」

當然是隨便猜測的。

他的回應只能以暴跳如雷來形容，因為我喊出的數字既不正確又是隨意編造的（無論何時，這兩種都不該混在一起使用）。事後回想起來，我會挨罵也很正常。

為了拯救我的神經系統，我做了兩件事。

第一，我偷偷去找史努比，問他PMI到底是什麼；以及我要怎麼做，才能找到任何一天的確切數字。

史努比給我看一份「經濟數據公布日曆」，上面完整列出全世界每天發布的所有經濟數據，以及發布的確切時間。每一天公布的數據數量都很大，通常超過五十或六十個，不過它們通常在任何特定國家都是同一時間發布的，這意味著每天數據出來通常就是那三到四個重要的時間點。從那時起，我每天早上做的第一件事就是檢查所有數據發布的時間，在我的諾基亞小手機上設定一堆提前五分鐘的鬧鐘。從那以後，我再也沒有弄錯過數據資料；兩週之後我的肩膀終於從魯伯特的魔爪下解脫，實在讓我大大鬆一口氣。不過，在那之後整整三年，每一個工作日我都還是設定這些鬧鐘，雖然那時我已經不在乎數據發布，反正也沒有人敢再抓我了。

你知道嗎？即使那是很久以前的事了，但有時候，甚至是現在，當我坐在筆記型電腦前，注意力不集中時，我發現自己會無意識的打開那個日曆。今天，就在我寫這篇文章的這一天，英國投入生產者物價指數（UK Inputs PPI）於上午七點公布，二二一·六%，相當高。

我做的第二件事是，我決定，如果有任何其他選擇，任何選擇，我都不要向魯伯特·霍布豪斯學習怎麼進行交易。

2

這就是為什麼我最後會和史賓格勒在一起的原因。

西奧多．巴納比．史賓格勒三世是，嗯，因為缺乏更貼切的形容詞，所以只能說他是個白痴。老實說，這可能不太公平。他其實更像是一個白痴學者。

在我的理想導師名單中，史賓格勒並不是第一選擇，也不是第二選擇，甚至第三選擇。

一旦我決定遠離魯伯特，我就想找機會試試和比爾能不能成為搭檔。我設法說服他讓我幫忙，將他的一些交易輸入系統，但我在第一週就搞砸，導致他隔著大半個交易廳對我尖叫：「你讓我賠了四萬英鎊，你他媽的混蛋！」

四萬英鎊他媽的是我爸年薪的兩倍。因此，我只好夾著尾巴回到最後的安全港，就像我第一天上班時那樣，把我的椅子拉到ＪＢ旁邊。

可是現在ＪＢ旁邊的位子有人占據——身材魁梧、神似科學怪人的西奧多．史賓格勒。西奧多．史賓格勒看起來和電視劇《怪胎一族》裡的赫曼．蒙斯特一模一樣。當我成為全職員工重返交易廳時，我立刻就注意到他晃著一個宛如鬼臉的大頭在ＪＢ旁邊走動。前一年冬季，迦勒解雇了三名交易員。我猜史賓格勒一定是上級眼中的明日之星，才會被請來取代這些人。

我很快就發現，事實並非如此。

實際情況是，史賓格勒在一年前被紐約分公司 STIRT 小組的美國畢業生培訓計畫錄取，但他們很快發現這是一次嚴重的判斷失誤，並以某種方式說服迦勒接手。我一直不知道迦勒為了接收這份被詛咒的禮物，得到的回報是什麼，但我真心希望他拿到的東西價值不菲。

這孩子到底有什麼不好？

史賓格勒的身體形狀像個巨大而笨重的馬芬，走路姿勢像一個隨時會摔倒的農夫。他每天早上七點二十九分準時走進交易廳，只比正式遲到早一分鐘。當他跌坐在位子上時，總會順手壓下揚聲器上的按鈕，並且呼叫他的其中一位經紀人。他喜歡在每個經紀人的名字後面加個「y」，所以他會喊出類似這樣的話：

「嘿！格蘭蒂（Granty）！」或是「嘿！米爾西（Millsy）！」或是「嘿！喬納森尼（Johnathany）！」

他來自南非約翰尼斯堡或開普敦之類的地方，所以他的口音我完全無法理解。

不知道為什麼，有一半的經紀人都來自埃塞克斯或東倫敦。他們幾乎都是這麼回應：

「嘿！史賓格勒！你現在如何？你這個老流氓／你這個大帥哥／你這個瘋子，昨晚太瘋狂了，不是嗎？你回家路上還好嗎？」

在我和史賓格勒坐在一起的第一個早晨，我得知他前一天晚上沒有順利回家，因為他在計程車上尿褲子。我會知道，是因為他非常公開的、甚至相當高興的向他的經紀人講述這件事。經紀人似乎覺得很好笑的反應讓我驚訝極了，因為我只覺得非常噁心。JB回頭看了史賓格勒一眼，他的眼神讓我明白，我並不是唯一有那種感覺的人。

我不記得史賓格勒是向哪個經紀人講述這個故事，我想應該是格蘭蒂。不過，這不是重點，因為史賓格勒隨後一次又一次的壓下別顆按鈕，並以相同的詞彙向七個不同的經紀人講述同一個故事。每個經紀人都笑得很開心，甚至包括三個都叫卡斯滕的丹麥經紀人。整個過程持續半個小時。我到此時才明白，經紀人只要笑，就可以領到薪水。

公開自己的不良衛生習慣，並不是史賓格勒唯一的問題。他會不由自主的、不斷的、沒完沒了的跟我講許多糟糕的笑話，不恰當的笑話、令人不能接受的笑話。ＪＢ每次都會罵他，但對他似乎完全沒有影響，他似乎很享受別人的鄙視。每次ＪＢ責備他時，他痛苦的鬼臉會慢慢展開摺縫，呆滯的眼睛也會開始發光，甚至露出微笑。

他有時會講反猶太主義的笑話。對於一個座位距離不到三公尺、有權決定他薪水的猶太老闆兼南非巨人來說，無疑是非常不明智的行為。有一次，在他開這樣的玩笑時，剛好迦勒走過他身後。迦勒一把抓住他的椅子靠背，瞬間將他旋轉一百八十度。迦勒一言不發，只是低頭瞪他。史賓格勒抬頭看那張只比他大三歲的男人的臉，凝視他的眼睛，他張嘴，似乎想說話，卻什麼聲音都沒發出來，最後連他的嘴唇也完全停止動作。他看起來彷彿下一秒就要開始吸他的大拇指。他們就這樣對望十五秒，然後迦勒深深嘆一口氣，將史賓格勒的椅子轉回去，嘴裡嘟嘟噥噥的走開。

「想想你他媽的在做什麼，你這個該死的智障！」

史賓格勒無時無刻都在抓他的屁股，並以令人不安的速度吞吃漢堡。不過，最讓我印象深刻的是史賓格勒和他媽媽之間的電話。每天一次，下午三點，史賓格勒的媽媽就會打電話進來。不知道為什麼，他們會用佛拉蒙語*聊上整整一小時。我很慶幸自己不會說佛拉蒙語，即使現在，直到今天，都覺得還好自己聽不懂。

最瘋狂的是，我非常喜歡史賓格勒。為什麼？

可能因為他是一位極為出色的交易員。

在我和史賓格勒、JB坐在一起大約十天後，魯伯特突然過來，將一隻胖手放在我的肩膀上，說：

「今天中午，來跟我及幾個經紀人一起吃飯。」

我以前也見過經紀人。我們去拉斯維加斯時就有幾個經紀人同行，我們去滑雪時也有經紀人同行。但我從未參加過經紀人午餐會，而且從來不曾只有我、魯伯特和經紀人。

我們乘坐一輛高級古典計程車進入市區，雖然搭地鐵可能更快一點。當汽車緩緩駛進車流時，魯伯特龐大的身軀將他向前的座位塞得滿滿的，我則坐在一張向後看的可折疊小椅子上。

我看起來一定很緊張，因為魯伯特突然問我：「你在緊張嗎？」

我告訴他我沒事，然後他問我之前是否吃過日本料理，我誠實的回答說沒有。然後他問我：

「是因為你從來沒用過筷子嗎？」

我第一次在他身上看到這種真正關心的表情。在我眼中，像是一種兄弟情誼，甚至是父愛。

他把看起來很昂貴的棕色皮包放在計程車的地板上，拿出兩枝鋼筆。

「看！」他對我說：「把你的小指和無名指彎成這樣。」然後他把兩根胖手指捏在一起，示範

＊譯注：Flemish：帶有比利時口音的荷蘭語，為比利時北部的主要語言。

給我看。

「這會在兩根手指之間產生一個摺縫，看到了嗎？你可以將第一根筷子放進這個彎處，就像這樣，然後用拇指底部將它固定在那裡。」

他用其中一枝鋼筆示範一遍。

「如此一來，你的拇指尖和另外兩根手指就可以空出來，去握住另一根筷子。」他一邊說，一邊彎曲手指：「然後你就可以用這兩根筷子來夾東西。」

他用兩枝鋼筆的前端夾住我左手的皮膚。

「來！」他把鋼筆遞給我。「你試試。」

我試著照他的話做，結果兩枝鋼筆都掉到地上，魯伯特露出微笑。

魯伯特不知道，令我焦慮的真正原因是我不知道在這家餐廳吃飯要花多少錢。它的店名由晦澀的日語組成，連用英文拼寫出來我都做不到，根本無法先用 Google 查詢，儘管我懷疑可能查了也沒有幫助。離開花旗之前，我去趟提款機，從我的銀行帳戶裡領了兩百英鎊的現金。因為我的每日提款上限就這麼多。我擔心再加上我錢包裡原有的四十英鎊，是不是還不夠。

我把地板上的兩枝鋼筆撿起來，還給魯伯特。

魯伯特將它們放回皮包裡，然後靠在計程車的座位上，深深呼出一口氣，張開雙臂擱在椅背上。

「別擔心那些經紀人。」他對我說：「不過是一群經紀人罷了。如果他們不當經紀人，就只能當公車司機。」

直到現在，我還是用他教我的姿勢拿筷子。

經紀人到底是什麼呢？

人們有時會交替使用「經紀人」和「交易員」，可是事實上，這兩種人的世界完全不同。這一點，即使是剛入行的我，也看得相當清楚，因為似乎所有經紀人都來自埃塞克斯或東倫敦。有趣的是，我們的交易大廳其實也在東倫敦，卻根本聽不到這些區域的口音。

事實上，正如魯伯特之前一針見血的評論，兩種人的差異可不只是職稱而已。至少在二〇〇八年，你若沒有「頂級」大學的學位，幾乎不可能進入交易大廳。即使在 STIRT 小組，除了比爾是個例外，包括我在內的每個交易員學歷都相當輝煌。但大多數的經紀人根本沒上過大學。

辦公區的揚聲器傳出經紀人的東倫敦腔。他們以悅耳的音調唱出數字，一個接著一個綿延不絕，讓人不由得想起街頭市場的蔬果攤販。草莓，一斤一英鎊；三個月歐元，四．三和四．六。我在倫敦的交易大廳工作已經是十年前的事，我好奇，如今那些聲音是否還帶著那麼濃厚的東倫敦腔。我希望它們還是，但恐怕已經不是。

經紀人的雇主不是銀行，而是被稱為「經紀公司」的同業聯盟。嚴格來說，他們的角色就是為交易員搭起橋樑。不同交易員進行交易，經紀人負責將他們匹配在一起。重要的是，如果交易失利，經紀人不用承擔任何風險，只有交易員會被追究。經紀人有點像房地產仲介。佣金是他們的主要收入來源，這表示他們希望你進行的交易愈多愈好，至於交易是賺是賠，他們一點都不在乎。

理論上來說，因為有經紀人的存在，你才能在不讓交易對象知道你想購入的情況下購入。如果是像花旗銀行這樣的大公司，而且想在不影響市價的情況下購入，這一點非常關鍵。比如說，如果你想以三十六的價格買進，你告訴你的經紀人後，他開始在金融城的每個揚聲器大喊「三十六購入、三十六購入、三十六購入」，希望能找到願意以這個價格售出的人。交易可以在沒有任何人知道誰想購入的情況下發生，這樣很好，因為如果每個人都知道買家是你，他們可能會在你購入之前推高價格。

理論上是這樣。實際上呢？

實際上嘛……他們會組織經紀人午餐會。

再把場景拉回和魯伯特共乘的計程車。我們最後在倫敦市中心一家高檔餐廳前停下。我很想告訴你這個地方的名字，但我真的不知道它叫什麼。

我可以告訴你的是，那是一家日本餐廳，一位穿著完美服飾的完美女服務生在一個小而完美的接待區完美的接待我們，只不過大白天的，接待區裡還這麼暗，讓我有些不習慣。太過完美的一切令我頭暈，有人領著我上樓，或者也可能是下樓，進入一個巨大的用餐區，光線從超大的窗戶灑進來，但由於所有家具都是黑色的，讓內部顯得出奇的幽暗。

還不到正中午，那些巨大的、漆黑的、造型前衛的完美圓形桌子旁幾乎沒有客人。女服務生帶我們穿過寬敞的用餐區，走了很長一段路後，繞過一堵由玻璃瓶組成的牆。轉彎後，我們進入一個隱蔽的區域，落地窗灑入的陽光照射在餐廳裡最大、最黑的桌面，明亮刺眼的光線投射在擠成一堆、坐在桌子最遠端的三個經紀人的臉上。

我們一走進去，那三個人立刻分開，同時站起來，紛紛衝過來與我們握手。

我仔細打量他們。一個滿臉困惑的粗壯年輕人，一個有魅力但看起來有點陰險的中年人，還有一個至少六十歲的老人，他有一頭濃密的白髮，髮量多到令人懷疑他的頭是不是從未停止生長。

那個大頭的老人，以低沉到不可思議的聲音自我介紹：

「嗨，我叫大頭（Bighead）。」

當然，他的「h」是不發音的。

接下來，我們五個人試著找出一種不會太尷尬的方式坐下，因此圍著巨大的圓桌展開一段舞蹈。這很困難，我發現自己的位子和桌子對面的魯伯特隔了一大段距離。我的旁邊坐著大頭，我喜歡他，因為他濃重的東倫敦口音，濃密的白髮，以及頭的尺寸都讓我想起我死去的爺爺，使我心情放鬆不少。雖然這也代表我不能坐在魯伯特旁邊。談話像一條河流，從上游的經紀人流向下游的魯伯特，我也喜歡這樣，因為這意味著我不必回應什麼，並且給了我很多時間觀察。

儘管大頭的年紀最長，但主導談話的並不是他，而是一個叫提摩西・特溫漢姆的中年人。他的頭髮也很濃密，卻黑得不可思議。雙方交流極為順暢，像蜂蜜一樣細膩綿延，沒有任何尷尬或停頓。有時，說話的人為了製造戲劇效果，會故意留下空白，這時大頭便會以他低音大提琴般的聲音來填補。坐在提摩西和魯伯特中間的年輕經紀人什麼也沒說，只是在兩人之間來回轉動他的臉，像在觀賞一場網球比賽似的，不停的點頭，滿臉熱誠，偶爾猛的將頭往後拉，發出咯咯笑聲。

當年輕經紀人這麼做時，我也會笑，但態度溫和許多。魯伯特則從頭到尾都沒笑過。

我們點了白酒，還有一大盤生魚片。那時我還不知道生魚片是什麼，以為基本上就是沒有米飯的壽司。魯伯特向我解釋（有點困難，因為我們的距離確實相當遠）生魚片比壽司對健康更好，而且吃生魚片可以減肥。我看看盤子的大小，又看看魯伯特的大小。我深深的點了點頭。我向桌子中間伸長手，用一根完美的筷子刺向一小塊粉白色的魚，並試著將它平衡的移到我的盤子上。

白酒很快的喝完，我也喝一點，儘管我不太喜歡葡萄酒，可是我不想失禮。餐廳播放一種節拍明顯的低音音樂，從這天起，我就特別留意，發現這種背景音樂在倫敦昂貴的餐廳中幾乎無處不在。過一段時間後，音樂、葡萄酒和談話聲開始融為一體，我發現我幾乎聽不見任何人說的任何話，還好我不必發言，所以發生這種情況也沒什麼關係。我只要認真向前傾身，靠著桌邊，凝視說話的人，有時將眼光移向遠處，然後點點頭。我試著用魯伯特教我的方法拿筷子，結果把三塊魚片掉到桌子上，其中一塊甚至直接掉到地板上。

第二道菜隔了一段時間才來，我一直熱切的等待，因為那時我已經有些醉了，而且我在享用第一道菜時遇到一些技術性問題，主要是生魚片很滑溜，而且離我很遠。

不幸的是，第二道菜並沒有那麼直截了當，因為端上桌的一個大盤子上，只放了生雞肉和生牛肉。嗯，你可能知道生雞肉不可直接食用，或者至少生吃是不安全的，我也確實懷疑這一點。可是直到一個小時前，我對生魚也抱持相同的強烈信念，然而事實證明我是錯的。所以我等了幾分鐘，想看看其他人會怎麼做，但他們正熱火朝天的在聊一個摩根史坦利資深歐元交易員的事，最終我不得不放棄等待。我伸長手，用兩根筷子夾起一塊生雞肉，這是我第一次能夠用筷子完好無損的夾起食物，送到我的盤子上。我把它吞下去了。天啊！實在是太噁心了。

因為過於噁心，噁心到足以讓我懷疑是否真有這個日本傳統的存在，於是我靠向我很快和他建立起祖孫般好感的大頭，伸手在桌子下輕輕推他。

他轉過身來靠向我，一臉要和我密談的表情。

「這雞肉，」我低聲對他說：「你不覺得它……有一點……噁心？？」也喝了不少酒的大頭疑惑的看我，然後他看了看那一大盤生牛肉和生雞肉，又轉過身來看我。

「你吃了雞肉嗎？」他看起來很困惑。

「是啊，我當然吃了，那是雞肉。我他媽的不吃它還能做什麼？」

我的新爺爺用發自丹田的力量大笑起來。他起身，掀開部分桌面。你相信嗎？下面居然有一整片他媽的鐵板，居然沒有人告訴我。他笑了好久好久，卻沒有人知道他到底在笑什麼，因為他沒有將我剛才吃生雞肉的事告訴任何人。老實說，我對此相當感激。

這頓午餐吃了整整兩個小時，沒有人付錢。

好吧！肯定有人付錢，但我沒看到是誰付的。我唯一確定的是那個人不是我。而且沒有人要求我付錢。

然後我們所有人都喝得酩酊大醉，回到辦公室繼續工作。

我真的不知道這頓飯背後的意義到底是什麼。

知道魯伯特帶我出去後，史賓格勒也同樣躍躍欲試。

嗯，你得明白，史賓格勒很寂寞。若不是因為寂寞，不會有人每天在上班時間用佛拉蒙語和媽媽講上一小時的電話。如果你的工作場所有人這麼做，你應該去關心一下，確保他們的精神沒出大問題。史賓格勒和他媽媽相隔萬里，離他的家鄉很遠很遠，而且他不知道怎麼做才能交到朋友。

不過，如果你是倫敦大型投資銀行的交易員，從某些角度來看，你其實不需要交朋友，因為多的是拿薪水來和你交朋友的人。對，我說的就是經紀人。史賓格勒覺得現在更多了一個我，他對此感到開心。

因此，就在我與魯伯特第一次共進午餐的兩天後，史賓格勒就帶我去了他自己的午餐會。史努比必須掩護北歐貨幣交易（那是史賓格勒的帳本，北歐貨幣），我和史賓格勒一樣坐上計程車，這次的目的地是牛排館。

在計程車上，史賓格勒沒有教我如何吃牛排（雖然老實說，如果他教我，我大概還真的能從中受益）。相反的，他詳細向我介紹我們即將會面的三位經紀人和一位交易員的背景，以及他們在瑞典克朗換匯交易市場所扮演的重要角色。只有我和他單獨在一起時，史賓格勒談論的就是這些：瑞典換匯交易市場，以及牽涉其中的人。我覺得這實在是太棒了。

我們將會見到：

1. 格蘭蒂：皮膚黝黑，中年，有魅力，瑞典換匯交易經紀業務主管。
2. 瓊西：禿頭，明顯老了，喜歡自嘲。他正在辦第三次離婚手續，實在很不應該。
3. 灌木頭：年輕，利物浦口音，瑞典外匯經紀人。另一個因為頭部大小和顏色而被取名的傢伙。
4. 西蒙．張：年輕、有前途的滙豐銀行瑞典外匯交易員。非常聰明，小腿肌肉發達。來自香港。大家都叫他李連杰，不過沒什麼關係，因為他不介意。

沒有任何人在乎這次的午餐會沒有一個瑞典人。話說回來，不到十八個月後，我也被任命為負責瑞典換匯交易市場的資深交易員，我這輩子也沒在瑞典待過一天。

這家牛排館藏在倫敦市區深處，繞過許多蜿蜒小巷的盡頭，一進門就看到埋在地下如洞穴般的用餐區。大房間裡沒有一絲陽光，雖然我確信裡面一定有電燈，但光線頗為昏暗。我記得因為周遭氛圍，讓我一直覺得這地方使用蠟燭照明。正中午時間在這裡用餐，總讓人有種超現實的錯覺，彷彿正在策劃什麼陰謀似的。

我們向桌子走去，我看到坐在一起的四個人，開始將他們的外表和我聽到的描述相互對比。我一下子就認出灌木頭那顆紅色球根狀的大頭，史賓格勒並不知道他曾經和我、魯伯特一起去過拉斯維加斯。

我注意到經紀人的同時，他們也看到我們。他們在見到史賓格勒走向他們的桌子時，立刻站起來，開始歡呼、起鬨、呼喊、鼓掌，大吼大叫。我沒想到他們會這麼做——史賓格勒在交易廳可從未得到這種規格的待遇。我困惑的轉向史賓格勒，看到他那張科學怪人的臉露出燦爛的笑容，我甚至觀察到他臉上因不好意思而出現的紅暈。

和史賓格勒一起吃飯時發生幾件事。

第一是和我在拉斯維加斯一起待了三天的灌木頭，沒有向任何人提起他本來就認識我。我認識灌木頭，而且我喜歡他。你甚至可以說我很了解他，因為我曾經見過他在凌晨三點洛杉磯一家夜總會外面喝得酩酊大醉，右手對著女明星琳賽．蘿涵的女性朋友做了個轉動的手勢，示意她搖下車窗，然後在得到她還算和善的回應後，對著她的臉大喊：「妳的車真是他媽的醜！」然後轉身走向灌木叢尿尿。

老實說，他根本不知道她是誰。他只是單純的不喜歡她的車。

我以為那段經歷會加深我們的羈絆，加上我們的背景相似，應該可以鞏固我們的友誼，可是在我坐下來的那一刻，灌木頭看了我一眼，我立刻就明白他的意思。彼時是彼時，現在是現在。我本能的明白他是對的。

對史賓格勒的熱鬧歡迎持續十分鐘，各式各樣的逗弄夾雜開玩笑似的髒話，史賓格勒在整個過程中一直在蠕動、微笑、咯咯笑，全程低頭，像一個害羞的年輕新娘。你可以看得出來，他心裡其實滿高興的。

鬧完史賓格勒後，真正的談話才得以展開。瑞典換匯交易和紅酒。對於這兩者，史賓格勒都是魔鬼。我從未見過任何人比他還能消耗這兩種東西的。

史賓格勒和西蒙．張像兩部機器：重型機器。一旦你讓他們開始談論換匯交易，談話速度永遠不會減慢。我在這個階段仍然不清楚什麼是換匯交易，也沒有參與對話。但我就坐在桌子對面，盯著他們，可以看到他們眼中明顯的激情和熱愛。他們想知道九月底那三天是不是因為報價錯誤而特別便宜，或者斯德哥爾摩商業銀行的英格瑪是不是知道什麼他們不知道的事情。他們想知道瑞典央行是否會在十月再舉辦一次晚宴，如果是的話，哪些交易員會參加。丹麥中央銀行哥本哈根的安德斯最近怎麼樣？他的酗酒情況比較改善了嗎？他和妻子之間的關係如何？

他們是魔鬼，他們什麼都想知道。雖然我幾乎聽不懂他們在說什麼，但我也什麼都想知道，就像他們一樣，我睜大眼睛看，豎起耳朵聽，隨著時間的流逝，盤子被送上來又被收走，紅酒一瓶又一瓶的喝光，我開始心想，也許我在別無選擇的情況下坐進的那個位子，那個在ＪＢ的左肩後方、在史賓格勒的右肩後方的位子，或許沒有那麼糟。

整個過程中，我幾乎沒開口。我不需要開口。史賓格勒和西蒙瘋狂的熱情塞滿整個空間。我起初打算依照史賓格勒同樣的速度喝酒，但在看到他灌完前三杯酒的速度後，我立即意識到我無法和他比肩，我找不到參考對象，而且太過全神貫注的傾聽他們的談話，最後我根本一口沒喝。

我看著他們交談超過一個小時，食物也已經吃完很久，這時，史賓格勒才第一次將他的大臉轉向我，試著咧嘴對我微笑，他的牙齒染成紫色，看起來相當可怕。他用低沉的南非荷蘭語拖長聲調對我說：「蓋瑞……這紅酒非常非常的……昂貴，你居然……不喝。」

我做了在那種情況下我唯一能做的事，就是轉身面對我的酒杯，看著它，伸手將它高舉在空中，對著他的方向，微微傾斜表示致意，然後啜飲兩口再將它放下，將目光投向他那張容光煥發的紫色臉孔，微笑說：「喝起來真棒，史賓格勒。口感非常非常好。」

從那時起，他們帶我外出喝酒的次數便成倍數增長，甚至建立一種反比例原則，那就是：我和每個交易員外出的頻率，跟如果我有選擇的話我會選擇的頻率成反比。

史賓格勒和魯伯特至少每週帶我出去一次（當然是各自分開的）。他們的行為都以他們特有的方式變得愈來愈難以招架。

經紀人午餐會變成經紀人晚餐會，史賓格勒晚上的情況比白天糟糕多了，他的牙齒會染得更紅，而且他在喝醉時，會踢一個來自埃塞克斯看似沒有超過十九歲的年輕經紀人的屁股，並大聲喊：「帶我去喝酒吧！經紀賤人！」

當這種情況發生時，那男孩不會回頭看史賓格勒，但他會轉身看著我。他沒有比我年輕多少，臉上會出現一種彷彿我倆是共謀的嚴肅表情，他不笑，我也不笑，我只能努力承受他嚴厲而灼熱的目光，我會盡力表現出和他同等的嚴肅，然後在對視中，彼此點頭。

魯伯特常想在晚上帶我去他住的克萊姆附近玩，可是那裡與伊爾福德在倫敦地圖上是兩個完全相反的方向。

我要搭好久好久的火車才能從那裡回到家。有時我們在外面玩得太晚，連末班車都趕不上，魯伯特只能付錢叫計程車送我回家，所以我並不喜歡去克萊姆，但我真的沒有選擇，因為魯伯特想讓我認識他所有的朋友。

他的朋友們全都穿著繡有花押字、仔細熨燙過的漂亮襯衫，髮型一看就很昂貴；我的襯衫是在Topman平價連鎖店買的，「免燙」是我挑選時的第一前提。他們全都開始叫我「老頭蓋瑞」，我開始模仿他們的埃塞克斯腔，試圖掩蓋我真正的口音。

有個曾經和我們一起去過拉斯維加斯的朋友是高盛的交易員，名字叫皮皮·霍洛威之類的，就是那個在加長型轎車裡流鼻血的人。只要我們出去玩，他總在現場。有一天，魯伯特在他的豪宅裡舉行一個變裝派對，我打扮成羅賓漢，魯伯特允許我帶著打扮成蝙蝠俠的鄰居哈利一起參加。這是我們第一次看到有人吸食古柯鹼。皮皮·霍洛威向我介紹他的女朋友。

她當然很漂亮，像瓷器一樣精緻，一身白衣，宛如仙女。在見過他在拉斯維加斯做的事情後，發現皮皮竟然有女朋友令我大感震驚。我看著她，心裡有點為她難過，但她似乎很高興的樣子。你知道嗎？她滿臉微笑，所以我能做什麼呢？我也微笑回應，伸出手，然後兩人握手。我說：「嗨！

我是蓋瑞，很高興認識妳。」

我和她閒聊的時間並不長，但我問她和皮皮・霍洛威在一起多久了，因為我從見到她就在想這個問題，結果發現他們已經在一起很多年了。

然而，不只是魯伯特和史賓格勒會帶我出去，小組裡的每個人多多少少也都開始帶我出去。JB向來在酒吧和經紀人一起喝酒，我隨時可以加入，洪哥會來，史努比也會來，有時甚至迦勒也會來。只要有機會，史努比也會帶我參加他的經紀人餐會。我很樂意和他一起出去，因為和他在一起讓我安全感滿滿，而且他只要吃上那些昂貴的食物，總是會表現得很開心。每週三我們還會一起踢足球，我的鄰居哈利每場比賽都來，有時街上一些其他孩子也會參加，還有幾個經紀人，然後大家再一起去喝啤酒。

和經紀人來往讓我覺得最神奇的部分是，你經常看到同一個經紀人在不同的地方和不同的交易員在一起。例如，灌木頭是史賓格勒的經紀人，因為他代理北歐貨幣，但他卻曾經和我、魯伯特，以及一群歐元交易員一起去拉斯維加斯旅遊。儘管瓊西曾和史賓格勒共進午餐，但他其實是加拿大幣經紀人，換句話說，他是史努比的經紀人，而且經常和史努比一起出去吃午飯。我新認的金融城爺爺大頭，之前和我、魯伯特一起吃午飯，可是實際上他並不是魯伯特的經紀人，而是比爾的英鎊經紀人。

有趣的是，經紀人不只會參加不同交易員的午餐會和晚餐會，而且經紀人參加每次餐會時還會表現出不同的人格。和我一起在拉斯維加斯肆意侮辱名人選車眼光的灌木頭，與出現在史賓格勒牛排餐廳裡的灌木頭，根本判若兩人。用壽司引誘魯伯特的大頭，和比爾在河邊老酒吧喝酒的大頭，兩種人格完全不同。當經紀人與魯伯特在一起時，他們相當自制、堅忍，他們以尖銳、憤世嫉俗、嚴厲的方式談論德意志銀行的歐元交易員；當他們和史賓格勒在一起時，他們卻變得狂野、粗暴、滿口髒話，而且刻意將談論話題局限在史賓格勒身上和市場；當他們和ＪＢ在一起時，他們討論橄欖球；當他們和史努比在一起時，講的全是高爾夫和美食。經紀人全是變色龍，他們連聲線都能改變。他們似乎很確切的知道每個交易員想要什麼：史賓格勒想要紅酒和高雅的白桌布，吃完飯還要去夜店；魯伯特想要昂貴的壽司和酒吧；迦勒想要觀賞有名的體育賽事；比爾想要在酒吧吃午餐並欣賞泰晤士河的景色。經紀人似乎從來不問交易員想要什麼，或他們想去哪裡。他們似乎滲透所有人的喜好。他們什麼都知道。

曾經有個經紀人向我提供古柯鹼，僅此一次。我拒絕了。之後，就再也沒有人問過我。我在想它是否已經永久記錄在我的檔案裡。我在想，那裡頭不知道還寫些什麼。

3

下班後和魯伯特一起出去玩的頻率愈來愈高，結束的時間愈來愈晚，終究不可避免的出了事。我雖然年輕，但也只是凡人，而且我仍然堅持每天早上六點半就要抵達辦公室。

和史賓格勒一起出去時最棒的一點是，他總在晚上九點前就差不多醉了。我可以什麼都不說的回家睡個好覺，他甚至不會意識到我已經走了。和魯伯特在一起時，卻不能這麼做。他會喝酒，一杯接著一杯喝，可是他永遠不會醉。哪個時間點你在哪裡，他都一清二楚。他什麼都知道。只有在他允許我回家時，我才能回家。

一天晚上，我們坐在克萊姆一家高檔酒吧裡，肚子裡塞滿生魚片和莫希托雞尾酒，眼看著最後一班列車的時間就要到了。提摩西・特溫漢姆和皮皮・霍洛威也都還在。我總會在末班車時間接近時試著行動，因為我知道，如果我在那時離開可以省下魯伯特一筆計程車費，換句話說，他允許我離開的可能性會高一點。

問題是，他不讓我走。

「留下來。待會兒我幫你叫計程車。」

可是我沒有叫到計程車。

一段時日之後，「叫輛計程車」變成「住在我家」，表示我們會喝到凌晨四點才散場。請記住，我在六點半就要開始工作。

我的鬧鐘在凌晨五點十分響起，當時我睡在巨大影視廳的巨大沙發上，立刻感覺不舒服。不過，在魯伯特的影視廳裡嘔吐似乎有讓我有喪命的風險，於是我忍住。我強壓下噁心，沒吐在地鐵上，順利進到辦公室。

我沒能堅持多久。

到了七點四十五分，我將自己鎖在廁所的小房間裡，不停的把昨晚吃下的生魚片吐進馬桶。大約半小時後，我搖搖晃晃的走回辦公室，我剛才去做什麼應該相當明顯，因為迦勒叫我馬上回家。

他看起來並未生氣，只是我一從廁所回來，他就朝我走來，把手搭在我的肩膀上，對我說：「回家吧！」

說實話，我認為這是最正確的決定，所以我離開了。

但這並不是什麼大問題。更大的問題是之後發生的事。

我顯然很想在第二天重新證明自己，所以早上六點我就抵達辦公室，成為小組第一個上班的人。

比爾一如往常的在我之後抵達，他從我身邊走過時什麼也沒說，只是拿著卡布奇諾輕笑兩聲，在我脖子後面捏了一下。請記住，我的座位在小組辦公區域的最邊緣，因此每個交易員在走進去時都必須從我身後經過，多多少少都會和我聊兩句輕鬆的廢話。當迦勒走過時，心情顯然不錯，他以一種比較像評論而非詢問的口氣對我說：「加札，你昨天到底怎麼了？今天感覺好些了嗎？是魯伯特害的嗎？」

我只是笑笑，當時並沒有多想。五分鐘後，魯伯特走進來。

「早安，魯伯特。」迦勒的視線還盯在他的螢幕上，並未轉過身來：「蓋瑞今天回來了。他告訴我，他昨天會生病都是你害的。」

我和迦勒一樣，不需要轉身面對魯伯特就知道他會有什麼反應。我開始假裝自己正非常專心的看著前方。

大約過了緊張的五分鐘，什麼事也沒發生。小組裡沒人開口說一句話，而我固定每一塊可用的肌肉直直盯著我的螢幕，所以什麼都沒看到。我當時的座位左邊有一個空位，魯伯特就坐在那個空位的左邊。我很相信只要我稍微將頭往左轉，哪怕只轉三公分，都能看到魯伯特正在瞪我。

我在第六或第七分鐘後開始聽到聲音，一種從喉嚨發出的低沉呻吟。聽到之後很難沒有反應，不過我竭盡全力的壓抑自己，成功的裝做沒有聽見。呻吟的音量開始愈來愈大，逐漸變成愈來愈清晰、愈來愈明顯的咆哮。多年之後，我在京都附近的山上寺廟遇過一頭野豬，牠發出的聲音讓我想起這次聽到的咆哮聲。我必須再次強調，聽到咆哮聲要表現得若無其事真的很難，但我覺得我已經裝做聽不到了，如果此刻再轉身面對魯伯特，只會讓情況變得更糟。而且我不可能是唯一聽到咆哮聲的人，可是周圍卻沒有任何人說任何話。於是我繼續坐在那裡，額頭開始冒汗，目不轉睛的直視前方，努力不做出任何回應。

然後開始傳來敲擊聲。一個重擊聲和一個爆裂聲，然後停了幾秒，又傳來兩個更響的重擊聲和兩個爆裂聲。對人類來說，要做到完全無動於衷是不可能的，而且我也本能的想到，自己可能正面臨生命受到威脅的緊急狀況，於是我轉向左邊看魯伯特在做什麼，下面則是我看到的畫面：

魯伯特的大手攤開壓在桌面上，手肘向外成直角，手臂固定住向前傾斜並扭轉的上半身。他的脖子往前伸得極長，但不是朝向螢幕，而是向上、繞過我們之間沒人坐的空位，將我們面對面的距離縮至六十公分以下。他像一隻狗似的咬牙切齒，大聲咆哮。每個交易員的桌子下面都有兩扇可以向內打開的小門，裡頭放置我們使用的電腦桌機，魯伯特剛才一定用腿大力踢過那些門，因為他的身體不時抽搐，而且小門撞上後面的金屬支架所發出的巨大爆裂聲不時從下方傳來。

當然，我在那一瞬間就看到一切，只是在那一瞬間，我不知道接下來該怎麼做。因為，眼前的畫面，實在太過不真實、太過駭人。我完全無法將目光移開。

我在年輕時也曾多次惹上麻煩。其中幾次，牽扯到真正的兇惡之徒，我也見過因此身受重傷的人。我知道受到威脅是什麼感覺，但我從沒遇過有人像狗一樣對我咆哮，露出獠牙威嚇。

我知道我應該將頭轉回去看螢幕，可是我卻只能一直看著他。他也看著我，扭過頭來看著我，咬牙切齒的瞪著我至少二十秒，我唯一的視覺記憶只剩魯伯特緊繃、痙攣、野獸般的身體，奮力想從牠粉紅襯衫的囚籠中掙脫出來。可是什麼事也沒發生。沒人出面制止。

然後，突然間，在瘋狂的二十秒驚嚇之後，我猛然回過神來，記起自己出現在這個地方的原因，我看向這個揮舞拳頭、搖晃身體、失去理智的狼人，果斷的將視線轉回螢幕上。我仍然能聽到咆哮聲，但咬牙切齒的聲音卻停了下來。慢慢的，咆哮聲也逐漸淡去。在那之後整整一個小時，我的視線刻意固定在前方，然後，所有噪音漸漸平息，最後終於完全停止。

之後，我和魯伯特從未向對方提起過那詭異的二十秒。

最瘋狂的是，在事情發生後，在當天剩下的時間裡，以及之後十多年裡，他卻表現得似乎對這件事一點都不在意。

不過我可以告訴你，在此之後，我去克萊姆的頻率降低不少。

情況很快的出現變化。

我之所以在書中提到經紀人、經紀人午餐會和經紀人晚餐會，是因為許多交易大廳裡發生的重要事件，實際上不是發生在交易大廳裡。它們發生的地點，可能是在倫敦金融城的酒吧、餐廳和夜店，也可能是在溫布頓網球場、溫布利足球場，或者拉斯維加斯的威尼斯人賭場，甚至是瑞典巴斯塔德的遊艇上。這一切中，經紀人是維持交易大廳社交結構的重要組成元素。更重要的是，在不久之後，一位特別的經紀人將在我的生命裡扮演一個重要角色。

如今回想起來，許多我記得或不記得的事，其實相當有趣。

我幾乎不記得任何一家我去過的酒吧、餐廳或酒館的名字。多年後，我從交易界退休一段時間後，因為一個朋友的生日派對，我去倫敦市中心一家高檔中國餐館「客家人」。進去後，我產生強烈的似曾相識感，那時我才意識到我曾經去過那裡，而且不只一次，可能相當多次，就在那時，我才發現我可能造訪過倫敦大部分最頂級的昂貴餐廳。只不過當時，我並未將這些地方視為真正的餐館，視為可以享受的地方。我只是一直將它們當成工作場所，史賓格勒和魯伯特啜飲的昂貴葡萄酒喝在我口中，只覺得味道奇差無比，我去那些地方是為了學習，為了給人好印象，為了融入其他人。

餐廳的名字我只記得兩、三個。L'Anima 是我第一次吃到小牛肉*的地方，非常美味。我在 Locanda Locatelli 被經紀人偷了鞋子，他要求我承諾會和他做更多生意才肯還給我，後來我只能穿著一隻鞋回家。

我還記得其中的幾個晚上。當比爾第一次帶我出去時，我才意識到他並非總是沉默寡言、意識清醒；相反的，他有酗酒傾向。那天晚上和我們在一起的是一位非常罕見的年輕女經紀人。她身上有種東倫敦鬥士的氣質。不幸的是，喝醉的比爾不小心將他的第八杯酒全倒進她昂貴的手提包裡。我以生命發誓，我真的看到她將一滴快流出的淚水吸回眼眶裡。這種特異功能，著實讓我衷心佩服。

*譯注：veal，通常指小於一歲的牛犢的肉，無腥騷味。

不過，我之後就再也沒見過她。

我也記得迦勒第一次帶我去球場，觀賞我人生中的第一場英格蘭足球聯賽，實現我童年時期認為是遙不可及的夢想。

我還記得，中場休息時，迦勒、我和好幾個經紀人在溫布利足球場的豪華企業包廂後頭的舒適酒吧區喝酒，我查看手機，突然發現下半場已經開始，我抓住迦勒的手腕說：「下半場開始了！我們得趕快走了！」

我記得迦勒和其他幾個手裡拿著啤酒杯的大個子一起發出低沉的笑聲，互相乾杯，說等酒喝完了，他們自然會走。我也記得球賽還沒結束，我們就提前離開了。

我不記得那天是哪兩支球隊比賽，或者有哪些球員上場，或者誰贏了、誰得分。不過我記得東方足球隊同一天也有比賽。從我開始上班之後，我就再也沒有時間和父親一起去看東方隊的比賽。以前，當我和父親一起看比賽時，我們從來沒有錯過任何一分鐘：上半場開球、下半場開球、下半場結束。即使還落後幾球，即使天氣很冷，我們仍會堅持留到最後。而且我記得父親永遠不會忘記任何一場比賽的得分或哪一球是誰踢進去的，不管是在主場和北安普頓爭鬥，或是在客場和格林斯比對抗。

我還記得，在那些漫長的夜晚結束後，我會搭火車回家，有時也會搭計程車，經常要到凌晨一點或更晚才會到家，房子裡的每個人都睡了，我的父母、我的姐姐早已進入夢鄉，還好我已經在那間房子住了很久，清楚的知道在黑暗、陡峭、狹窄的樓梯要踩哪些地方才能避免它咯吱作響。第五階、第六階的外側，還有第九階、第十一階，我記得即使是漆黑一片，我也能踩對台階的位置往上爬，以免吵醒我的父母或姐姐，然後我記得我上了床，將鬧鐘設定在早上五點十分。

4

雖然上面提到的事發生地點遍布各地，但在辦公室裡，情況也在逐漸改變。

我仍然每天早上七點前就會進辦公室，坐在史賓格勒身後，試圖搞懂什麼是換匯交易。儘管史賓格勒有很多缺點，但他確實是位好老師，同時也是位好交易員，最重要的是，他願意教我。

換匯交易其實很簡單，說穿就是一種貸款。說得更詳細一點，是一種抵押貸款。你可以這樣想：你去當鋪將金錶典當給他們，他們借你兩百英鎊，這也是一種抵押貸款。你收到兩百英鎊貸款的現金，並將你的金錶當成「抵押品」押給當鋪。在這種情況下，「抵押品」代表的是你向貸方提供的擔保，如果你不償還貸款，他們便可以將它留下。如此一來，大幅降低將錢借出去的風險。從某種意義來說，這種貸款也是一種「互換」。貸方將錢借給你使用一段時間，你在那段時間裡將你的金錶交給貸方。然後雙方再將東西還給彼此，所以這是一種互換，不是嗎？就是「現金換金錶」的互換。換匯交易和這完全相同，只是你提供的抵押品，不是金錶，而是外幣。你借入兩百英鎊，提供等值的歐元為抵押品，以今天的匯率計算，相當於兩百三十二歐元。它是抵押貸款，也是「貨幣對貨幣」的互換，就是「外匯互換」。

不過，這種說法有個問題。當你去當鋪時，支付利息的人是你，而非當鋪，因為你是借錢的人。可是在換匯交易中，雙方都在借錢，只是一個借英鎊，另一個借歐元，那麼應該由誰支付利息呢？答案很簡單：雙方都要付！借英鎊的人支付英鎊的利率，當時的英鎊利率在四．五%左右徘徊，借歐元的人則支付歐元的利率，差不多在三．五%上下。如此一來，兩者便相互抵消，不是嗎？所以到了最後，只需讓利率較高的英磅借款人支付約一%的差額付給歐元借款人即可。

那麼，誰會用上這些東西呢？嗯，基本上，每個人都會。對任何以一種貨幣為收入、另一種貨幣做投資的投資基金、對沖基金或企業來說，換匯交易都是它們的首選產品。不管是成衣品牌 Gap 在孟加拉開設血汗工廠，或是你祖父用退休基金購買日本股票，全都用得上換匯交易。若以每日交易量為衡量基準，它們絕對是世界上最大的金融產品之一。

懂了嗎？很好。我可以向你保證，關於換匯交易，這幾乎是你所能得到的最佳解釋，和當初史賓格勒向我解釋的相差無幾，只不過他的解釋比起我的更無聊、更冗長。

事實證明，我剛好趕上學習換匯交易的好時機，因為長期以來在交易大廳有如一潭死水的換匯交易，不知道為什麼突然變得有利可圖。

我之所以知道這一點，是因為身為小組裡最資淺的新人，蒐集小組的 PnL 就是我的任務之一。PnL 代表「利潤和損失」，它是世界上唯一且最重要的事。每天下班前，我會去找每位交易員，蒐集他們當天的 PnL 估算。

在我實習的二〇〇七年，銀行認為一個優秀的 STIRT 交易員一年至少要賺一千萬美元，相當於每天四萬美元。交易員確實時常能賺到這個數目。當然，沒有一個交易員能每天都達標，每個交易員都有虧損的時候，但是一個優秀的交易員會努力達到這個估計值，將一千萬或 STIRT 交易員戲稱的「十美元」當成他們的目標。

我可能應該補充一點，這是交易員為銀行賺的錢，而非落入自己口袋的錢。交易員的薪水是固定的（我當時的年薪三萬六千英鎊，我打從心底認為這個數字相當龐大），不過每個人還會依據年底結算的個人 PnL 表現，得到「分紅獎金」。至於如何從 PnL 推算分紅獎金是一個非常神祕的過程，當時的我完全不了解。

大約在進入二〇〇八年夏末時，交易員的每日 PnL 開始往上爬。以前賺了五萬美元就會興高采烈告訴我的交易員，現在可能一週會有一到兩次賺到十萬美元，甚至二十萬美元。比爾在八月底的某一天，獲利甚至超過一百萬美元。這種事以前從未發生過。

我蒐集的 PnL 數據只是估算值，整理之後要以電子郵件彙報給紐約總公司。但是電腦系統會為每個交易員計算出每日、每月和每年的精確 PnL ，並在每天結束後透過電子郵件發送給每個人。到了八月底，我們組裡已經有五位交易員——魯伯特、比爾、ＪＢ、史賓格勒、洪哥——當年獲利超過一千萬美元。其中三人——比爾、史賓格勒和洪哥——更是超過二千萬美元。

不只是 STIRT 小組的交易員可以看到彼此的 PnL 。整個交易樓層的人都有權限登錄內部網站看到這些資料。換句話說，整個樓層的每一個交易員都知道，在進入二〇〇八年最後三分之一的那一刻，我們銀行獲利最高的前三名交易員依次是：一個看起來像哈比人的利物浦白髮老人、一個南非白痴，以及一個初級歐元交易員，全在STIRT 小組。

我在六月入職時，STIRT 的 PnL 已經高得很不正常，不過大部分的錢還都是在那之後賺的，也就是說，大多是在七月份和八月份賺的，我不太明白為什麼。比爾和迦勒似乎是唯一有能力理性解釋此事的人，他們堅持「倫敦銀行同業拆借利率飆升」是主要原因。據我所知，這種說法和「因為金星逆行」一樣不可靠。至於其他交易員似乎既不知道，也不關心為什麼會發生這種情況；他們只專注於唯一重要的事，那就是：經過多年被其他交易員看貶之後，終於可以揚眉吐氣的創造他們認為自己該有的 PnL。你可以從他們的行為，以及他們在交易大廳走動時被人注視的方式中看到這一點。JB比以往任何時候都要活潑，因此他幾乎從來不在位子上；原本就是交易大廳明星的迦勒，被愈來愈多的同事視為傳奇；連比爾的話都變多了；魯伯特是唯一一個看起來不太開心的人，正如你可能已經注意到的，他並沒有進入前三名。

這個發展趨勢令我感到驚訝，說得更正確一些，是驚喜，但其他人似乎一點都不吃驚。他們全表現出一副十年風水輪流轉，「終於等到了」的樣子。話說回來，其實又有什麼好驚訝的？英國有句諺語：「你必須趁著太陽大時趕緊曬好乾草。」意思是要好好把握時機。我猜，小組的人不過是在盡可能的曬好乾草罷了。

老實說，如果我也能有一點自己的乾草，那就太棒了，不過雖然我現在知道換匯交易是什麼，我仍不了解這些錢到底是怎麼賺到的，即便我想拜託史賓格勒教我，但他和其他人一樣，全心全意的在努力賺錢。而且，趕緊學會如何掩護交易，才是我目前的當務之急。

日子就這樣一天一天的過去。我通常在早上六點二十分左右上班，所以我會有一段和比爾單獨相處的時間。在進入八月之後，他愈來愈常告訴我全球經濟即將崩潰。我聽了之後，本來應該擔心的，然而他說這話的時候是笑著的，他說會因此賺到很多錢，所以我以為那不過是另一種修飾說法而已。

等其他人到達後，我會在電腦上處理一至二小時的行政雜務，然後剩下的時間，我會和史賓格勒坐在一起，試著學習掩護交易，直到我們之中的一個去參加經紀人午餐會。

老實說，掩護交易並不困難。有人要求你報價，你向幾個經紀人（我現在都認識了）詢問現在的價格大約在哪裡，然後將換匯交易的日期填入一個我們小組專用的小程式裡，等它回饋一些價格建議，你可以依照你借入或貸出的意願，將該價格稍微往上或往下調整，便完成報價。之後，你再決定是否要繼續持有該筆交易（因為你想這麼做），還是要立即對沖好賺點數目不大卻能馬上入袋的利潤，或是要試著再略為操作，以賺取更大的利潤。沒過多久，只要迦勒、史賓格勒和史努比離開交易大廳，我就會為他們進行掩護交易。

進入九月之後，發生好幾件事。首先，行之有年的畢業生培訓計畫開始，一群與我年齡相仿的青澀新人被帶去頂樓做大量的學習作業，為財務考試做準備。當然，我也得參加財務考試，所以我也必須到頂樓上課。其次，世界末日以相當嚴重的態勢來臨。

所有揚聲器箱上都有一個小按鈕，它和經紀人的按鈕相鄰，長得還一模一樣。按下它之後，你就可以「即時播音」，意味著你的聲音會從交易大廳的每個揚聲器中傳出來。每次有交易員參加完經紀人午餐會回來，肚子裡多裝了四杯啤酒，想以口無遮攔的髒話試著聯絡剛剛和他出去喝酒的經紀人時，一不小心常會按錯按鈕，於是讓他後悔莫及的尷尬內容立刻從交易大廳的每一個揚聲器播放出來。相當有趣。

迦勒開始每天早上利用「即時播音」舉行小型會議。他會在裡頭談論我聽不太懂的「倫敦銀行同業拆放利率＊」，以及它對全球銀行體系和世界經濟有何影響。

全球銀行體系的崩潰明顯而迅速的從「不可能」的領域進入「幾乎肯定不會發生」的領域，然後再退到事實上無法讓我真的放心的「非常、非常不可能」領域。

然而，STIRT小組似乎沒人真正關心這個問題。事實上，他們看起來非常開心。因為倫敦銀行同業拆借利率的數字愈高，全球銀行體系的屈服程度就愈大，小組裡每個人賺的錢也就愈多。

出事的原因是那些做信貸的傢伙（就是我去年夏天實習過的信貸交易小組，馬蒂茲時常睡在辦公桌下的信貸結構小組）將許多顯然毫無價值的垃圾以數十億美元的價格賣給全世界。這本來是件好事，問題是他們將其中相當多的部分賣給我們自己的銀行。這一點確實是個很大的錯誤。而且不只他們這麼做，瑞士信貸、德意志銀行和摩根大通的人也都做相同的事情，現在情況愈來愈清楚，每個人都看得出來每家銀行都將走上破產之路。

STIRT小組對此的看法很微妙。首先，我們認為我們的雇主在全球銀行體系和全球經濟的滅亡中，扮演是代表人類道德淪喪的角色。這樣的說法顯然是在開笑話。當然沒有人真的這麼認為。我們他媽的為什麼要這麼想？信貸交易員全是混蛋，他們坐在交易大廳的另一邊，穿著粉紅襯衫，胖得像豬一樣。他們長久以來賺的錢比我們多太多，所以去他的，現在輪到我們賺大錢了。

小組的交易員開始每週有兩、三天的單日獲利可達一百萬美元。沒有人關心我們的雇主即將破產。我們都知道一定會有人幫助銀行紓困。

「接下來他們會怎麼做？」他們互相開玩笑。「派那些穿棕色工作服的人來接管一切嗎？」然後每個人都大笑，每個人都賺很多錢。

嗯，除了我。我沒賺到任何錢，我只是非常努力的想弄清楚他們到底做了什麼，才能賺到這麼多錢，可惜要搞清楚實在太難。不過，當大家在笑時，我還是跟著笑。

然後，就在此時，出大事了。

★★★★★

沒有人預想得到雷曼兄弟會倒閉。

我有兩個朋友在雷曼兄弟上班。還記得倫敦政經學院的薩加爾．馬爾德嗎？那個來自肯亞的小伙子。他媽的好人。他當時就在雷曼兄弟任職。他被錄取為交易員，才剛開始參加畢業生培訓計畫。我的另一個朋友賈爾佩什．帕特爾是我在伊爾福德的高中同學，他也才剛開始到雷曼兄弟工作。他是通過少數民族保障名額進去的。

他們都不認為雷曼兄弟會破產。

幾個月前，一家規模稍小的美國投資銀行貝爾斯登瀕臨破產，可是最後政府介入救助該家銀行，所以每個人都認為雷曼兄弟也會得到紓困。

至少，迦勒在每天早上的會議都是這麼說的。

＊編注：LIBOR：倫敦銀行業之間在貨幣市場的無擔保借貸利率。隨著全球各大國際銀行的資金來源產生結構性改變，導致銀行同業拆款量快速萎縮，LIBOR已宣布退場。

然而，雷曼兄弟並沒有得到紓困。薩加爾．馬爾德丟了工作，賈爾佩什．帕特爾也被辭退。他們幾週前才加入雷曼兄弟，公司允許他們帶走每個新人從入職時就一直隨身攜帶、印有「雷曼兄弟」大字的圓筒袋。

我心裡對他們的失業感到有些難過，但同時也想，好吧！事情都這樣了，只能接受，不是嗎？你們當初應該睜大眼睛，選擇更好的銀行。

可是另一部分的我卻指責自己，你他媽的在胡說什麼啊？你靠著一場該死的紙牌遊戲贏得這份工作，在加入銀行前你也沒做過任何研究，不但如此，你的雇主同樣瀕臨破產，小伙子，如果你運氣差一點，在電視上打包東西收進印有「花旗銀行」袋子裡的，就是你。

但是我不太確定我內心是否真的說過這些，還是只為了讓自己好受一點才編造出來的。因為我當時最主要的想法是，謝謝老天，我還好好的活著，還能在這裡繼續賺錢，花旗銀行到目前為止也還營運正常。

當然，這計畫有一個明顯的問題，像房間裡站一頭大象那麼明顯，那就是：我的雇主此時顯然也快要破產，只要稍微有點頭腦的人都知道。連我都知道。

因此，當迦勒在早晨會議中突然改口，指稱我們銀行的近期止贖機率不再是「非常非常不可能」，而是變成「我們估計可能性不到二五%」時，我聽完心裡反而升起一種奇怪的感覺，彷彿它比之前的「非常非常不可能」更讓我放心一點。

但在九月十五日星期一上午九點，當我到頂樓和畢業生培訓計畫中所有其他二十一歲的孩子一起學習債券計算時，我告訴他們「機會不到二五%」。很明顯的，他們肯定不知道這個消息。你真該看看他們臉上的表情。

迦勒是對的，又或許他是不對的。從學理上來說，要準確判斷這樣的機率預測是否正確，實在太難。

不過我們確實得到紓困。我保住工作。我不必把東西打包裝進印有「花旗銀行」的圓筒袋裡。除了感謝上帝之外，還有什麼好說的呢？

只是，我們當時沒有一個人那麼做。

二〇〇八年十月初，花旗銀行得到紓困之後的星期一，我在早上六點十分抵達辦公室。我仍然只有二十一歲。比爾已經來了。當我走進我們的辦公區時，只有他和我兩個人，時間還很早，外頭還是一片漆黑。比爾坐在角落，顯得他個子特別小，我可以透過他身後的窗戶看到黑暗的天空，他朝我的方向看，像利物浦足球隊的小猴子吉祥物似的，嘴角幾乎咧到眼角對我微笑，並像個瘋子般對我猛點頭。正常的比爾是不會做這些完全不符合他性格的動作，不過比爾在上週賺了三千萬美元，現在銀行不會倒閉，他可能拿得到他的分紅獎金。這就是為什麼他這麼開心。直到今天，我仍然相當確信，比爾在那一週其實賺超過一億美元，並且花整整一週的時間隱藏現金。我很快就會解釋比爾是如何賺到這麼多錢的，但是你現在只需要知道比爾很開心。我非常喜歡比爾，所以意味著我也很開心。

下一個抵達的是迦勒。不到六點半他就到了，這個時間對他來明顯過早。其他交易員在不久之後也到齊，每個人進來的時間都比平常早很多。整個交易大廳裡幾乎沒有其他人，我們都坐在那裡，在黑暗中，坐在發光的螢幕牆前。彷彿在舉行午夜彌撒。

沒有人發出聲音，然後就在這時，比爾將他的椅子滑到通道上，讓自己移到迦勒旁邊，他以濃濃的利物浦口音對著迦勒大喊：「那麼迦勒，你對紓困有何看法？」

我們全轉過身來看他們，但迦勒並沒有轉頭看比爾，目光還是朝前看。他伸出左手支撐下巴，想了一下，露出有點悲傷的表情，然後說：「我不知道，比爾……感覺就像出了事，被自己老爸保釋出來一樣。」

這是我第一次、也是最後一次、也是唯一一次在交易大廳裡聽到有人以類似道德的角度評論紓困。

然後每個人又將目光轉回自己的螢幕上，所有人又開始忙著交易，而且他們藉此賺到的錢，比這一生中任何時候都還要多。

雷曼危機和紓困為什麼是STIRT小組有利可圖的好時機？

嗯，當時，全世界所有主要銀行幾乎都破產了，尤其在美國。後果便是銀行停止相互借貸，其原因有二：

1. 如果你知道某人即將破產，你大概不會想借錢給他們。
2. 如果你知道自己即將破產，你大概不會想借錢給別人。

同樣的規則也適用在日常生活上。你不妨牢記在心。

於是，在沒有人願意貸款給他人的情況下，貸款變得非常昂貴。正如我向你解釋的，換匯交易本質上就是一種貸款。它不僅是一種貸款，它還是抵押貸款，意思是如果借款人破產，你不會遭受過於巨大的損失，而且，當整個世界都處於破產邊緣時，這些將會是你所能提供的唯一貸款。

我們是金融城裡唯一還能正常運行的交易。

我們可以明白看出這種情況正在發生，因為所有的價差都失控了。還記得交易遊戲中的「兩點價差」嗎？六十七－六十九？我願以六十七美元的價格買進，或以六十九美元的價格賣出？想像一下，如果它突然變成了四十七－八十九，而且不管買或賣，都會有人正常的與你進行交易。一旦你找到一個買家、一個賣家，你就能得到四十二美元的保證利潤；相較之下，你以前卻只能賺微薄的兩美元。哈！歡迎來到吃到飽的自助天堂，敞開你的肚子，盡情的吃吧！

他們確實也吃了，而且沒有人比史賓格勒吃得更多。

史賓格勒一直是個惡魔。他喜歡賺錢，也喜歡洗劫客戶。他從裡到外，都是一名不折不扣的交易員。話說七月時，他狠狠洗劫一位顧客，狠到銷售人員特地回來向迦勒告狀。迦勒問史賓格勒他為什麼這麼做時，坐在座位上的史賓格勒抬頭看著他，一臉委屈。他張開雙臂，對他說：「這不是我的錯，迦勒，這是我的工作！」

迦勒低頭，以一種父親低頭看著自己兒子的姿態看著史賓格勒，伸出手臂摟住他的肩膀，傾身靠向他：「洗劫顧客不是你的工作，史賓格勒。你的工作是洗劫他們，但要讓他們微笑離去。」

我一直記得這一幕，但我認為史賓格勒有時會忘記這一點。雷曼兄弟事件後，他更是將它完全拋諸腦後。

在紓困之後的那一週某一天，史賓格勒狠狠洗劫一位顧客，因此賺了兩百萬美元。單單一筆交易就賺到兩百萬美元！

交易完成後，他興奮異常，從轉椅上跳起來，以蹲馬步的姿態降落在通道上。他的馬步開得如此之大，我猜他的乳白色斜紋棉褲一定看到自己的一生在眼前飛快閃過。他沉重的頭開始搖晃，嘴巴張得極開，雙手握成拳頭揮舞，畫面太過令人震驚，荒唐的恐怖，於是所有人都不禁轉動椅子瞪著他。

迦勒立刻從椅子上跳起來，像足球場保全抓捕、制伏裸奔者一樣抓住史賓格勒，然後雙手固定住他的肩膀，傾身靠向他，直到兩個人的鼻子幾乎碰在一起，輕聲問：「你他媽的在做什麼？你他媽的在做什麼？」

他一遍又一遍的問，史賓格勒向後仰起頭，嘴唇顫抖，試著說話，但什麼也沒說出來，只是不斷重複著「但——但——但是——我——但——但——但——但是我——」。

「你他媽的閉嘴。」迦勒壓低聲音回應他，指著交易大廳的另一頭對史賓格勒說：「看那邊，你看那邊。你看到那些傢伙了嗎？他們這週就要失業了。你明白嗎？他們這週就要他媽的失業了，而你卻在這裡，像個瘋子一樣揮舞拳頭慶祝。你他媽的在做什麼？史賓格勒？你想拿到分紅嗎？嗯？你想拿到分紅嗎？」

記住這個問題。「你想拿到分紅嗎？」

經過這些事情後，出現一個問題，一個很大很大的問題。你可能已經發現到。

STIRT 小組的交易員們在這段時間賺到不少錢，因為報價的價差非常大。那麼大的價差讓誰獲利？答案是帳本的擁有者。史賓格勒賺走所有北歐貨幣價差的錢，因為他是負責北歐貨幣的交易員；JB賺走所有日幣價差的錢，因為他是負責日幣的交易員；魯伯特賺走歐元價差；比爾則賺走英鎊價差。

我是負責什麼的交易員？什麼都沒有。我賺到什麼？什麼都沒賺到。

這就是問題。

所以，我們需要一個新的計畫。

好，在每個人都忙著賺錢時，如果我沒有動用帳本上資金的權力，我要怎麼做才能賺得到錢？

嗯，有一個人賺的錢比任何人都多，那個人就是比爾。

比爾是怎麼做的？

嗯，後來我才知道，比爾是這麼做的。

比爾一直對全球經濟抱持懷疑的態度。他不相信將錢借給一堆白痴就足以支撐經濟，而且他看得出來全球負債在逐漸上升。長期以來，他一直懷疑那些所謂的數學天才信貸交易員其實是一群被寵壞的有錢白痴，事後看來，他們大概真的是。比爾一直預期他們做的混帳事總會有爆開的一天。

問題是，他預期得太早，導致他多年來一直將錢押在這次的爆發上。在過去的三年裡，這種行為讓他每年都背負好幾百萬美元的損失。這不僅解釋為什麼他迄今沒有為花旗銀行帶來什麼巨額的利潤，也解釋為什麼魯伯特會認為他是個白痴。

然而，比爾並不是個白痴。

比爾一直在做的，就是持續下注在「不同類型的利率終會出現差異」的預測上。好，你想像一下：假設你需要借錢周轉三個月。你會怎麼做？嗯，你會去你的銀行，或去找你媽媽，或去找黑手黨，總之任何你可以借得到錢的地方，要求三個月的貸款，對嗎？很簡單。但如果你是一家大銀行、投資基金或公司，你還有另一個選擇。如果你是這樣的大型機構，你可以致電如花旗銀行等大型貸款機構，向他們要求一天的借款。好，你可能會想，這並不能解決問題，因為我需要的周轉時間是三個月，而不是一天。嗯，實際上這不是什麼大問題。在明天貸款到期時，你可以再去找另一家大型貸款機構，這次可能是德意志銀行，再借一天的錢。現在你已經安然度過兩天了。在三個月內，你每天都重複一次這個動作，問題便解決了。基本上，如果你想借三個月的錢，你有好幾種選擇——你可以申請為期三個月的貸款，或者你可以申請九十次單日貸款。

你會怎麼選擇呢？你比較喜歡哪一種？你可能會想，我會選一次借三個月，因為這樣我就能事先將一切都整理好，提前知道我需要付出的利率是多少。不過在國際貨幣市場上，提前安排九十筆單日貸款，也是相當輕鬆容易的事。所以不管你選擇哪一種，你都可以提前確定利率。

這一題的正確答案是，如果你是借款人，你會更喜歡三個月的貸款；如果你是放款人，你會更喜歡九十筆單日貸款。原因是，如果你借錢給某人九十天，而他們在第二十五天破產，你就完蛋了，但如果你只借給他們一天，你不會受到波及。如果你是借款人，你一天一天的借錢，到了第二十五天，人們意識到你要破產了，你就完蛋了，但如果你一次借了九十天的錢，你可能還有撐過去的機會。

當然，在二〇〇八年之前，這些都不重要，因為那時銀行還沒有破產。但是到了二〇〇八年，一切都變了。九十天貸款市場徹底蒸發，單日貸款市場卻幾乎沒有變化。白髮小老頭比爾似乎是整個金融城裡唯一意識到會發生這種情況的人，他在過去多年裡一直預期這種事遲早會發生，也把錢押在上頭。於是當它終於發生時，他在一週內就賺到數千萬美元，下一週賺得更多。事實證明，當他告訴我全球經濟即將崩潰時，居然不是一種修辭，而是真的。在被嘲笑多年後，大家終於知道他是對的。讓我告訴你，他可是揚眉吐氣，他媽的非常享受。

如果換成你，你不會嗎？

然而，問題是，它無法解決我的問題。因為下注的時機已經過了，我應該在兩週前動手的。一旦一個人可以靠單一交易就賺了四千萬美元，不需天才也能猜到現在進場已經太晚。

那麼，我採取什麼行動？我回去找史賓格勒。

除了比爾之外，史賓格勒是我們小組裡另一位賺得比他之前多許多的交易員。

嚴格來說，我們之中賺第二多的交易員並不是史賓格勒，是洪哥。他和比爾一樣，當年的收入超過一億美元。但是洪哥負責的是歐元帳本，史賓格勒負責的卻是北歐貨幣。在過去的紀錄裡，哪些帳本最賺錢其實非常清楚，而北歐貨幣的獲利能力幾乎總是墊底。

那麼，史賓格勒是怎麼賺到這麼多錢呢？如果我能說服他告訴我，也許我自己也可以賺一點。

在雷曼兄弟剛破產時，人們還沒有足夠時間思考。沒有人願意幫其他人掩護交易，因為他們忙著為自己負責的帳本賺大錢。迦勒則時常離開辦公桌去和大人物開會，試圖確保每個人都能拿到應有的報酬。正因為如此，我大部分時間都在為他掩護。

一旦進入十一月，市場局勢開始稍微平靜下來，迦勒再度回到交易大廳。這意味著我只能再回去坐在已經賺得滿坑滿谷的史賓格勒身後。很明顯的，儘管他是最年輕的交易員之一，但他即將成為當年花旗銀行最賺錢的交易員之一。這讓他興奮異常。但對我來說，這不是個問題。當史賓格勒端著架子，自我感覺良好時，他只想談論兩件事：交易和他自己。剛好和我想聽的完全一致。

我問史賓格勒他是怎麼賺到這麼多錢的，他給我看了一個他在用的巨大試算表檔案。它是一部偉大的傑作，以「天」為單位，拆解整個瑞典幣（又稱為「Stokkie」）換匯交易市場。十二月十四日借瑞典幣成本多少？五月二十三日呢？每一天都經過單獨分析，並且和市場上的即時價格，以及史賓格勒心中的應有價格進行比較。他給我那張試算表的檔案，我後來用了很多年。

當我們在檢視試算表時，史賓格勒解釋所有他的「部位」特徵。所謂的「部位」，指的是交易員在任何特定時間手上持有不同的交易清單。就瑞典幣換匯交易市場而言，代表他在任何一天借入或貸出多少瑞典克朗。他的每一筆交易都有一些各自不同的深奧理由。

但是在我們審視史賓格勒的部位時，我注意到一件事：他每天都借入瑞典克朗。請記住，換匯交易是一種貸款，沒錯吧？可是它也是一種互換，意味著它是雙向貸款。你不只借入，你還得貸出。在史賓格勒的瑞典克朗帳本中，他借入瑞典克朗；相對的，貸出美元。我覺得這種情況有點不尋常。你可能以為他會在瑞典克朗便宜時借入，並在其他日子昂貴時貸出；可是他並沒有這麼做，他為接下來兩年的每一天都借入瑞典克朗，貸出美元。唯一的不同只有他借貸的金額。

為什麼要這麼做？

那天下午更晚時，我利用空閒時間去查看其他交易員的換匯交易帳本。比爾每天貸出美元；史努比的數目雖然小一點，也是如此；迦勒和JB也這麼做。他們在接下來的兩年內每天都貸出美元。

那天結束前，我回去找史賓格勒，虛心求教。

「為什麼每個人都在貸出美元？為什麼沒有人借入美元？」

史賓格勒以一種彷彿見到白痴的眼神看著我。

「我們為什麼他媽的要借入美元？借入美元未免太他媽的弱智。」

我試著調整表情，好讓自己看起來不那麼「弱智」。但顯然我沒有成功，因為史賓格勒深深嘆一口氣，打開他的試算表。

「你看，現在的美元利率是多少？是一%，對吧？而且它還會再降，降到零。可是你看看透過換匯交易，我們可以拿到的利率是多少？」他開始在表格角落輸入一些數字。「我們可以拿到超過三%。而且完全沒有風險的。」

我不需要他解釋第二次。他還在說話，只是我沒在聽，因為我正在想要怎麼開口問他，我是否可以自己進行一些交易。

但我沒有想太久，因為我還在思考措詞時，突然發現他正看著我，對我說：「所以？你也想來一點嗎？」

嗯，那還用問？

讓我們在這裡敞開心扉，以確保你聽得懂我在說什麼。

換匯交易是一種貸款，一種雙方互相借貸某種貨幣的雙向貸款。雙方都支付利息，意味著最終只有一方需要支付利差。如果借英鎊的利率為三%，借美元的利率為二%，英鎊借款人就必須支付差額，也就是一%。

可是每一種貨幣的利率又是由誰決定呢？

你有沒有注意過在每個國家的首都，嗯，或者如果你是歐洲人的話，那就是在法蘭克福，有一棟典雅精緻、被稱為「中央銀行」的古老建築嗎？它可能還會被稱為「英格蘭銀行」或「日本銀行」——基本上銀行名稱就是你故鄉的國名。在美國，它被稱為美國聯邦準備會，簡稱「聯準會」；在歐洲，則是歐洲中央銀行。在那棟古典大建築裡，一群從未真正離開過大學的上流社會媽寶男每年都在嘗試阻止經濟慢慢崩潰，但都以失敗告終。然後，他們移動到豪華的木頭嵌牆大廳享用一頓豐盛的晚餐。即使你不知道，這些人對你的生活影響甚大，他們在這個故事裡也扮演相當重要的角色。

不過，此時此刻，關於這些人，你只需要了解他們為世界上每個國家（包括你的國家）設定利率（還有另一個你雖然不需要知道，但大概會覺得很有趣的相關事實：比爾有個專用的計程車司機，每當他錯過末班車時，他就聯絡那位司機在經紀人晚宴後送他回到他在赫特福德郡的豪宅。有一次我和那位司機一起喝酒，他叫做希德；他告訴我，每次比爾喝得醉醺醺時，他會堅持希德將車在英格蘭銀行外停下，這樣他就可以偷溜進去它旁邊的一條小巷，在銀行後牆上小便。希德說比爾對此事異常堅持，即使要繞路也非做不可。我對這點相當佩服）。

因此，在這個時期，即二〇〇八年年底，全世界的中央銀行都以極快的速度將利率削減至零，絕望的希望能以這種方式刺激經濟，但終究是徒勞無功。這種情況幾乎發生在我們小組交易的所有貨幣上：英鎊、歐元、瑞士法郎、瑞典克朗和丹麥克朗，美元和加幣。一旦你將已經零利率近二十年的日幣也算上去，幾乎所有主要貨幣的利率都迅速歸零。

這對換匯交易又意味著什麼呢？如果外匯互換的支付額等於利差，而且幾乎所有利率都將為零，利差也必須全部為零，對吧？於是，所有的換匯交易的成本都應該變成零。

但是，正如史賓格勒向我指出的，並不是所有的換匯交易都沒有風險。非常非常短期的外匯互換，也就是一日外匯互換，確實沒有風險，實際上付出的代價幾乎為零。然而，如果時間超過兩週或一個月，借入美元的貼水*就很高了。這同時也為換匯交易的交易員創造出獲得巨大利益的機會，他們可以一次性的貸出三個月的美元，然後每天借回來。正如史賓格勒向我解釋的，這麼做一點風險都沒有。

可惜的是，世上並沒有什麼事真的完全無風險，不是嗎？賺錢哪能真的那麼容易？如果這麼容易，為什麼不是每個人都在做呢？嗯，事實是每個人的確都在做。但它真的沒有風險嗎？如果有，風險是什麼？

這些都是那天我坐在史賓格勒身後，看他操控那張巨大試算表時應該問自己的問題。但我卻什麼都沒有問，只是點點頭，說：「是的，老兄，我當然也想要來一點。」

史賓格勒按下按鈕，與格蘭蒂交談，他直接為我完成交易，幾秒鐘後，我貸出兩億四千萬美元，為期三個月，跟哥本哈根的丹麥銀行進行美元／瑞典克郎的換匯交易。我高高興興的回家，這是我一生中的第一筆中型交易。

＊譯注：premium，指為遠期利率高於即期利率的部分。

我回到家，和父母一起吃晚飯，一起看著黑白小電視上模糊的節目，就是要轉換頻道還得起身去轉旋鈕的那種。直到這時，我才突然反應過來，心想：「等等！我他媽在做什麼？我對美元／瑞典幣換匯交易一無所知。我一生中從未去過瑞典。我到底了解哥本哈根丹麥銀行什麼？兩億四千萬美元，那是好大好大一筆錢，不是嗎？」

事實上，史賓格勒建議的兩億四千萬美元的交易規模，對於 STIRT 小組來說並不算是多大的交易。他們經常進行數十億美元的交易，並以十億為一單位，稱之為「碼」。不過，這對我來說可是一筆大錢，而且嘴上談論交易和實際進行交易的感覺非常不同。那天晚上我徹夜難眠。

第二天我比平常更早就進辦公室。我必須找比爾談一談。

那天早上比爾進來時，看到我眼巴巴的在等他，讓他驚訝極了。前一天該問的所有問題終於在我腦海中具體化。拿你自己的錢、你的聲譽和你的職業生涯出來賭博，只因為你認同一種說法，這會讓你花上許久的時間，去認真思考這種說法是否真的正確。當你看到電視新聞時，不妨也多想想這一點。

比爾走進來時，用斜眼看我，他見我已經坐在他的位子旁邊，甚至等不及他坐下，我就告訴他我昨天做了什麼事。

「我貸出兩億四千萬美元、為期三個月的瑞典克郎。」

比爾立刻笑出來。他覺得這真他媽的好笑。

「去他的，是嗎？你該死的睪丸終於長出來，有膽子去貸出一些該死的美元，是吧？那麼，你他媽的為什麼要這麼做呢？嘿，蓋爾？」

他顯然在生氣。

我並沒有為自己掩飾。

「史賓格勒告訴我這麼做穩賺不賠。」

我告訴他實話，他以看白痴的眼光看著我。為了幫自己辯白，我補充說：

「每個人都在做。我查看大家的部位。每個人都在做。而且，你也在做！」

然後，比爾微笑，點頭，改變態度。我猜如果我沒有將頭髮剃光，他甚至可能會伸手來撓亂我的頭髮。不過我的頭髮實在太短，所以他只是捏了捏我的鼻子。他轉過身去，看著螢幕。

「你並沒有像你外表看起來的那麼蠢，你這個該死的東倫敦混蛋。我們都在這麼做，是嗎？好吧！看起來你也在這麼做。」他笑了，啟動他面前的九個螢幕，然後從包包裡拿出《金融時報》。

「那麼，為什麼每個人都這麼做呢？又有什麼風險呢？」

比爾將《金融時報》扔到地板上，轉過身來，一臉嚴肅的看著我。

「好，好，好，好，」比爾顯然他對這個發展感到很開心：「看起來真的有人一夜之間睪丸就長出來了，是不是嗎？你認為風險是什麼？」

「我不知道。史賓格勒說穩賺不賠的。也許這意味著沒有任何風險。」

「回答得真他媽的好，如果你不知道該死的風險是什麼，你他媽的為什麼要這麼做？」

「我這麼做是因為你也在這麼做，比爾。」

比爾聽到後，露出微笑。「另一個他媽的好答案。好，我會告訴你我為什麼這麼做。我這麼做是因為這個世界需要美元，我們是他媽的花旗銀行，我們是全世界最大的美國銀行，我們有美元，他們卻他媽的沒有，所以我們可以向他們收取任何我們想要的費用，我們都會因此賺到錢。懂嗎？你聽明白嗎？」

我點了點頭。

「現在我要告訴你一些比那還重要的事，懂嗎？你可別他媽的告訴過我，在你他媽的一生中，有任何一筆交易是他媽的沒有風險。明白嗎？這就是那些信用混蛋的想法，看看他們到底幹了什麼鳥事。我要再告訴你最後一件事，也是最重要的一件事，然後你就可以滾回去你自己的角落。只有在一種情況下，這筆交易將會完蛋，我們都會失去我們他媽的一切。那就是：如果全球銀行體系崩潰，這筆交易必然慘賠。可是如果發生這種情況，所有的銀行都會破產。你會失去你的工作，我也會失去我的工作，全球經濟也會跟著大崩潰。我們都在賭這種情況不會發生。我們會是正確的，懂嗎？我們會拿到分紅。然後我們就一起去喝幾杯。現在既然你也在這麼做，也許你應該回到座位上，好好思考這一切代表的意義。而且你要向自己保證，這是最後一次你在不知道風險的情況下進行交易。不過，蓋爾，這筆交易做得不錯。幹得好。」

他將視線轉回螢幕牆，我也回到自己的座位上。可惜它並不是我最後一次在不知道風險的情況下進行交易，不然的話，我後面幾年就不會惹上那麼多大麻煩了。儘管如此，正如比爾和史賓格勒告訴我的，它確實是一筆很棒的交易，到耶誕節時，這筆交易的帳面獲利已經上升至七十萬美元。

回顧剛進花旗的頭幾個月：出去喝酒，吃生雞肉，學習交易，在所有不同交易員去上廁所時跑來跑去的，為他們進行掩護交易，賺到我第一個出現在 PnL 的七十萬美元利潤。那時候，我簡直不敢相信一切居然這麼有趣。白天變成夜晚，然後又變成白天，再變成夜晚，日子過得飛快，細節似乎變得好模糊。JB每次見到我總會微笑的打趣；而迦勒似乎對我出色的工作能力十分滿意；即使魯伯特很危險，史賓格勒很討人厭，但相較之下似乎一點都不重要，因為每個人都在賺大錢。

嗯，當然，那時的我賺得不多，但我可以感覺到我賺大錢的時代即將來臨。屬於我的 PnL 即將出現，我的三萬六千英鎊年薪比我前半生擁有過的錢還要多。我一天到晚造訪倫敦最高級的餐廳，這是我從未有過的體驗。我穿著尖頭皮鞋，戴著藍牙小耳機，在交易大廳裡走來走去，進行交易。這麼美好的生活，我還能要求什麼？

更重要的是，比其他任何事都重要的是，長久以來，這是我第一次找到歸屬感，是大家庭裡的一份子。比爾和迦勒就像兩個截然不同的父親：一個身材矮小，愛講髒話，鬥志旺盛；另一個身材高大，圓滑的令人難以置信；魯伯特和JB則是耶誕節時才會碰面的叔叔，只不過一個刻薄，另一個友善；史努比和史賓格勒則像兩個大哥哥。

在我極少數回家和親生父母一起吃飯的晚上，他們會騷擾我，要求我付房租，還會要我拿錢出來修車。我確實給他們修車的錢，但我告訴媽媽我把房租拿給爸爸，然後我告訴爸爸我把房租拿給媽媽，他們很長一段時間都沒發現我在說謊。我感覺，彷彿世界上所有一切，到了此時才落入它們原本應該在的位子。

5

然後，史賓格勒突然不見了。

一開始時，我並沒有發現，因為史賓格勒總是最後一個進辦公室的，所以在史賓格勒通常會出現的十五分鐘前，迦勒走過來，對我說「你今天替史賓格勒做掩護」時，我並沒有多想。儘管史賓格勒遲到的情況並不罕見，畢竟他若前一晚喝太多酒，這種情況就會發生，但他一整天都不來，尤其是完全沒有和我聯絡，就很不尋常。但我只是以為人吃五穀雜糧，哪有不生病的。

奇怪的是，沒有人說什麼。史賓格勒總是惹大家生氣，他在完全沒有通知任何人的情況下不來上班，大家應該會拿這件事開玩笑。可是事實並非如此。一整天都沒人提起他。

那時我已經習慣為所有交易員做掩護，因此我在揚聲器上為每種不同貨幣各設定兩個經紀人。它的操作方式是這樣的：每個經紀人都有一條通往銀行的開放線路，你可以將它加入你的揚聲器裡，每當該經紀人對著我們大喊大叫時，聲音就會從有將那條線路加入他們控制面板的交易員的揚聲器裡播出來。你可以將任何一條線路的音量調高或調低，甚至將它完全關閉（這是每個經紀人內心最大的恐懼）。因此，在我收到指令，去幫北歐貨幣做掩護交易時，就像史賓格勒沒有出現的這一天，我所要做的，就是將我控制面板上的兩家北歐貨幣經紀人的音量調高。

專門負責北歐貨幣的史賓格勒，在他的控制面板上設定五到六名北歐貨幣經紀人。我告訴其中兩個我正在幫他掩護，但其他的三、四個並不知道，即使沒人回應，嘰嘰喳喳的聲音還是一直從史賓格勒的揚聲器傳出，流到他空下來的座位上。大約一個小時後，丹麥經紀人中某一位卡斯滕開始想知道他為什麼一直沒有得到回應，於是開始大喊：「史賓格勒！史賓格勒！你在嗎？你在嗎？」大約吵了十五分鐘後，坐在揚聲器旁的ＪＢ憤怒的將雙手用力拍在桌上，一言不發的站起來，傾身靠向史賓格勒的揚聲器，將每一條經紀線路的音量鈕都轉到「關閉」，然後才坐回去。就在那時，我才意識到一定是出事了。

那一天，除了不可避免的叫喊數字，小組成員幾乎沒人說話。就連ＪＢ，平常最吵鬧、最善於交際的ＪＢ，也整天保持沉默。

早上的交易高峰過去之後，比爾在下午三點出現在走道上，抓住我的右耳，將我從轉椅上拉起來。

交易大廳裡有一家小型的星巴克，一位身材魁梧的巴西咖啡師會在為你沖泡咖啡時，一邊聽著森巴音樂，一邊以假音高歌。每次我和比爾想喝咖啡，都會去那裡。但那天我們沒有去那裡，我們去一家離銀行很遠，位於寬闊、開放的金絲雀碼頭廣場上的義大利小咖啡館。一路上，比爾沒說什麼，然後他買了兩杯卡布奇諾，示意我坐下。當時正值十二月初，低垂的午後陽光從天空中穿透故意設計出懷舊感的白色大木窗，灑在我們的木頭桌面上。

「你知道出了什麼事嗎？」比爾問我。

「不。我不知道出了什麼事。到底發生什麼事？」

「魯伯特搞了史賓格勒。」

這和我預料的完全不同。在我看來，史賓格勒光自己就能把生活搞得夠糟糕了。我盡量不流露出任何情緒，只是說：「嗯，到底出了什麼事？」

「你還記得史賓格勒上次幫魯伯特掩護的時候嗎？」

我確實記得。大約三週前，魯伯特請了兩週特休，儘管魯伯特通常不會在如此重要的時候休假，但是法律規定每個交易員每年至少都要休兩週的假，而魯伯特今年從未排休。因為只留洪哥一人負責歐元帳本顯然忙不過來，無法完成所有的歐元交易，而且這些交易太過重要，不能由我掩護，所以一直在北歐貨幣帳本表現得非常出色的史賓格勒，便被指派在魯伯特休假期間為他掩護。

我點點頭，比爾繼續說。

「你知道史賓格勒為魯伯特賺了一大筆錢的事嗎？」

這件事我也知道。史賓格勒在負責歐元帳本時賺到的錢，比魯伯特自己操作時賺得更多，即使他同時也還在為自己的北歐貨幣帳本進行交易（不過請記得，歐元交易賺的錢仍應該屬於魯伯特）。我們全注意到這一點，只是我們知道，如果我們對魯伯特提起這一點，他鐵定會立刻發飆，對我們大加撻伐。而且，無論如何我們還是會看到他怒氣騰騰的樣子，什麼都不說，單純觀賞，豈不更有趣？

「嗯，魯伯特回來之後，檢查所有的交易。」

這聽起來雖然有點不可思議，但可信度極高。歐元帳本非常龐大，每天記錄的交易數超過百筆，但檢查每一筆交易確實很像魯伯特會做的事。有時，銷售人員會試著以稍微不同的價格紀錄交易，試圖多少從中獲利，然後在被抓到時辯稱只是意外。你可以打賭魯伯特從來沒有錯放過任何一個心懷不軌的人。不過，檢查休假兩週所有發生在你帳本上的交易，卻完全是另一種層次的不正常，尤其是在考慮到那段時間交易櫃檯有多忙的情況下。他一定每天熬夜加班才有辦法完成這件事。他為什麼要這麼做？難道只是為了精確找出史賓格勒為何賺得比他多的理由嗎？

「好，」我說：「他發現什麼？」

「事實證明，史賓格勒在為魯伯特掩護時賺的錢比我們想像的還要多。多到他認為他應該為自己拿一點。他將三百萬美元從魯伯特的 PnL 帳戶轉入自己名下。」

我對此的第一個反應並不是他這麼做錯了，也不覺得他是不道德的。去他的，如果我能從魯伯特的包包偷出三百萬美元且不被抓到，誰知道呢？說不定我也會這麼做。我聽到後的第一個反應是，這實在太愚蠢。也不看看被偷錢的苦主是誰，居然還敢抱持僥倖逃脫的奢望。事實證明，史賓格勒確實搞死自己。

但是同時，我又能理解他為什麼這麼做。我可以看到他坐在那裡，為魯伯特進行掩護交易，每個人都知道魯伯特討厭他，他為魯伯特賺的錢比魯伯特自己賺的錢多更多，於是他就在想：「為什麼我要讓魯伯特拿走這筆錢？我才是坐在這裡交易的人。我才是做這件事的人。我是一個比他更棒的交易員。為什麼我不應該拿走屬於我的部分？只拿一點點，我只拿一部分。」

沒錯。我可以理解。太容易理解了。

雖然如此。這麼做真是太他媽的愚蠢。

說到這裡，比爾的臉色變得更嚴肅。他直直盯著我的眼睛。

「聽好！我一點都不在乎史賓格勒。他是個小偷。他是個白痴。他死定了。可是讓我告訴你一件事。他並不是唯一一個在交易大廳裡偷竊的人。他不是第一個，也不會是最後一個。我已經看過太多例子。但是聽著！孩子，你必須從這件事學到一個教訓。我已經老了，可是你還年輕。你之後會比我在這個遊戲裡待更多年，也許某個時候，你也會選擇偷竊。但無論你他媽的做了什麼，無論你他媽的做了什麼，你都要記住這三個字母——C－Y－A。你知道CYA代表什麼嗎？」

我不知道。我告訴他我不知道。

「CYA代表Cover．Your．Arse。把．屁股．擦乾淨！不管你做了什麼，蓋爾，都要記得把自己的屁股擦乾淨。我不在乎你在這場遊戲裡偷誰的東西，只要不是我或我隊友的就好。但如果你偷任何人的東西，或者做任何不老實的事，即使只有百分之一的不老實，也不要留下任何破綻，不要在上面留下任何會讓人追查到你的痕跡。你聽到我說的話嗎？連一絲你的氣味都不要留下。我是認真的。因為你現在很受歡迎，而且做得很好，每個人都喜歡你。但是有一天，在未來的某個時刻，會有人不喜歡你，相信我，他們會在所有你拉過的屎裡找證據。所以你要確保它的每一吋都散發玫瑰的香味。聽懂嗎？你聽到我說的話了嗎？否則的話，你晚上怎麼睡得著？不要讓這些混蛋汙衊你。不管你做什麼，蓋爾。把．屁．股．擦．乾．淨。」

我從來沒有忘記他的忠告。謝天謝地，我從來沒有忘記。

★★★★★

第二天，史賓格勒仍然不見蹤影。我坐在角落座位上，為那個超大尺寸的隱形男孩進行北歐貨幣掩護交易。魯伯特仍然坐在和我相隔一個座位的左邊位子。我隔著空位，在不忙的安靜時刻，趁他不注意的時候偷偷看他一、兩眼。我想看看他是不是有什麼變化，是不是有什麼跡象可以看出他做過什麼。

可是什麼都沒有。他看起來很平和。他看起來完全冷靜下來。如果有什麼不同的話，那就是他看起來比以前還要平靜，表現得很開心的樣子。我敢說，他看起來不但很平靜，甚至相當放鬆。他甚至還拿出一本書，把腳放在垃圾箱上，就在辦公區域開始閱讀起來。那本書名為《如何懷上男孩》。我特地問他真的有辦法可以一舉得男嗎？他告訴我其實和性技巧有關。

當他坐在那裡讀那本書，用撐在垃圾箱上的粗腿鞋尖指著我時，我有足夠的理由看著他，我想知道他有什麼感覺。摧毀像史賓格勒這樣完全無助且愚蠢的人，有什麼感覺？他不過是個外型巨大，但內在還是個無知男孩的人。

我再次打量舒適的靠在大轉椅上的魯伯特，心裡想著不知道他的孩子是否真的全是男孩。畢竟這是幾年前的事，他現在說不定真的有了孩子。我想知道他們是不是全部男孩。我希望他們一切都好。

史賓格勒失蹤的第二天，魯伯特邀請我出去和他一起吃午餐。

我突然意識到，魯伯特這麼做可能是為了向我解釋發生什麼事，為什麼他選擇搞死史賓格勒。他當然知道，在某種程度上，我和史賓格勒關係密切，我甚至短暫考慮過他是不是打算道歉。但魯伯特沒有道歉，也沒有解釋任何事情。相反的，他這麼做……

魯伯特想去一家位於犬之島西岸的昂貴西班牙餐廳吃飯。犬之島是在東倫敦金絲雀碼頭附近、被泰晤士河環繞的巨大圓形半島。意味著我們無法搭乘火車或計程車前往，而是得在摩天大樓下行走。那天的天氣很晴朗，不過由於是十二月，我們走路時幾乎沒有陽光照射到地面。

我們在步行時，魯伯特沒對我說任何話。這並不罕見。魯伯特和我在一起時，不管是在什麼地方，只有在魯伯特想說話時，我們才會說話。而且這種時間通常不太多。

突然魯伯特開口對我說話，不過既沒轉頭，也沒停下腳步。

「蓋瑞。你知道嗎？當你第一次進銀行工作時，我們曾經像這樣走過金絲雀碼頭。我記得那時候的你還會一邊走，一邊抬頭張望，眺望高樓。」

然後，他不再說話，也沒有問任何問題。他的話像一陣煙霧般，懸停在我面前。

我以無關緊要的評論填補沉默，過了一段時間，他才繼續自己剛才的話，彷彿我什麼也沒說。

「你不再這麼做了。你不會再抬頭眺望摩天大樓。」

他再一次的沒有提出任何問題，這次我只是靜靜等待，最後他說：「你知道嗎？這個地方，就像《瓦特希普高原》一樣。你在這裡看到的唯一人類就是倖存者，失敗的人不會出現在這裡。」

我心想，「《瓦特希普高原》是他媽的什麼東西？」我回家後查了一下，那是一本又名《兔子共和國》的書，講的是野兔尋找新家的故事。

我們之後沉默好一會兒，兩個人只是並肩，冒著寒氣前進。最終我們將摩天大樓甩在身後，終於有一點陽光照射到我們身上，然後，落到地上。

「你知道的，蓋瑞，我有一個心理問題。」

這並不像魯伯特平時會說的話，我聽到後頗感驚訝。他沒有看著我，而是看著前方和上方，望向天空。

「每次我認識一個人時，」他繼續說：「我必須立刻知道他們是比我好，還是比我差，在我見到他們的那一刻，我就想知道。」

我沒有開口。我們一邊走路，我一邊看著他。我真的很想知道他接下來會說什麼。

「然後，如果他們比我優秀，我就會恨他們。我恨他們，只因為他們比我優秀。」

然後，他停頓一下。

「但如果他們比我差，那麼，我就鄙視他們。這樣甚至更糟。就因為他們比我差，我就鄙視他們。」

我沒有對此做出任何回應。畢竟，我也想不出我能說什麼。我們一起走到犬之島的西端，抵達那家臨河的昂貴西班牙餐廳，然後，在那裡一起吃了一整頭的小乳豬。

小組其他成員隨後多少表示不滿。除了我，或許還有ＪＢ，剩下的人都不太喜歡史賓格勒，但每個人都知道魯伯特所做的事是錯的。你不應該直接搞死這樣的人。至少，在舉報之前，應該先拿出來討論。

事實證明，魯伯特甚至沒有先和迦勒打聲招呼。他越過迦勒，直接去找迦勒在紐約的老闆——一個如果不發出極大的聲音就無法呼吸，所到之處都留下銀色痕跡，體型如巨大鼻涕蟲的男人。鼻涕蟲一週前剛好到倫敦出差，魯伯特直接找他。這意味著沒有人可以為此事說上話，甚至連迦勒也不行。ＪＢ不行，比爾不行，當然史賓格勒本人也不行。

空氣中滿是不安的氛圍，和交易大廳裡每年這個時候總會浮現的另一個大問題糾纏在一起。這個問題在不久的將來會成為我生活中的主宰。一個不容忽視的大問題。

你想拿到分紅嗎？

在當時的交易大廳裡有許多瘋狂的事情，其中最瘋狂的事情之一，就是銀行付給交易員的報酬計算方式。

那一年，比爾和洪哥各為銀行賺超過一億美元，其他幾個人也相差無幾。但是除非你真的能拿到分紅，否則這些數字並沒有任何實際意義。我確信這些人的薪水比我高許多。雖然我真的不知道，但我猜測他們的年薪大概有七萬至八萬英鎊。可是即使比這個數字還多幾倍，和一億美元相比，也是太少。

那麼，幫銀行賺了一億美元，你能得到多少分紅呢？我完全不知道。這些數字比 STIRT 小組上任何人之前賺過的都要多，所以我猜想，很可能沒有人知道。

甚至連有沒有分紅都沒人能確定。你還記得我在史賓格勒晚宴上認識的西蒙・張嗎？三年之後，他成為匯豐銀行中最賺錢的交易員。可是在分紅獎金應該發放的時候，銀行沒有付他任何錢，只是俐落的將他解雇。

這種情況不可避免的製造不少緊張氣氛。每個人帳戶裡的 PnL 數字都非常龐大，比他們之前為銀行賺的錢全加起來還要多上十倍。但沒有人知道他們能拿多少錢回家。每個人都在問這個問題：我們能拿到分紅嗎？

你是否能拿到分紅，以及你到底會拿到多少分紅，牽涉到的許多影響因素似乎都相當神祕。我知道這一點，是因為交易員們總是將它們掛在嘴上。當然，顯而易見的，我們小組表現得很好，可是更明顯的事實是，這一年內銀行整體表現不佳。這當然會是一個影響因素，而且是看起來很負面的影響因素。

許多人為因素也牽涉其中。高階管理人員和各交易小組之間的關係如何？鼻涕蟲決定分給迦勒多少錢後，迦勒再分配給下面的人。那麼鼻涕蟲是怎麼想的？他喜歡我們嗎？他知道我們叫他「鼻涕蟲」嗎？但願他不曉得。這就是迦勒大部分時間不在交易大廳的原因。他必須討好鼻涕蟲和其他大人物，這就是能讓我們所有人拿到分紅的方法。沒有人比迦勒更擅長拍馬屁。沒有人比他更適合這份工作。

不過，魯伯特和史賓格勒的糾紛顯然不會為我們加分。

每個人都在談論這件事，永遠的熱門話題，但沒有人談過具體數字。交易大廳裡有個奇怪的慣例：沒有人會告訴你他們實際拿了多少錢，絕對不會。我一直以為說了可能會被解雇。這不是開玩笑。所有的畢業生都認為告訴別人你的分紅獎金是多少，便足以構成被解雇的罪行。直到多年之後，我才發現事實並非如此。但這表示我對它們一無所知，我甚至從未想過我為銀行賺的七十萬英鎊會為我帶來任何報酬，因為比爾的 PnL 至少是我的一百五十倍以上。

當然，我還是希望他們都能拿到分紅。如果他們今年拿到分紅，代表我明年就會拿到分紅。

然後，突然間，就在我們緊張的等待分紅日到來時，史賓格勒一聲不響的回來了。

迦勒並不特別喜歡史賓格勒，沒有人特別喜歡他。但是迦勒絕對不會讓魯伯特就這麼越級告狀成功。他一定在鼻涕蟲身上撒了一些特製的魔法鹽。於是，有一天，史賓格勒在沒有任何預警的情況下回來，帶著羞澀的笑容，搖搖晃晃的走向我們的位子。

迦勒沒有提前告訴任何人史賓格勒要回來，或者至少他沒有告訴我，我很確定他這麼做單純只是想看看魯伯特會有什麼反應。ＪＢ看到史賓格勒出現時，很開心，他跳起來，抓住他的肩膀，拍打他的側臉。比爾大笑出聲，史努比忍著不敢笑。我和每個人一樣，試著偷偷觀察魯伯特。他像個木頭人似的，一動不動的坐著，眼睛直視前方，一隻手放在鍵盤上，一隻手放在滑鼠上，臉上沒有任何表情，但他的襯衫領子緊到快被撐破。不到兩個月，離開的人變成魯伯特。我在想當時的他是否早有預感。

然後迦勒繼續去為每個人爭取分紅。

6

分紅獎金通常在一月下旬發放，被視為是那段日子裡唯一重要的大事。雖然英國後來通過法律，限制分紅獎金只能為年薪的幾倍，導致銀行大幅調整交易員的年薪，據我所知，分紅獎金日的戲劇性和重要性在那之後便下降了。不過在當時，二〇〇九年初，它仍是一個令所有交易員瘋狂的宗教活動。

發放分紅獎金當天，每個小組主管都會分配到一間小型會議室，然後他們一次指定一個交易員進去。STIRT 小組的交易員一一進去和迦勒面談，出來後再回到我們的辦公區。當然，在他們重新出現時，每個人都會試著觀察他們的身體語言，找尋線索。

為了叫第一個交易員進去，迦勒拿起會議桌上的電話打給服務台。當時，我的職責之一是接聽所有打進我們小組的電話，不過這個任務對我來說有點小問題，因為沒有人聽得懂我的「花旗」發音。在分紅發放日那天，我有幸成為目送第一個交易員進會議室見迦勒的那個人。他先選比爾。

當比爾回到辦公桌時，我無法強迫自己去看他。我不知道為什麼，但我就是不能。比爾回來後，他叫洪哥進去；洪哥回來後，他叫魯伯特進去；魯伯特回來後，他叫史賓格勒進去；就像這樣，交易員一個接著一個，按照 PnL 的降序去小會議室報到。

我無法強迫自己看向他們其中任何一個。我不知道我為什麼會這麼關注。我知道，今年的分紅與我無關，但我還是覺得噁心。

當最後一個交易員史努比結束面談後，他走回來，然後，他叫我進去。我沒想到我會被叫進去。

迦勒分派到的房間位於交易大廳深處。這裡不是迦勒平常的辦公室，我花了一點時間才找到位置。我一走進去，就先驚訝的注意到這間只有人工照明、沒有窗戶的房間是多麼的黑暗和壓抑，和迦勒燦爛的笑容和閃閃發光的眼睛完全不相稱。

閃閃發光，沒錯。迦勒很開心。很明顯的，他要告訴我的是好消息。

他示意我坐下，然後把一張紙推過桌面。一萬三千英鎊。我並未抱持任何期待，因此驚訝極了。

一萬三千英鎊是很大一筆錢。我知道。可是我不記得當時心裡有任何高興的感覺。老實說，我根本不記得有什麼感覺。我只記得房間好暗，還有迦勒臉上的微笑。

奇怪的是，在那一刻，在那個狹窄陰暗的小房間裡，我想起自己因為出售和吸食大麻而被學校開除的那一天。我剛滿十六歲，學校打電話給信教非常虔誠的父親，請他來接我。在回家的路上，他什麼也沒說。我當時神志恍惚，只是木然看著車窗外的房子飛馳而過，他轉過身來，問我一個問題。

「感覺如何？」

我直截了當的回答：

「感覺很好。」

那天晚上，半夜，我醒了，看見同樣虔誠的媽媽坐在我睡的雙層床的下鋪床尾哭泣。我看到她坐在那裡時，心想的是：「妳哭什麼？要解決這個問題的人是我。不是妳。」

當迦勒給我一萬三千英鎊時，我也是這麼想的。

發放分紅獎金後，發生了兩件事：第一，我擁有屬於我的第一本帳本。那天，在拿到獎金後，JB立刻帶我去小星巴克喝咖啡。他告訴我，他看到我的優秀表現，注意到我的進步，他想將紐西蘭幣的帳本移交給我。

紐西蘭幣的帳本，更準確的說，紐西蘭幣換匯交易帳本，是一本垃圾帳本。他知道，我也知道。它是小組裡最糟糕的帳本。但在某種程度上，這仍然是一件大事，我認為它代表肯定我的能力。

第二件雖然不是什麼大事，但卻一直讓我記在心裡。JB和迦勒堅持我必須為我的父母準備一份禮物，「款待」他們。

根據他們的說法，因為我拿到人生的第一筆獎金，這是我一定要做的事。

在我的一生中，截至那時，從來沒有買過任何禮物「款待」任何人，甚至連自己也沒有。我完全不知道該買什麼。

於是迦勒問我：「你爸爸喜歡什麼？」

我告訴他：「我猜他喜歡足球。」

這就是為什麼我訂閱天空體育頻道送給老爸。在那之後，我會利用原本週六我、老爸和鄰居哈利一起去看東方隊比賽的時間，去伊爾福德健身中心做重量訓練。當我出門時，我爸爸就會坐在沙發上看英超聯賽的現場直播。這可是我們一生中從未做過的事情。我會問他比分是多少，然後推門離開。

一年後，在搬出家裡那天，我取消訂閱天空體育頻道。

我不怎麼在乎那一萬三千英鎊，也不關心天空體育頻道。我有點在乎紐西蘭幣帳本，但也只是一點點。我唯一真正關心的，或者說我真正非常關心的，是我賺到的那七十萬美元，以及我是多麼容易就賺到它。如果我這樣就能賺到七十萬美元，我當然可以賺到七百萬。這，就是我的下一個目標。

就在這時，哈利的媽媽過世。我其實不記得是誰將消息告訴我的。有人打電話通知我。是打來銀行？還是打來手機？我猜應該是我媽媽。

哈利和我在同一條街上長大。他比我小四歲。在我的腦子裡，一直將他當成十歲的孩子，可是他那時已經快滿十八，身材魁梧，肩膀肌肉強壯，臉頰紅潤，只要一有空，他不是在踢球，就是在喝啤酒。

當我們還是孩子時，他和有一頭漂亮棕色捲髮的律師媽媽住在一起。他家和我家之間隔著七戶人家。從他四、五歲開始上學後，我媽媽就開始幫忙照顧他。他放學後會和我們一起回家，等他媽媽晚上下班時才來接他。

我沒有弟弟，哈利就變成我的弟弟。我從小就一直很喜歡電玩遊戲，但我的父母永遠買不起遊戲機之類的東西，所以當哈利的媽媽買了一台 PlayStation 給他，卻不知道如何安裝時，我便成了去他家搞妥一切的人。從此之後，我們幾乎形影不離。每個晚上不是在他家玩 PlayStation ，就是在街上踢足球。

哈利家和我家的大小、隔間完全一樣，除此之外，兩家沒有任何相似之處。他家只住了他們母子，感覺安靜，我家卻總是擁擠得不得了。他媽媽向來理智和平靜，我媽媽卻總是行事粗魯，言語瘋癲。有時候，她會問我願不願意留在他們家一起吃晚飯，因為她做了好吃的義大利麵肉醬。我們吃飯時她會拿著一個大玻璃杯喝紅酒，然後談論她看過的書。

我很早之前就知道她得癌症，可是不知道為什麼，我從未想過她真的會死。或許哈利也是這麼想的，我不知道。但我同樣有一頭漂亮棕色捲髮的媽媽卻告訴我，事情發生時，哈利哭了。我聽到時非常生氣，因為我覺得這不是她應該說的話。

我站起來，告訴迦勒我有事必須先回家。我沒有給他理由，但他只是看著我，點點頭，意思是：「好，你回去吧！」

哈利和他爸爸的關係很疏離，所以葬禮上坐在他旁邊的人是我。他的襯衫頂端有兩顆扣子扣不上，他繫了一條又寬又大的橙色領帶將縫隙遮住。他沒有哭。我不知道他之後要去哪裡，但他搬到埃塞克斯，和父親一起住。

我和JB談過，我和魯伯特談過，我和比爾談過。我一次一個的和他們每個人談，告訴他們我不知道哈利的未來該怎麼辦。他們都認識他，因為他每週都和我們一起踢足球。他們都喜歡他，因為他是那種優秀的足球員，在他可以射門的時候依舊會將球傳給你，總是笑臉迎人，隨時準備好和你嬉戲打鬧。

當哈利下一次來和我們踢足球時，小組的每一個人都輪流上前和他說話，一次一個。我記得我看著魯伯特一隻沉重的手搭在他的肩膀上，和他說話，臉上流露出真摯的接納及深切的關心，我希望這就是哈利需要而我卻無法給他的。直到那時，我才注意到哈利已經長大，不再是十歲的孩子。我在想，不知道我們能不能從這裡開始，繼續在往後的人生中一起前進。

我不知道是誰安排的。是魯伯特？JB？還是比爾？總之，他們之中一個為他找到一份經紀人的工作。

哈利就這樣加入我的遊戲。

在哈利入行時，魯伯特卻走了。也許真的很像《瓦特希普高原》的劇情。

自從魯伯特試著搞死史賓格勒卻失敗後，他的好日子也到盡頭了。迦勒下定決心要找他麻煩。

可是迦勒卻找不到弄掉魯伯特的高明辦法。魯伯特太優秀了，很難對付。魯伯特完全知道如何擦乾淨自己的屁股。於是迦勒玩了一招明升暗降，這是金融城的經典操作：有一份新的工作機會，只不過在很遠的地方。你不想去嗎？不，你不懂，你必須去。

迦勒為魯伯特找到一個地理位置遠到不能再遠的新工作，他把他扔到澳洲去當雪梨分公司STIRT小組的新負責人。

我並不知道魯伯特是否真的想去，但他最後還是去了。至少他擺出一臉很勇敢的樣子。他告訴我，這對他的職業生涯有好處，而且那裡離拉斯維加斯很近。

我查看地圖，發現事實似乎並非如此。

魯伯特的離開意味著每個人的晉升。JB晉升為資深歐元交易員；史努比晉升為初級歐元交易員；洪哥得到JB的舊工作——澳幣及日圓交易員。每個人都升職，拿到新的帳本。對我則沒影響；不過，史努比接手歐元後，我終於實現渴望已久的心願。我可以搬到比爾旁邊的位置。

然後，震撼彈毫無預警的爆開。它應該算是我交易生涯中遭遇的第一次巨大衝擊。

我完全沒想過會發生這種事。你知道的，迦勒才二十九歲。某一天，他在小組剛進入全天最忙碌的七點半時突然站起來，帶領整個團隊離開辦公區，走向角落一間小會議室時，我當時真心以為一定是有人死了。

我已經搬到比爾旁邊的靠窗角落，迦勒正領著一串交易員離開辦公區，所以在我急忙吞下咖啡，摘下耳機要起身追趕時，不是迦勒，而是JB阻止我。他轉身對我大喊：「你不必，蓋瑞，必須有人留在這裡。」

所以我只能站在原地目送他們離開，心裡想著，「他媽的到底是怎麼了？」

可是我沒有時間多想，因為史努比的揚聲器開始嗶嗶叫，然後是洪哥的，然後是史賓格勒的，然後是比爾的，我在它們之間跑來跑去，用歐元、日圓、克朗或英鎊計算價格，然後按下每個不同經紀人的開關，向那些我現在全都認識的人提供報價。那一刻我感覺自己就像足球中場明星羅伊．基恩或史蒂文．傑拉德，站在場中央組織整支隊伍的行動。我不時對自己喊話：「我辦到了，我辦得到，我可以的，我都弄懂了。」

然後，我又想，「真該死，我一個人就能完成所有的事，也許我不需要其他人。也許這裡只需要我、史努比和比爾……」

我全神貫注的在各個揚聲器之間跳著狂野的舞蹈，以致沒注意到所有的交易員魚貫的回到辦公區。比爾狠狠的在我肩膀上打了一拳，打得我的藍牙耳機都從頭上掉下來。他對我大喊：「迦勒要走了，那傢伙他媽的辭職了！」

迦勒要走了。才二十九歲的迦勒要退休了。迦勒已婚，不久前才喜獲麟兒，打算在美國加州建造一棟大房子，和他的家人開心的在那裡度過餘生。對他來說真是棒極了，我想。

可是，對我來說代表什麼？

我的第一個想法，當然，是擔心。

迦勒是決定雇用我的人。迦勒是我的主要贊助者。迦勒向我保證，我從入職的第一天就能進行交易。我依然只有二十二歲。以我這樣的年紀和經驗，上司允許你擁有自己的交易、擁有自己的PnL，是極不尋常的待遇。如果新老闆不遵守這些協議，我該怎麼辦？

下一個問題是，接任的新老闆會是誰。會是小組裡的某個人嗎？還是從外面聘來的人？比爾是全銀行去年最賺錢的交易員，理所當然的會得到這份工作，但我們都知道他不會接受。比爾討厭上頭的高層，也無意隱瞞他的厭惡，他只想做交易，升職意味著他得花費更多時間和人周旋，得到更少的時間交易。那不行。不，比爾不可能接受。史努比確信，如果比爾不接受，他們就會把這職位送給紐約鼻涕蟲手下的交易員，一個外型像青蛙的可怕傢伙。

當然，這件事帶給我的新訊息並不只是迦勒的離職。迦勒才二十九歲，他要走了，要去北加州蓋一棟屬於自己的大房子，之後也不打算再工作。這傢伙他媽的到底賺走多少錢？我知道前一年我們小組賺很多錢，總共大約五億美元，但我從不知道這種事情在現實中是可能的，甚至無法接受居然有人二十九歲就離職、退休。到底是什麼意思？

我和迦勒共吃過兩次送別宴。其中一次在我和魯伯特吃乳豬的那一家西班牙餐廳，整組人在五月初的黃昏陽光下一起出發，食物異常豐盛。

天氣漸好，景色很美。陽光中再次帶著暖意，太陽下山的時間愈來愈晚，餐會上滿是歡樂的慶祝氣氛。每個人都為迦勒高興。迦勒的美夢成真。

交易大廳裡的交易員們時常將離職掛在嘴上。他們常說：「我明年就走，拿到下一次分紅獎金後。這些混蛋不值得我賣命，我明年就走……」

但沒有人真的會走，除非他們被迫離開。

交易員談論著他們想在山上或海邊建一棟房子，談論他們想在鄉間享受家庭生活。可能還單身的年輕交易員則談論旅行，談論如何騎自行車遊印度，如何駕遊艇前往智利。

可是，從來沒有人真的實現過。

然後迦勒出現了，他就要走了。二十九歲，依然年輕，依然英俊。他的頭髮尚未脫落，甚至沒有一根白髮。他成為大家的英雄。他正在做每個人都想做的事情，而且還是在沒有得罪任何人的情況下。嗯，至少他沒得罪任何我喜歡的人。

我們坐在一張長方形的餐桌周圍，數不清的盤子上各裝一點點的奶酪、香腸、橄欖和其他我不認識的東西。說實話，我很不喜歡這種吃法，我寧願好好吃一頓像樣的晚餐，但我很高興能和大家在一起，有說有笑，邊吃邊鬧，看著落日沉入河中，而且至少桌上沒有小乳豬。

吃到一半時，比爾問迦勒：「你的遞延股票呢？」

我聽不懂這個問題所代表的意思，但迦勒臉上的笑容我曾在交易遊戲裡見過，掛著那種笑容的人是不會輸的，於是我將注意力移到他身上，看著他回答，

「別擔心，我已經處理好了。」

「慈善？」

「慈善。」

「但是鼻涕蟲呢？」

「一年沒有分紅。」

「他願意？」

「願意。」

其他交易員都沒有在聽，但我將目光集中在迦勒和比爾之間，迦勒微笑著深深點頭，比爾看上去比較嚴肅，但也在點頭，雖然我聽不懂他們在說什麼，但我小心的將它記住。後來的事實證明，這麼做非常重要。

然後，天色已經幾乎完全暗下來時，大家都喝得酩酊大醉，JB問迦勒：「你還有什麼遺憾嗎？」

迦勒望著只剩下一點點的夕陽，想了一會兒，然後說：「只有一個，我們沒有搞死魯伯特。不過不用擔心。給他一點時間，將來有機會的。」

我們全都笑了，大家一起舉起酒杯，喝著啤酒，聊到深夜。

我和迦勒之後又一起吃了一頓送別晚餐，這次只有我和他。事實上，應該說是送別午餐才對。

迦勒在向小組成員宣布消息之後，還特地來找我。他為在他告訴所有人時我卻不能參加會議向我道歉，我表示理解。他也為雇用我後自己卻這麼快離職，以及做出的承諾現在卻無法兌現而道歉。他告訴我，他將去確認我會被善待，為了補償我，他要帶我去任何我想去的地方吃午飯，而且我可以問他一個問題，任何問題，他都會如實回答。

我請他帶我去美式餐廳 Chili's。他們那裡的辣雞翅做得很好，沾上藍紋乳酪醬美味極了。我們就這樣決定好餐廳。

由於 STIRT 小組開始工作的時間很早，所以我們吃午餐的時間也比一般人早。Chili's 是一家座落在金絲雀碼頭購物中心高樓層的美式快餐店，空間巨大且光線充足。我們進去時還不到正午，整家店空蕩蕩的。我得到饞了許久的辣雞翅。

在開放的大餐廳裡，只有我們兩個人坐在那裡，令人有些傷感。我們隔著一張方形塑膠小桌面對面坐著，桌上擺了二十四隻辣雞翅和兩小罐藍紋乳酪沾醬。我們只相差七歲，但他坐在我對面，體型是我的兩倍，看在陌生人眼中，可能會有人誤會他是我的父親。

我看著他。濃密的黑髮包圍著他巨大的頭部。他看起來很疲倦，但十分開心的樣子。他看起來就像一個已經圓滿達成任務的人。到了此時，我們相識已經兩年半。我知道我會想念他，有點像小學畢業典禮前一天的感覺。你知道你會想念你的朋友和老師，但你不知道該說什麼。

當然，我沒有告訴他這些。

「那麼，」我盯著他的眼睛：「我得到一個問題的發問權，是嗎？」

「是的。」

「你會誠實的回答嗎？」

他笑容滿面，微微瞇起眼睛抵抗從天窗射進來的明亮陽光。刺眼的光線散射到我們的桌子上。

「當然會，加扎。」

燦爛的笑容還在擴大。

「任何我想問的都可以嗎？」

「任何問題都可以。」

我放下手中的辣雞翅。

「我需要做什麼才能拿到十萬英鎊？」

迦勒大笑起來，身體往後靠。他放下手中吃到只剩骨頭的辣雞翅。

「十萬英鎊？分紅獎金？？」

「十萬英鎊，分紅獎金。」

他停頓好一會兒，難以置信的看著我。

「這是不可能的。你不可能在第一年就做得到。」迦勒又笑了，但我沒有笑，只是死死盯著他。即使我年僅二十二，我還是盡力讓自己看起來像個成熟的男人。

迦勒不笑了。

「你只要告訴我需要做什麼，我就會去做。」

他現在看得出來我是認真的，但他的回答依舊不變。

「你不可能在你當交易員的第一年，就拿到十萬英鎊的分紅獎金。那是不可能的。沒有人做得到。」

「告訴我需要做什麼，我就會去做。」

迦勒一時間沒有說話。他把手放在下巴上，看著我。

「你必須為銀行賺到一千萬美元。」

那天下午，我走到小組辦公區旁的印表機前，打開它，拿出兩張空白的 A4 白紙。

我在第一張紙的頂部用大寫字母寫上「一千兩百萬美元」。額外的兩百萬美元是為了給自己預留一點犯錯的空間。在此之下，我寫了五筆計算後得出當年利潤剛好為一千兩百萬美元的交易。它們分別是：

貸出10億美元，為期一年的瑞士法郎換匯交易
貸出10億美元，為期一年的日圓換匯交易
貸出13億美元，為期一年的英鎊換匯交易
貸出15億美元，為期一年的加拿大元換匯交易
貸出14億美元，為期一年的瑞典克朗換匯交易

我把那張紙摺起來，放進辦公桌的抽屜裡。

我拿出第二張紙，將同樣的東西再寫一次，把這張紙摺起來，放進褲子後面的口袋，帶回家，放進我的床下專門裝內褲的抽屜裡。

它們的交易金額太過龐大，我的資歷太淺，沒有執行它們的授權。除此之外，它們不是我負責交易的貨幣。帳本在別人手中。

我要怎樣做，才能得手其中之一？

7

迦勒最後一天上班是在五月下旬。他在前一週就已經把所有私人物品從公司搬走，所以到了那天，除了和大家握手道別之外沒什麼可做的。他在下班前幾小時離開，大約下午三點左右。

當他離開小組辦公區，開始沿著通道往前走時，ＪＢ出聲大喊：「迦勒．祖克曼即將離開本棟樓！」

我們全站起來鼓掌，然後整層樓的其他人也都站起來鼓掌。

我看著那個魁梧男人的巨大背影獨自沿著走道離去。我認識的第一位交易員。他沒有轉身，沒有揮手，沒有以任何形式接受掌聲。他直接離開，沒有回頭。

我們都想知道新老闆是誰。比爾果然如我們預料的那般拒絕。我們都擔心會是那個來自紐約的青蛙，可是接手的不是青蛙，而是查克。

查克．馬蒂森是一個巨人。

我知道我在書中很隨意的用「大」這個形容詞來描述周圍的交易員，可能是因為幾乎所有交易員都比我高大許多。在這之中，查克是最大的，而且差距不只一點點。

查克是加拿大人。當時的我還未去過加拿大。他可能來自多倫多、溫哥華或其他大城市，但我看到他的那一刻，直覺想像的畫面是一個伐木工，在白雪皚皚的冰凍荒地上，扛著巨大的樹木回家。

他的身高大約兩公尺，儘管以優雅的姿態挺著球狀的肚子到處走動，但他並沒有給人留下「胖」的印象，純粹只是個巨人。一個誠實的巨人。藏在他巨大身軀上的是一張友善的臉孔，成功的讓他所接觸的人不會被嚇到，儘管我只能從它的下方仰望。他五十歲出頭，方下巴，灰白色的頭髮俐落的側分，看起來有點像我父親的放大版。他和藹可親的巨人形象很吸引我，使我不禁想更深入的了解他。

查克是交易界的傳奇人物。他交易俄羅斯盧布。如你所知，STIRT 小組僅交易「富裕國家」、「西方國家」的貨幣，也就是火車準時行駛的地方。俄羅斯、印度和巴西等國家的貨幣由「新興市場」小組進行交易。雖然他們的辦公區實際上離我們的不遠，可是兩者之間簡直是天差地別。查克從我出生之前就一直在交易盧布。謠傳他甚至認識俄羅斯總統普丁。

雖然 STIRT 小組的人都不認識查克，但他的名聲和尺寸卻讓所有人難以忽視。每當他站起來在交易大廳裡走來走去時，高人一等的頭顱總會出現在螢幕牆的頂端，不管是什麼時候，交易大廳裡的每個人都能輕易看到他的所在位置。在迦勒離開後的幾週內，關於他可能成為我們新老闆的傳言四起。我則是在經過下列的事之後，才確認傳聞是真的。

迦勒離開後，在新主管被正式任命之前，我們沒有領導人，也沒有瑞士法郎交易員。到最後，比爾不得不擔任臨時經理，我則不得不擔任臨時瑞士法郎交易員。這不是為某人掩護：交易本身並不會計入已經不存在的迦勒帳本裡；相反的，它們被計入我的帳本。在當時，瑞士法郎帳本的利潤非常豐厚，我藉此賺了相當多的錢。

比爾討厭行政工作，比爾討厭處理行政雜務，由於我是比爾的初級交易員，所以他將很多行政工作都推給我。這意味著我經常得在每個人離開後繼續留下。我其實不怎麼介意，因為正如我剛才說過的，現金一直不停的流進我的口袋。

在進入這種工作型態兩、三週後的某天晚上，我又成了小組唯一留下加班的人，一邊處理著無聊的行政雜務，一邊發送電子郵件並設定一些將來的交易。尚未被正式宣布為 STIRT 小組新負責人的查克走到我們的辦公區，走近我身邊。

我抬頭看著查克。我坐著，他站著，我們兩人的臉距離拉得非常大。為了看我，查克必須將脖子盡力向前彎，就像低頭看自己的鞋子一樣。看到他臉上掛著鼓勵的笑容，我也露出微笑。

查克向我伸出手，我伸手回握。他已經知道我的名字。

「嗨，蓋瑞，我是查克。」

然後他走到旁邊，想拉張椅子在我身邊坐下。因為其他 STIRT 交易員都已經回家，空椅子到處都是，所以這應該不是一件難事，可是不知道為什麼，他居然就這樣不見了，消失兩分鐘之久。也許他想找一把堅固一點的椅子？

查克終於再次出現。他慢慢的將椅子滑到我旁邊，小心的、一點一點的將身體重量壓到椅子上。他驚人的體型和體重使他的每一個動作都帶著巨大的重力。和他相比，我覺得自己嬌小得有如孩童。

查克坐到椅子上後，什麼也沒說，只是對我笑了好一會兒，不知道為什麼，我總覺得他的笑容裡帶著點惡作劇的味道。

我不知道該怎麼應對，略顯尷尬的報以微笑，然後繼續預訂我的交易。

這種荒謬的情況持續兩分鐘，然後查克傾身靠過來，發出一聲：「嘿！」

他仍然像個瘋子般微笑，或者該說更像一個小學生？所以我轉身回應他：「嘿？」

查克突然舉起右手，我到這時才意識到他之前一直將手藏在背後。他手裡拿著一本《體育畫報》。你大概知道，它是一本泳裝雜誌。

我看看雜誌封面，又看看查克的臉，發現他的兩條眉毛居然像毛毛蟲似的不停蠕動。

查克翻開雜誌。他的姿勢很明白的傳達出，他並不打算自己閱讀，而是想要和我一起看這些照片。展露在我面前的是一張跨頁的比基尼模特兒的大照片。

我看了看照片，又回頭看了看查克。他的眉毛依舊在蠕動。我看著他，兩條毛毛蟲又蠕動好一會兒，然後，他對我說：

「對。你喜歡這樣的，是不是？」

當然，我只能回答：「是的。很不錯。」

然後，查克伸手翻頁。

下一頁是另一張跨頁的比基尼模特兒的大照片。我看著查克抖動的眉毛，他說：「嗯，對。這真是太美了。」

所以我說：「是，真不錯。」

然後點頭表示同意。

這個場景持續很長一段時間，遠遠超過能夠合理解釋的長度。我搞不清楚發生什麼事，但我在第三張或第四張比基尼照片時意識到，查克已經確定自己要來當我們小組的新主管。沒有其他可能的解釋。在我們一起瀏覽雜誌時，我對這個推測愈來愈深信不疑。

最後我們看完整本雜誌，沒有錯過任何一張比基尼照片，查克捲起雜誌塞進他寬大的褲子口袋。然後，收起臉上的笑容，意味深長的將視線投向遠方，彷彿寒暄時間已經結束，他終於可以開始談正事。

「那麼，你在小組裡負責什麼呢？」

我看著查克的臉，查克看著我。突然間，查克看起來顯得很年輕。

一週內將接管 STIRT 小組的查克，竟然不知道我的工作是什麼？真令人難以置信。不是嗎？或者，該說，是吧？

我凝視他的臉，試著評估這個人的深淺。他來這裡做什麼？這是一個圈套嗎？

因為迦勒以前是瑞士法郎交易員，所以我以為新老闆也將接手這個角色，我則會卑微的繼續擔任紐西蘭幣交易員，並不時為比爾做掩護。查克應當知道那就是我的工作。嗯，還是他真的不知道？

我的目光始終固定在他身上。這是一場遊戲嗎？難道他真的一無所知？我試著從他的表情判斷。我看著他的時間可能比應該看的時間要長，因為過一陣子，他又開始微笑。那個大大的、寬闊的、惡作劇似的、孩子氣的笑容再度回到他臉上。然後，當他對我微笑時，我也開始微笑，我對他說：「我是瑞士法郎交易員，查克。我是瑞士法郎交易員。」

查克繼續微笑，深深的點頭，然後他慢慢的、分解動作似的、一點一點的從轉椅上站起來。在這麼做的過程中，他時不時抬頭看看我，點點頭。當他終於離開椅子，站到它的側邊後，便開始一邊走，一邊將它推開。在離開前，他最後一次轉向我，對我說：「很高興認識你，蓋瑞。我很期待與你共事。」

查克離開後，辦公區又只剩下我一個人。我坐下來思考剛剛發生的事。

然後我將揚聲器上的開關往上扳，聯絡一個叫莫利的人，他是我最喜歡的瑞士法郎經紀人，我開始喊他的名字：「莫利！莫利！你還在那裡嗎？」

然後，我將開關往下壓，過一陣子，莫利的東倫敦腔聲音對我響起：「你還好嗎？蓋爾？這麼晚了，你還在這裡做什麼？」

「別擔心那個，夥計，聽著，你覺得你能給我找些一年期的交易嗎？我想貸出美元。」

「嗯，大家都回家了，夥計，但我也許可以從紐約給你弄一些過來。你想做多少？」

「我想做一碼。」

一碼就是十億美元。

我真的做了。我真的成為瑞士法郎交易員。我真的完成自己寫下的清單裡的第一筆交易。到了那年年底，它剛好讓我賺進一千二百萬美元。完全符合我當初寫在清單上的數字。

8

在我之前，從來沒有任何交易員在入職第一年就賺到一千萬美元。在我實現這個目標時，他們是這麼告訴我的。

然後，我就在想一個不可避免的問題：為什麼我是第一個？

我想告訴你，那是因為我很聰明，或者我很勇敢。

我想告訴你，因為以前從來沒有人有勇氣在這麼年輕的時候，就進行如此大筆的交易。

然而，事實是，這些都不是主要原因，儘管我認為它們多多少少有發揮推波助瀾的效果。我那一年之所以能賺這麼多錢，主要原因有二：一是很容易，二是被允許。

賺錢很容易，因為每個人都在這麼做。每個人仍然繼續做著同樣的交易：以二％的利率長期貸出美元，然後不花費任何成本的每天借回。

我想，我會被允許，應該也是出於同樣的原因。因為我周圍的每個人都在這麼做，而且他們的交易規模都比我的還大。二〇〇九年，比爾連續第二年再次賺到一億美元，再次成為花旗銀行當年最賺錢的交易員。除了他，沒有人賺到一億美元，不過有兩個人賺了七千五百萬美元。誰會花力氣來在乎坐在角落，勉強賺一千二百萬美元的我？沒人在乎。去他的，連史努比在那一年也賺到三千萬美元。即使查克有時會像一棵松樹般笨重的向我走來，將巨大的身影投射在我的螢幕牆上，他也從來不會說什麼，只會露出瘋子似的謎樣微笑，然後看著遠方，輕輕的前後搖動我的椅子。我認為他確實極有可能至今仍不知道我的工作是什麼。

當然，除了我是如何做到這一點的問題之外，還有一個更大的問題：為什麼我們小組全部的人都能做到這一點？為什麼我們會被允許進行同樣的巨額交易，並且賺這麼多錢？如果我們全在進行同樣的交易，一旦情況有變，引發雪崩似的風險不是很大嗎？

我一直忍到二〇〇九年年中，才終於忍不住去問比爾。他告訴我，在金融危機開始時，迦勒就去找過大老闆。不只是鼻涕蟲，還有鼻涕蟲的老闆，還有鼻涕蟲的老闆的老闆，然後獲得小組所有人做同樣交易的特殊許可。依照比爾的說法，如果交易賺錢，我們所有人都會拿到分紅：比爾、我、查克、鼻涕蟲、鼻涕蟲的老闆，一路往上。去他的，就連首席執行長也會從我們的 PnL 中分到錢。如果真的出了問題，整個銀行系統就會崩潰，全部的人都會失業，所以誰在乎呢？這就是為什麼它會被允許。我猜人們總說上樑不正下樑歪，果然是有道理的。

我看著查克，心想不知道查克正在做的事，以及我們所有人都在做的事，會不會其實是錯的。查克一如往常的對大家微笑點頭。他拉出抽屜，把一大堆零錢倒在桌上，現在正一枚一枚的清點，將硬幣分成好幾疊。

你可能會認為，對我來說，賺到第一個一千兩百萬美元是一件大事，一件我會永遠記得的事。你可能會認為，我的腦海裡能清晰浮現一個代表這個開創性時刻的重大畫面，是我至今仍珍惜收藏的寶貝。

然而，實際上，它發生的速度極為緩慢，一次只前進一小步，是一點點、一點點的往前移，龜速般慢慢實現的。

我花了六個多月才賺足一千兩百萬美元。換算下來，每個月只賺兩百萬。那是什麼意思？一天十萬？是不是少了一點？

事實就是如此，一天一天的滴水穿石。這裡十萬美元，那裡十萬美元。有時候，也許一天只有五萬美元。

在賺錢時，我在做什麼？我還記得那段時期的什麼事情？

你知道嗎？數字擁有強大的力量。數字可以催眠你。我還記得每天更新的試算表，明白列出每個人的名字和 PnL 金額，屬於我的數字正在慢慢的往上升：**一百萬美元，兩百萬美元。**

一個週末傍晚，我看到我最好的朋友的車，一輛小小的銀色標緻一〇六，停在肖爾迪奇等紅燈，於是我跑過去敲車窗。車窗搖下，出現一張女孩的臉，直視我，豐滿的唇形，黑色的短髮，是我此生見過最美麗的女人。她成為我這輩子第一個認真交往的女朋友。

三百萬美元，四百萬美元。

英國首相戈登．布朗在國會提起對銀行徵稅的議案。我剛聽聞此事時，心中慌亂，但我環顧四周尋找比爾，看他正抓著 J B 的肩膀搖晃，兩個人都在大笑，巨人查克也在笑，儘管我不太明白發生什麼事，但我還是深深吸一口氣，慢慢把它吐出來。我們應該會沒事的。

五百萬美元，五百五十萬美元。

我的女朋友住在倫敦西北區，所以我需要買一輛車才能去找她。我的朋友在中央聖馬丁學院主修時裝設計，他需要七百五十英鎊購買一個肩膀可折疊的人體模型，於是我給他七百一十英鎊買下他的標緻汽車，不足的部分他請他媽媽先借給他。

六百萬美元，七百萬美元。

哈利現在和他爸爸住在埃塞克斯，但只要我有時間，我就會開車去接他，再一起去健身房。我會問他工作情形如何，他會說一切都很順利，我問他和他父親相處得怎麼樣，他會說一切都好。

八百萬美元，九百萬美元。

每個週末我都會開車去她位於倫敦西北的小套房。我整個週末都待在那裡。牆上掛滿手繪的鹿的骨架圖，地板上全是衣料碎布。冬天來了，她拒絕開暖氣，她說太貴了，不開暖氣可以省點錢。

一千萬美元，一千一百萬美元。

我爸爸每晚和週末仍舊在收看天空體育頻道，不過這對我沒有影響，反正我也不怎麼在家。我的朋友們因為金融危機而找不到工作，所以每當我有空，我就會和他們一起出去玩，打電玩遊戲，講講笑話。

一千二百萬美元。

目標達成。

在累積利潤達到一千萬美元之前，我其實沒怎麼去想這件事。那時已經是十一月底。對交易員來說，冬天是一個奇怪的時期。趕來上班的路上寒冷漆黑，下班回家的路上一樣寒冷漆黑。

那時我還沒有一件真正的長外套。平日穿的是我從 Topman 平價連鎖店買來的黑色緊身雙排鈕扣厚呢短大衣，我記得買的時候花了三十英鎊。我到現在還留著那件衣服。為了避免早上受涼感冒，我常常一路衝刺到車站，並算好時間在火車到達時跑進月台。不過，進入早就等在斯特拉特福的月台、已經凍成冰棒的第二班火車後，我就只能硬撐了。我還記得在等待火車啟動駛入地下前，我坐在車廂末端靠窗的小座位上，瑟瑟發抖，身體感覺到刺骨寒意。

最初的兩個小時，我們會在黑暗的天色中工作。太陽慢慢從地平線升起，但被厚厚的雲層遮擋，所以我們看不到太陽，只能看到天空從漆黑轉成深灰。我們會在濃灰的天色中工作五個小時，然後繼續在漆黑的天色中工作，直到所有人起身回家。

到了此時，迦勒和魯伯特都已經離開倫敦，我成了比爾手下的初級交易員。唯一要我幫忙買午餐的人只剩比爾，而且我每天都會這麼做。外帶餐廳都埋在地下購物中心裡，雖然可以從花旗集團大樓直接進出，但我還是選擇繞遠路，故意穿過大樓後面的公園，只為了出去看看能否見到太陽。比爾很少離開辦公室。我在想他什麼時候可以曬到陽光。我想像他住在又大又豪華的鄉村莊園裡，那些地方週末還是會有陽光吧？

到了十二月，交易大廳開始變得愈來愈冷清，世界彷彿只剩下永無止境的經紀人午餐會。到了那時，我的帳面獲利已達一千萬美元，但離一千兩百萬尚有一段距離，於是我將它當成我的新目標，所以我仍然將注意力放在進行交易上，不過實行起來有些困難，因為金融城裡的每個經紀人和交易員都說，我應該在耶誕節前出去和他們喝一杯，清償欠他們的酒債。

比爾和ＪＢ經常帶我出去，相較於魯伯特和史賓格勒，我受到的待遇可說是顯著改善，我到這時才開始意識到這兩個人有多能喝。有一次我收到洪哥的簡訊，說他在金絲雀碼頭廣場的一家酒吧裡和ＪＢ一起喝酒，可是現在他一定要回家了，問我可不可以過去代替他陪著ＪＢ？當我抵達時，ＪＢ一邊搖晃身體，一邊髒話連篇。洪哥將他的手搭在我的肩膀上，然後自己去洗手間。

我將ＪＢ放在高腳凳上，以平衡花瓶底座的方式調整他的肩膀，讓他不至於摔下來。他輕微的搖晃，然後從椅子上向前跌，又壓回我身上，我看得出來他快哭了。

他開始說他在澳洲的姐姐生病了，他實在好想回去探望她，我將頭右轉向後看，再左轉向後看，想知道是不是有人在看我們，然後我看到洪哥正往我們的方向走來，於是我開始拍打JB的臉頰，低聲說：「好了，兄弟。洪哥回來了。不要再說了，懂嗎?不要再說了。」

JB向左看，看到洪哥，他開始大笑，然後他用力捏住我的鼻子，力道之大，在我鼻子上留下接下來四天都消不掉的明顯瘀青。

我們小組那年去倫敦市中心的Nobu吃耶誕晚餐。那是一家超高級餐廳，主打日本料理，但老實說，為了迎合倫敦社交圈而大幅調整過的味道已不再道地。比爾喝得太多、太猛，我不得不帶他去洗手間。當我像物理治療師抱著受傷足球員般一瘸一拐的把他拖到廁所時，他突然尖叫一聲，跳起來，抓住我的肩膀，開始在我耳邊大喊：「邁——凱肯恩!」

「邁凱姆!邁柯肯恩!」他口齒不清的大喊，那個「K」在他嘴裡繞了許多圈。

我不知道他在說什麼。我在想是在說「古柯鹼」嗎?但我很確定比爾不碰毒品，所以我靠過去問他，叫他說清楚一點，但他所能做的，就是再次大聲喊叫「邁凱凱凱肯恩恩恩」，嗯，大約七次。

然後，突然間，著名的老牌男演員米高．肯恩爵士從黑暗中走出來，直接穿過比爾身邊。我太過震驚，不知不覺的放開比爾。他開始向後倒退，然後指著我的臉，大喊：「是米高．肯恩，你這個該死的東倫敦蠢蛋!」

然後他向後倒，躺在地板上。

回到家裡，我的父母已經把耶誕樹立起來，牆上還掛了三隻大襪子：一隻是哥哥的，一隻是姐姐的，一隻是我的。

耶誕樹並不算大，卻占滿客廳的所有空間，以致你坐在沙發上無法看到電視，只能把自己擠在電視和耶誕樹之間。這對我來說沒什麼影響，反正我從來不看電視。

那年臨近耶誕節時，每當我喝完酒很晚才回到家，屋子裡所有的燈都已經熄滅，可是耶誕樹上的彩燈仍在閃耀，照亮客廳。先是紫色，後是橙色，最後是粉色。這畫面讓我憶起小時候。也許我的內在還是個孩子。

那一年，我沒有買禮物送給任何人，但他們都還是為我準備禮物。

9

對於分紅獎金日，我並不害怕。我的意思是，我知道的，不是嗎？我知道會發生什麼事，不是嗎？迦勒告訴過我。賺一千萬美元，分紅十萬英鎊。所以一千二百萬美元大概是十二萬。

我在那天與迦勒談話時選擇十萬英鎊，其實並沒有什麼特殊的原因。我猜大概是因為它是我當時能想像到的最大金額。這對我來說已經是一筆無法想像的大錢。你必須記住，就在四年之前，為了一週十二英鎊的工資，我每天都得天未亮就起床送報。在那之後，為了賺取四十英鎊的日薪，我每天都在拍鬆靠枕，即使是四十英鎊，對當時的我來說，也是一大筆錢了。我還和媽媽住在一起，你知道嗎？十萬英鎊根本是無法想像的巨款。我甚至不曉得有這麼大一筆錢，你能拿來做什麼。

所以到了那天，我並不害怕，一點也不。我只記得，我以為我會是最後一個被叫進房間的人，因為前一年是按照交易員 PnL 的高低順序進行的，而我的 PnL 是小組最低的。可是實際發生的狀況卻是，如我所料的，比爾第一個被叫進去，當比爾回來時，他叫我進去。

那一年的分紅獎金並不在前一年那個陰暗小房間發放。巨人查克不曉得用什麼辦法，在大樓的轉角處弄到一間兩扇窗戶可以看到碼頭景色的漂亮辦公室。很典型的巨人查克作風。我記得那天天氣晴朗。巨人查克坐在陽光下，雙手平放在膝蓋上，超級鎮靜，帶著溫和的笑容，像一尊巨大的金色佛像。說實話，整件事情我歷歷在目，彷彿是昨天才發生的一樣。

巨人查克什麼也沒說，他只是微笑。我在他對面坐下，雙手放在膝蓋上，模仿他的樣子。一張A4白紙完美的放在我們之間的桌子正中央，傾斜的角度不偏向我們任何人，而是指著房門。

我看著查克，他平靜的低頭看著我，很快我明白他不打算說話。所以，我低頭看著那張紙。紙的上面寫著一些字。我的名字，很正式，包括我的中間名，蓋瑞．沃爾特．史蒂文森。下面印了一個小表格，上面有一些數字。沒有一個是我所預期的數字，就是那個你知道的，十二萬英鎊。

我意識到在最上面的那張紙之下，還有幾張紙，但我幾乎可以肯定最重要的數字會出現在第一頁。我指著表格頂部的第一個、也是最大的數字：三十九萬五千英鎊。

「是這個金額嗎？」

我沒有事先想過。事實上，我不記得我當初是怎麼說的。我只記得這件事正在發生。我只記得看到自己伸出手臂，指向那個數字，同時聽到自己說出的話。

我抬頭看查克。查克的整張臉和眼睛都發出燦爛的微笑，非常和藹的，然後大笑出聲。

「是的，就是那個金額。」

「哇！」我說：「很多錢。」

我記得那個畫面。我記得好清楚。但在那之後發生的事，卻全變成一片空白。

我記得的下一個畫面是我回到座位上。我坐在辦公桌前，右手放在滑鼠上，左手放在鍵盤上，但是很荒謬的、可笑的又可悲的是，我感覺自己就要哭出來了，即使我非常努力的想將這種情緒壓制下去。

我的右臉感受到比爾的目光。我本能的轉過頭來，看看他是否真的在看我，他確實在看我，所以我立刻過快的回望他。我還在忍住不哭，但顯然我就快忍不住了。

比爾站起來，走到我的左手邊，將我和小組其他交易員隔開，擋住其他交易員的視線。他雙手朝下平放在桌面，傾身靠向我，在離我很近的距離，對我說：「出去走走。去公園裡坐一下吧！給自己一點時間。你會感覺好些的。去吧！沒關係的。」

我的下一個記憶片段是，我像個孩子似的坐在公園草地上。嚴格來說，它根本不是一個公園，而是一塊三方都被巨大摩天樓包圍的中等正方形草地。很幸運的是，當時的太陽剛好在第四面，所以我得以在長長的影子之間沐浴陽光。

我迷迷糊糊的走出來，什麼都忘記帶，沒有圍巾，沒有外套，甚至沒戴我工作覺得冷時會戴的黑色露指手套，我突然意識到自己有多冷，不過至少還有陽光。

當我的神智恢復正常時，我第一個想到的，是我爸爸。

他在郵局工作三十五年。從我很小的時候，他就每天很早離家上班，往往在我醒來之前出門。

如你所知，從七王站出發往市區的火車會從我臥室的窗戶旁經過。我媽媽時常走進我的房間，在漆黑的夜色中，在還很早的時候輕聲叫醒我，讓我看著窗外，看看能不能捕捉到火車飛馳而過時，爸爸在車廂裡的身影。

火車的速度有時很快，一切都變得很模糊，我找不到他。但有些時候，在火車速度較慢的時候，我能夠看到他在火車車廂溫暖的燈光下，他總是會回頭望向窗外的我，微笑揮手。

然後，因為時候尚早，又黑又冷，尤其是在冬天，我會躺回去繼續睡覺，爸爸則去上班，直到深夜我才會再見到他。至少對兒童時期的我來說，是很晚很晚的時候。他到家時總是很累，但他總是很溫和的對待我們，儘管他已經很疲倦了。

我想著這些年來他所付出的一切，早起，在黑暗中，在寒冷中，趕早班火車，在黑暗中，在寒冷中，拖著疲憊的身子晚歸。為了養活一家人，為了養活我。代價是什麼？一年兩萬英鎊？

我坐在這裡，在我從小看習慣的摩天大樓的陰影之下，顯得如此渺小。我盤腿坐著，沒有大衣，沒有圍巾，在一個小三角形的陽光中，在一小塊草地上，剛剛滿二十三歲，剛剛收到三十九萬五千英鎊的紅利獎金。

這意味著什麼？

我在冷風中坐一會兒，讓自己平靜下來。然後，我想到其他人的爸爸。我想到和我一起上小學的伊布蘭．可汗，父親身有殘疾，他沒有自己的臥室，為了不爬樓梯，他就睡在前廳的沙發上。但他們一家人對我都很好。他們給我的食物太辣，我不能吃；他們給我的茶也太辣，我不能喝。我為什麼沒有和他保持聯絡？他們現在在哪裡？

我想起另一個叫穆扎米爾的男孩。他們家是在我們七、八歲時從巴基斯坦搬來的。他不會說英語。每一節下課時間和午餐時間，他都在不停的跑來跑去，不停的側翻筋斗，嘴裡大喊他說出來且我們能理解的唯一英文單字，也就是他自己的名字。「穆扎米爾！穆札米爾！穆札米爾！」

這一切又意味著什麼？

然後，腦子裡跳出的下一個念頭是，我現在該怎麼辦？

再之後的想法是，小組其他人拿到多少紅利獎金？如果我的一千二百萬美元賺了三十九萬五千英鎊，洪哥的七千萬，幫他賺了多少？魯伯特去年的八千萬美元，讓他拿到多少？比爾連續兩年各賺一億美元，他又領到多少分紅？

那些穿著花押字粉紅襯衫、最終摧毀全世界的信貸交易員呢？他們在毀滅世界之前，又有多少錢流入他們的口袋？

然後，我開始想：賺一千二百萬美元就是這麼容易，我可以賺二千萬，我可以賺五千萬，也許我可以賺一億。我比魯伯特聰明，我比JB聰明。我知道的。也許我沒有比爾那麼聰明，但如果我全心全意的投入，我就能做得到。我絕對比那些穿粉紅襯衫的信貸交易員聰明。我可以賺得更多。

如果我能賺到五千萬，代表什麼？也許我能拿到兩百萬英鎊的分紅。我可以用那兩百萬英鎊做什麼？應該說，到時有什麼是不能做的？有了兩百萬英鎊，你可以做任何事。你可以退休了。你可以自由了。你可以做自己，想做什麼，就做什麼。也許你可以在北加州蓋一棟大房子。你可以駕著船航行到智利。應該可以吧？可是智利又在哪裡呢？也許我能做得到。不，不是也許，我知道我能做得到！為什麼那些穿粉紅襯衫的傢伙和姓魯伯特的人就該成為百萬富翁，而不是伊布蘭和穆扎米爾，為什麼不是我？為什麼不能是我？我並不比他們差。我比他們都好。我們都比他們好。我比他們所有人都好。我是最棒的。我絕對能夠成為最厲害的一個。

在那年一月寒冷的陽光下，我想，我身上的某些東西發生變化，我的職業生涯也發生變化。從那之後，它不再只是單純的工作。從那之後，我打算開始搶劫銀行。

第3章 看見世界的真實面目

1

那天，不知道為什麼，我不想回家。所以我發一封簡訊給女朋友，問她我是否可以在她家過夜，然後我搭乘銀禧線列車前往倫敦西北部。

那天晚上很冷，是倫敦典型的寒冷夜晚，頭頂沒有一片雲。很難得的，你可以看到天空中有幾顆星星，可以感受到宇宙是多麼的寒冷。

到達之後，我就像失去行動能力一樣，什麼都沒做，只是躺在她的小套房的床上。為了籌措進修時裝設計課程的學費，她曾經兼職當過手繪T恤設計師，她將所有的舊畫稿貼在牆上。全是馬的骷髏、鹿的骷髏，以及其他我認不出是什麼動物的骷髏。我躺在那邊，數著骷髏，一個小型攜帶式電熱風扇在它們身上投下舞動的暖橙色光影，她冰冷且赤裸的雙腳踩在木地板上走來走去，為我們兩人準備晚餐。

我們之前談過分紅獎金日，她知道我一直很期待。她說過，我不必告訴她最後我領到多少錢。當我們坐在她的小桌子邊吃飯時，縫紉機、布料和衣服碎片都被推到一旁，她不知道我對此有多麼感激。我想她不明白我為什麼這麼安靜。我想我自己也不知道為什麼。

我在半夜醒來，發現她在哭。她的哭聲很大，我用手將她的身體翻過來，再將自己的身體撐起來，如此一來，變成她在我的下方，我在她的上方。我低頭看她，問她到底怎麼了。

「你為什麼不告訴我？你為什麼不告訴我？」

她一邊抽泣，一邊說話，抬頭看著我，我伸手撫摸她的頭髮，試圖讓她平靜下來。我還沒想好我要把這件事告訴誰。我不知道我是否會告訴任何人。但我想，至少，這算是我欠她的，或者我只是想讓她停止哭泣，或者我只是想在現實世界中說出這個數字，看看它是否真的存在，看看它是否有效。

於是我告訴她。

她立刻不哭了，啜泣聲瞬間停止。她的臉完全平靜下來，一動也不動，彷彿正在接收什麼幻象，她只是靜靜的仰頭看我，眼神穿過我，看向我身後。在那一刻，她看起來非常像一個年幼的孩童。她的眼睛愈睜愈大，直到大到不能再大，我可以看到她沒有移動的虹膜的整個圓圈，以及它們周圍彷彿延伸出去的廣闊白色海洋，我從未見過眼睛可以像這樣移動的。

我立刻後悔，真希望自己沒有告訴她。

兩個月後，我們分手。

在那之後，我想我可能不應該隨便告訴任何人。可是就在那個週末，我的朋友賈爾佩什打電話給我，邀請我和一些老同學去他媽媽家玩，一起打世界足球競賽系列的電玩遊戲。賈爾佩什在二

○○八年金融危機時失去在雷曼兄弟的工作，但之後又在德意志銀行交易部找到另一份工作。我們的另外幾個朋友也設法在投資銀行找到工作，儘管職位不如交易員那樣光鮮亮麗。當我們輪流玩PlayStation遊戲時，話題不知不覺的轉向分紅獎金。

賈爾佩什拿到六千英鎊，他對此表示非常滿意。他把問題拋向赫馬爾，赫馬爾只拿到三千英鎊。當他們問馬什菲克時，他說他沒拿到一毛錢。看得出來他很生氣，不過他這個人一天到晚都在生氣。

整個過程我不發一語，只是坐在那裡玩遊戲。最後，這個問題還是來到我的面前。

「你的分紅有多少？加茲？你有拿到獎金嗎？」

當然，我已經決定不告訴任何人。可是我不太確定該怎麼做。這個房間裡的所有人是我最好的朋友。我們從小一起長大，我認識他們十多年。你想，我還能怎麼做？難道我要對他們說謊嗎？

在那一刻，我決定，直接說出來，試試看，給彼此一個機會。

「我拿到三十九萬五千英鎊。」

你可以感覺到，彷彿整個房間的氧氣在那一秒鐘被抽光，你可以聽到它像風一般的離去。之後是長達十秒的沉默，然後是PlayStation的遙控器掉到地板上時彈跳兩次的塑膠聲。

從那以後，所有的一切都變了。

2

不過，我還是得再告訴一個人，哈利．桑比。我必須讓哈利知道。我不會告訴他確切數字，我已經見識過它的威力。但我必須告訴他我有一大筆進帳，而且它是一件好事。我認識哈利時，我八歲，他四歲。我什麼都告訴他：第一次親吻女孩、第一次喝醉、第一次吸大麻，什麼都不瞞他。你知道嗎？那孩子把我當偶像，而且我們現在也算同行。我必須給他一些讓他可以打起精神、陪我一起前進的動力。

於是，我在週六早晨開車前往哈利父親位於艾塞克斯的家。我沒有事先告訴他我要來，但是我一大早就到他家門口，所以我知道他一定在裡頭。

我按了門鈴，哈利的爸爸開門。我對哈利的父親其實沒什麼了解。他的衣服有點破舊，看起來不太有精神。他靠在門框上，當我問他能不能進去看看哈利時，他抓了抓自己凌亂的頭髮，摸了摸滿是鬍渣的下巴，彷彿不太確定這是誰的名字。

他想了好一下總算反應過來，他說哈利正在客廳睡覺。我很疑惑哈利為什麼會睡在客廳，而不在臥室，但我在想這一題時，他爸爸已經拖著腳步爬上樓梯。我之前從未來過哈利父親的家。我走進空無一人的陰暗走廊，去找哈利。

客廳布置得很簡樸。仿木地板、白色牆壁、電視機、棕色舊沙發。深紅色的窗簾在明亮的冬日早晨被拉得密密實實的，只有一道光束從窗簾接合處悄悄爬了進來，劈開房間裡的黑暗。

哈利臉朝下，趴在沙發上。我說得一點都不誇張。他將整張臉深深埋入一個深棕色的舊靠枕裡。在那一瞬間，我不禁在想，不知道他怎麼還能呼吸。相較於沙發，他的身體實在過長，所以雙腳只能架在沙發的扶手上，讓他的姿態看起來有一種彷彿正在祈禱的感覺。他穿戴整齊：長褲子、上班白襯衫、一雙大的驚人的黑色皮鞋。其中一隻鞋子半掛在腳上，似乎曾草率的試著要將它脫掉，卻沒有真正完成動作。他彎曲的右臂垂落地面，手放在地上，手腕彎曲成直角。

儘管哈利非常邋遢，但他的外表只是客廳裡第二引人矚目的東西。進入這個空間後，我立刻注意到的不是穿戴整齊的哈利對著沙發五體投地的祈禱，而是來自沙發後面和上面的白色牆面，無聲卻又巨大的喧譁。

一隻瘋狂而顫抖的手，寫下的一排巨大、鮮紅、厚重的字母，從牆的邊緣一直延伸到敞開的房門。上面寫著：

「哈利王是冠軍桑比。」

我一言不發的站在那裡好一陣子，仔細打量眼前的畫面。晨曦中唯一的光束照在哈利的腰線上，照在牆上，往上指著「王」這個字。看起來簡直像一幅藝術品。

哈利移動了一下。壓抑而痛苦的呻吟從枕頭內傳出。

我握緊拳頭，側抵在哈利的髖關節上，試著抓住他的頭髮，抬起他的頭。

「哈利！哈利你他媽的在做什麼？你他媽的為什麼要穿著鞋子睡覺？」

哈利撐起他沉重的身體，轉向一邊側躺，微微抬頭對我微笑。沙發靠枕的縫線押印在他的臉頰上。

我們兩個一起施力，總算讓哈利坐起身子。他一直在微笑，發出一些聲音，卻不是在說話。很明顯的，他還未從酒醉中清醒。過了好一會兒，他總算恢復語言能力，我問出我想問的問題。

「哈利，你他媽的在做什麼？為什麼睡在沙發上？」

「喔喔，嗯……喔，別擔心這事，兄弟。只……只是和幾個人一起去喝酒，幾個同事！」

他在說這句話時，先指了指左邊，又指了指右邊。口齒不清，含糊難辨。

「為什麼你還穿著鞋子？」

他對我露齒一笑，踢掉右腳的鞋子，它飛起來，差一點撞上電視機。他踢踢左腳，鞋子卻沒有掉下來。他咯咯笑兩聲，果斷放棄。

「哈利。你知道你在他媽的牆上用巨大的紅色字母寫著『哈利王是冠軍桑比』嗎？你他媽的紅色油漆是從哪裡弄來的？這句話他媽的在文法上根本沒有意義！」

哈利很短暫的露出驚訝表情，然後他扭轉身體，打量自己的作品。他的驚訝似乎很快褪去，他停下來，欣賞一下，然後緩慢且大聲的對我唸出牆上的字：

「哈利．王．是．冠軍．桑比。」

他轉回來，若有所思的點點頭，用手揉揉太陽穴。

「你是對的，兄弟。在文法上它沒有任何意義。我認為『王』和『冠軍』應該要互換。不過別擔心那個了，兄弟。那是我在他媽的好幾個月前寫的。它已經存在很久了。你不喜歡嗎？我還覺得挺不錯的！」

於是，我從父母家搬出來，在東倫敦堡區舊火柴工廠改建成的公寓群中租了一戶。所有車庫饒舌歌手幾乎都出自這個區域。我將快滿十九歲的哈利・桑比帶過去，讓他和我同住。從此之後，我們就是一個團隊。

然後，我不得不學習如何做飯。

不過，這些都不重要，所有的這些都不重要。當我回到交易大廳的那一刻我就知道了。我為自己的情緒外露感到尷尬，也為比爾看到我情緒外露而感到尷尬。那天，在發放分紅獎金後，當我從金絲雀碼頭的草地站起來，大步走回交易大廳時，我知道比爾在右側看我，ＪＢ和史努比大概也在左側看我。比爾站起來，走到我的左邊，再次為我擋住其他小組同事的視線，就像他不久前才做的那樣。他傾身問我：「蓋爾，你還好嗎？」

我沒有轉頭看他，只是回答：「還好。我沒事了。有什麼交易可做？」

因為這就是我們現在在做的事。我們全心全意的交易。我們會賺到一億美元的，我們一定能夠成為百萬富翁。

要怎麼做才能達成目標呢？

如你所知，截至目前為止的交易背景尚稱單純：我們利用換匯交易長期貸出美元，然後每天借回美元。那是一個非常可靠的賺錢機制。不幸的是，良好的交易就像柳橙，再好的柳橙也有果汁被榨光的一天。

在二〇〇八年金融風暴之後，所有人都需要美元，可是除了我們之外，沒人有美元，所以我們賺到非常非常多的錢。然而，這個賺錢的管道無法永遠持續下去。世界各地的中央銀行沒過多久就意識到，缺乏可貸出的美元大幅提高全球銀行體系的破產風險，美國聯準會很快的決定，開始向其他國家的中央銀行貸出美元。他們透過換匯交易做到這一點，推出與我們小組完全相同的交易產品。借入這些美元的各國央行，將它貸給各自國家的商業銀行。不久之後，對美元的需求程度，便從一度危及生命的絕望，降級為迫在眉睫。這樣做自然削減我們的利潤。不僅如此，在二〇〇九年期間，世界各地的政府和中央銀行貸出如此多的廉價資金，吞下如此多銀行體系的不良資產，人們開始愈來愈清楚的認知到，銀行體系絕對不會真的崩毀。

這一方面是件好事。因為我們一直在賭這種情況會發生，意味著我們的賭注都將得到回報。它也是進行 STIRT 交易的所有人（包括我）為什麼能在二〇〇九年賺這麼多錢的原因之一。另一方面，卻又是件糟糕的壞事，獲利滿滿的列車從此停駛。隨著全球對美元需求的迫切程度愈來愈低，全球銀行體系穩定下來的跡象愈來愈明顯，加入貸出美元遊戲的交易員和銀行也就愈來愈多了，曾經帶來巨額利潤的業務開始變得愈來愈難以獲利。利潤愈來愈少。我們再也不能以二％的利率貸出美元，並以零利率借回。如果能夠以一％的利率貸出美元，就已經算運氣不錯。

與這個壞消息相伴的是，二〇一〇年初，在我剛決定要成為世界上最偉大的交易員時，我之前賺到的一千兩百萬美元在帳面上已經歸零。你看，之前的年度過去了，銀行為了這一千兩百萬美元付給你分紅後，那一千兩百萬美元就不再是你的。時間重置，你的帳戶歸零。

這對於交易員來說是個問題。我來告訴你為什麼。

交易不是免費的午餐。沒有一種交易可以讓你在不冒很大風險的情況下賺很多錢。這是另一條可以適用在日常生活的好規則——如果有人告訴你，他們有這樣的賺錢門道，趕緊和那個人絕交吧！

貸出美元也是如此。這是有風險的。儘管從長遠來看它似乎總能賺到很多錢，但它每天的波動卻也相當大。若以六個月為期，它幾乎肯定賺錢，但若將時間縮短至一個月或一週，你無法保證它不賠錢。

這樣的波動在你的累積損益是一千兩百萬美元時，影響不大。可是當你帳戶為零時，它就成了一個大問題。因為如果你在累積損益為零時賠錢，你的帳戶便會出現虧損紅字，最終可能因此陷入可怕的處境。

出現紅字，意味著你在新的一年有所虧損。意味著每天、每個交易員拿到那張試算表時，在所有交易員的姓名和損益中，你的 PnL 會以紅色的數字顯示（還帶著括號）。

相信我，你絕不會想成為括號裡的小紅字。

當你成為括號裡的小紅字，你的老闆就會出現在你的身後。他會詢問你進行的每一筆交易，然後他會和他的老闆討論你的交易。每個人都在懷疑你的交易是否真的有利可圖，或者你的理由只是順口編造的（順便告訴你，其實全部都是編造的）。你必須向你的老闆，以及你老闆的老闆，發送一封解釋你交易理由的電子郵件。你必須告訴他們，在你「停損」（透過結束交易來確定損失）之前，你願意承受多少錢的損失。最糟糕的是，有時候你的老闆，或者是你老闆的老闆，會動手介入你的交易。沒有人願意自己的交易被老闆喊停。那種羞辱簡直和讓你媽媽幫你擦屁股差不多。

所以，不行，出現虧損從來不是一個選項，它會限制你在累積損益為零時的行動。比爾不喜歡零，所以比爾的 PnL 從來都不是零。我先澄清，我沒有指責任何人的意思，也不是在暗示什麼，但我要說的是，比爾總能在每年的第一週就賺到一千萬美元。我不知道他是怎麼做到的，我也不想知道。我只知道自己不曉得要怎麼做才能和他一樣，所以我每年都是從零開始，就像其他的正常人。

每年從零開始意味著你必須從規模較小的交易做起。這對我來說是一個問題，因為我想在接下來的一年，也就是二〇一〇年，賺到一億美元。這是另一個大問題，因為我的主要交易之一，即貸出美元，不僅現在的利潤比二〇〇九年低許多，風險也更大。這個問題不只提高我賺錢的難度（畢竟如果只是交易利潤較低，我將買賣金額加倍就能彌補），而且會使我、我們所有人更難進行大規模交易。

對於剛入行的交易員來說，我在二〇〇九年進行的交易非常、非常巨大。銀行絕對不該允許。由於疏忽、善意和我的老闆將大部分時間花在將硬幣擺整齊，我才得以僥倖逃脫。最重要的是，因為我周圍的交易員全都承受極大的風險，賺了很多很多錢，所以我才能成功避開所有的偵查雷達。

但是如今這種情況，人們一定會注意到。首先，為了使我的 PnL 維持在和前一年同樣的水準，我必須把對於一個二十三歲的交易員來說已經是大得不得了的交易規模再增加一倍。其次，小組的每個人現在都必須降低暴險，這意味著交易規模必須縮小，每個人的 PnL 也會跟著縮水。我無法再藏身於其他人的陰影之下。

這就是為什麼，二〇一〇年初我在金絲雀碼頭加拿大廣場的草地嚥下眼淚之後，懷抱成為花旗頂級交易員的新雄心壯志，回到辦公區，盯著螢幕牆時，我會請教比爾：「有什麼交易可做？」

比爾總是在賺錢，而且他總能找到賺錢的交易。

至於我們其他人，老實說，就是一群猴子，一群沒有文化素養的莽夫。我們貸出美元，我們賺走利潤。我們決定買公寓時，甚至不在乎它有沒有大門。

但比爾不同。比爾是一位藝術家。他不只是一位藝術家，他還有怎麼都不放棄的堅持。

到了二〇一〇年初，我坐在比爾旁邊的位子已經快滿一年，我開始欣賞他所做的事情。

比爾貸出美元。比爾當然貸出美元，因為貸出美元是一種很棒的交易，只要有很棒的交易機會出現，比爾就會把握。但比爾不只貸出美元，他還貸出英鎊。比爾對英鎊瞭如指掌。比爾了解英格蘭銀行貨幣政策委員會每位成員的個性和習慣，「這群笨蛋」（用比爾的話來講）負責決定英國利率。比爾了解他們的一切。他甚至可能知道每個成員上床睡覺的時間。

比爾還貸出其他貨幣，卻並不是什麼都會貸出。比爾說，什麼都貸出就像是「豬吃豬肉」。我們先暫停，談談什麼是「豬吃豬肉」。

當你貸出某一種貨幣時，你在賭它的利率會下降。運作方式是這樣的：當你想要貸款時，你去銀行申請，嗯，假設五年到期的貸款好了。在目前這個時間點上，銀行並不知道實際上未來五年的市場利率會是多少。因為利率是由中央銀行每個月設定的，你的銀行此時並不知道央行將來會設定多少。於是你的銀行會找到像我們這樣的交易員，也就是風險承擔者，要求我們承擔風險，去賭利率會是多少。

當時，二〇一〇年初，包括英國在內世界各地的利率幾乎都為零。但每個人都（錯誤的）認為，它們會上升。假設交易員認為利率將在未來五年內，從零逐漸上升至五%，表示該時期的平均利率將達二．五%。他們可能會願意以二．五五%的利率將錢貸給你的銀行，銀行則轉頭以二．八%的利率貸款給你。每個人都從中拿走屬於自己的一部分利潤。

但是在交易員承諾以二．五五％的利率將錢貸給你的銀行之後，他在什麼情況下會賺錢呢？

答案是：如果利率上升幅度低於預期，交易員就會賺錢。如果實際利率並沒有上升，而是保持在零，同意以二．五五％的利率貸出的交易員，最終可以透過每天以零利率借入的現金，來為你的五年期二．八％抵押貸款提供資金。他為自己賺進二．五五％，你的銀行則賺了〇．二五％。很神奇吧？賺不賺！

當然，世界上從來沒有真正的穩賺不賠。如果利率上漲的速度比預期的快許多，例如：立刻漲至五％，而不是在五年之內平緩上漲，交易員可能就必須以五％的成本為他的二．五五％利率的貸款提供資金，就此陷入困境，遭受損失。

我們在這裡學到的教訓是，貸出就是在賭利率會維持低點。

什麼時候利率會維持在低點？一般來說，在經濟疲軟的時候，利率就會保持在較低水準。因為這就是央行設定利率的方式。當他們認為經濟疲軟時，他們會降息；當他們認為經濟正在走強或通膨過熱時，他們會升息。他們降低利率是為了吸引你花錢，他們提高利率是為了讓你不再花錢。

這就是為什麼比爾沒有什麼都貸出。經濟體之間的聯繫非常緊密，意思是它們往往同時強勁或同時疲軟。如果美國利率維持在低位，表示美國的經濟疲軟，表示英國和歐洲的經濟也可能疲軟，表示英國和歐洲的利率也將維持低點。某種程度上，貸出美元、貸出英鎊和貸出歐元其實是同樣的交易。或者更精準的說，三者是高度相關的交易。如果你同時進行這些交易，你可能會認為自己擁有三種不同的交易。然而，事實上，你不過是將相同的交易進行三次。這就是比爾所謂的「豬吃豬肉」。

比爾從來不做「豬吃豬肉」這種事。比爾打造營養均衡的美食皇宮。首先，他會從他最喜歡的交易，也就是當時市場上最好的交易下手。將它鋪成皇宮的基底。然後，比爾會問自己，這筆交易的風險是什麼？舉例來說，比爾知道貸出美元的風險是全球銀行體系進一步崩潰。於是他會開始研究在銀行體系崩潰時，還能表現良好的所有交易，並且從中選擇在銀行體系沒有崩潰時也可能表現良好的那個。隨後，他會將這筆交易加入他的投資組合中，因此無論銀行體系崩潰或不崩潰，他都會賺錢。

他以這樣的手法繼續建造自己的投資組合：現實世界裡哪些情況會對我的交易組合構成風險？在這種情況下，有什麼好的交易還是可以表現得很好？透過這種方式，他建立一座涵蓋所有風險的交易皇宮。這就是比爾總是賺錢的原因：無論發生什麼悲劇，無論對系統造成什麼衝擊，比爾手上總有可以應對的王牌。他似乎無論如何都能賺錢。

能夠做到這樣並不容易。我嘗試這麼做過，但你需要了解一切的一切。我做不到。我不是比爾。

史努比知道比爾是最棒的交易員。史努比是一個機靈鬼。史努比試著成為另一個比爾，但他也做不到。過去二十五年來，比爾每天早上六點開始工作，在座位上蜷縮成一個灰色的小球，用手拿著電話連講十一個小時，同時還利用他的第九個螢幕賭馬。我和史努比湊在一起討論要如何才能接管那個位置，花了幾個小時討論如何成為比爾。可是我們不能。我們只是史努比和蓋瑞。

我們只能選擇次優的策略：盡可能多貸出美元，並且觀察比爾的交易。凡是我們能發覺的，跟著依樣畫葫蘆的照做。

比爾所賭最大的交易都和貨幣政策委員會有關。英格蘭銀行的一群笨蛋。對那些人，比爾既恨又愛。他認為他們與他完全不同：享有特權、自以為是、受過良好教育、享有聲望、有權有勢，但追根究柢的說，他們很愚蠢。不管他們要採取什麼行動，比爾都會比他們更早知道。他藉此賺很多很多錢。他超級喜歡這種感覺。

你可以在每一次貨幣政策委員會開會的結果下注賺錢。比爾總是這麼做，一次都不錯過。假設英國利率為一％，並且即將召開會議。每個人都認為他們會削減至〇．七五％，但比爾不知道為什麼曉得他們會削減至〇．五％。你可以出去以〇．七五％的利率貸出大量現金，將日期設得和會議相關的確切日期相同，然後再以〇．五％的利率借回。輕鬆大賺一筆。這麼做的最大好處是你根本不必等。在會議結果宣布的那一天，你就能輕輕鬆鬆的賺很多錢。比爾會大聲拍手，假裝在拍掉灰塵，然後輕聲說：「滿嘴蠢話。」或者他會轉過來對我說：「叫他們上絞刑台吧！」我很喜歡聽他這麼說，因為我通常也會跟在他後頭進行交易。我會轉身看著史努比，他則會像個孩子一樣露出大大的笑容。

這就是我們的計畫，執行效果相當好。我這麼做是為了在 PnL 累積一點錢，同時提高我的聲譽，然後用這些錢擴大美元交易。一開始慢慢增加交易金額，之後迅速加大，在年底之前，賺一些大錢。簡單而直接的計畫。

在下午交易完成後，我會去維特羅斯超市買食材，回家，試著親手為自己和哈利做晚餐。一切進展順利。我的梅醬炒豬肉做得相當不錯。我們每週一起踢一次足球，我會去健身房。感覺很好，就像擁有一個小家庭。

3

可是後來，發生一件瘋狂的大事。

在最初的幾個月裡，我一直踩著穩健步伐慢慢提高我的 PnL。到了四月中旬，我已經賺將近四百萬美元，平均每個月賺一百萬美元，與二〇〇九年下半年的一千兩百萬美元相比，並不算特別出色，但它符合我預想的速度。那一年所有交易員賺的錢都比前一年少很多，所以四個月四百萬美元第一次將我的排名推至中間位置，而不是墊底。

既然已經累積四百萬美元，我便稍微調高風險承受度。多貸出一點美元，不過不是什麼大數目，只是多一點點。我把進行高風險交易的機會留給今年的下半年。

一天晚上，我為自己和哈利做了義大利肉醬麵，我們喝一些蘋果酒，在太陽下山時打開電視收看歐洲冠軍聯賽的準決賽。我們在堡區租下一戶漂亮的公寓。舊工廠規模龐大，占地廣闊，一棟巨型紅磚大樓拔地而起，高高的紅磚塔樓和煙囪已經空置一百多年。早在維多利亞時代，工廠生產的火柴數量就比世界其他地方的火柴加起來還要多。我們的公寓在二樓，意味著整個工廠以磚塊、窗戶和花園包圍我們，我們與樹椏分枝齊平，上頭的花朵含苞待放，生氣勃勃。

我和哈利現在從事同一個行業，所以我們兩人都在太陽出來前起床。在堡區的公寓距離我的辦公室近到我可以騎自行車上班。每天早上，我穿著藍色滑雪夾克和鬼塚虎的運動鞋，沿著東倫敦的脈絡，經過克里斯普街市場巨大的小狗壁畫，穿過傳統的比林斯蓋特魚市場的黃色低矮倉庫，然後爬上陡峭的坡道，抵達金絲雀碼頭。

哈利下班後，有一半以上的機率必須出去喝酒。在他不用去應酬的日子，我們會在五點半左右回到家。如果電視上有足球賽轉播，我們便一起觀賽。如果沒有，我們就會收看真人實境電視連續劇《埃塞克斯是唯一之路》。我在九點半上床睡覺。有的時候，哈利若還沒從宿醉中清醒，我就得騎著我用分紅獎金買的偉士牌黑色小摩托車，將他送到車站。

那天晚上，足球比賽才剛開始，我就接到電話。來電顯示一個美國號碼。我接起來，是青蛙打的。如果你還記得這個人的話，應該知道青蛙是紐約 STIRT 交易台上最資深的交易員。他也交易瑞士法郎，瑞士法郎和日圓。我伸手拿起遙控器，將電視調成靜音，並示意哈利閉嘴，別發出聲音。

青蛙非常興奮，語速極快。我還未在真實世界裡見過他，但他一向很有風度，像迦勒以前一樣叫我加札。

他顯然剛去過瑞士國家銀行，也就是瑞士的中央銀行。我對此感到驚訝，因為我甚至不知道他來到歐洲，但他說個不停，所以我找不到時間發問。

青蛙表示瑞士國家銀行即將做一件大事，他們決定維持瑞士的高利率。這對我來說是新聞，這對每個人來說都是新聞。當時的經濟大屠殺導致瑞士法郎大幅升值。自第二次世界大戰以來，瑞士貨幣一直被視為避險天堂，每個人都認為瑞士國家銀行會大幅降低利率，甚至可能出現負利率，以阻止人們購買太多瑞士法郎推高其價值。

青蛙說不會發生這種事。青蛙說利率會維持在高位。青蛙想要大賺一筆，他想讓我也跟著賺一點。

至少青蛙是這麼告訴我的。

青蛙透過瑞士換匯交易借了一大筆瑞士法郎。現在，請記住，當你在換匯交易中借入一種貨幣時，你就必須貸出另一種貨幣，這就是我已經進行將近一年的「貸出美元」交易。可以說，迄今為止，「貸出美元」成就我整個職業生涯，也是我想繼續擴大的交易。青蛙告訴我，他成交巨量的一年期交易。青蛙告訴我，我也應該跟他做一點。

現在回想起來，如果我當時年紀更大一點，或者更聰明些，或者只要不那麼貪心，我的腦海可能就會閃過以下想法：

「我，蓋瑞．史蒂文森，二十三歲，穿著被義大利麵肉醬汁汙漬的東方隊運動短褲，喝著蘋果酒，和一個十九歲的酒鬼一起看歐洲冠軍聯賽準決賽轉播，一個我從未見過的人為什麼會打電話給我，硬要把一個絕對可靠的賺錢消息塞給我？」

可惜的是，當時我的年紀還不夠成熟，顯然也不夠聰明。

「好，我跟你做兩億美元。」

青蛙對此非常高興。我解除電視的靜音，和哈利看完剩下的比賽。

★★★★★

兩億美元並不算巨額交易。我過去做過不少比它還大的交易。談到利率時，也就是談到借貸時，重要的不只是貸款的規模，還有貸款的期限，青蛙賣給我的是兩億美元一年期的貸款。一年的期限雖然很長，但兩億美元並不算大。問題是，我之前其實已經在做這類交易，規模不小，而且隨著時間一直往上加碼，導致規模愈來愈大。我非常有條理的在做這類交易，非常循序漸進，已經將規模擴張到我想要的大小。當我吃下青蛙的兩億美元時，交易變得更大，大到比它應有的規模還大。

重點是，你知道的，它應該穩賺不賠。貸出的美元次次都賺。史努比曾經對我這樣說：「談到利率交易時，只需要考慮兩件事：現在的市場利率，以及期限到時的實際利率。如果市場利率高於實際利率，你就貸出，就這麼簡單，輕鬆賺大錢。」

我們都知道換匯交易的美元利率過高。透過這次青蛙的交易，我還借入一些瑞士法郎，不過利率超級低，而且青蛙確信利率一定會上升。

感覺有點不對勁，但我還是讓它運行一週左右。

我不該這麼做的。

時間是在青蛙交易事件發生後大約一週。我在小組辦公區。五月份的下午。

一如既往，下午的倫敦 STIRT 小組總是非常安靜。到了此時，美國紐約團隊已經開始上班，要詢價的人大多會去找他們，而不是我們。我們放鬆心情等待下班。比爾在賭馬；ＪＢ癱在椅子上，一邊咬著牙籤，一邊說故事；查克眼神放空，凝視遠方的空氣，也許他正在冥想；我和史努比在打聽比爾進行過的交易；史賓格勒在和他媽媽講電話。沒什麼大事發生。時至五月，到我們下班前，陽光都還透過窗戶從高處灑下。我的位子在窗邊，所以很溫暖。當你的 PnL 已經累積到四百萬美元，並穩定向五百萬邁進時，你沐浴在陽光下，自然會感覺相當愜意。

我通常會在這樣的下午瀏覽一下我的部位和交易。我仍然使用著史賓格勒給我的試算表，利用它來計算哪些日子便宜、哪些日子貴，以確保我的部位不出差錯。有的銷售人員會試著以錯誤的價格將交易記入你的帳本裡，好從你身上偷一點錢，所以我會瀏覽所有的交易，試著尋找任何可疑之處。這是我從魯伯特身上學來的。

那天我賺了七萬美元，相當美好的一天。我並沒有做什麼特別的事。一如既往，我持有大量美元部位，它正慢慢的朝我想要的方向前進。

我機械化的行動著，檢查交易紀錄，重新載入，檢查我的部位，重新載入，檢查我的每日 PnL，重新載入。

突然間，我的 PnL 下降三十萬美元。

這不是什麼問題，有時候會短暫發生這種狀況。系統更新有點不同步。我又重新載入一次。數字沒變，下降三十萬美元。

PnL 計算需要從外部抓取資料來評估你的部位。它需要隨時知道市場價格，以便計算你的部位價值。至於資料來源使用的是我們稱為「經紀人螢幕」的清單，也就是一份由經紀人不斷更新所有不同期限的所有不同換匯交易的即時價格清單。選擇以經紀人為資料來源相當合理，因為經紀人會不斷聽取所有交易員的報價，在任何時間點，他們都是最了解價格的人。

只要市場發生變化，經紀人就會不斷更新消息，有時他們可能輸入錯誤，導致你的 PnL 大幅下降。我猜現在一定是這種狀況。我知道用來評估我的瑞士換匯交易部位價值的經紀人資訊來自莫利。從二〇〇九年開始，他就是我進行瑞士法郎大額交易時的經紀人。我點開他的螢幕。

他的一年期價格大幅向左躍升，表示美元利率漲得更高，瑞士法郎利率降得更低。我看到這個，認為它一定是輸入錯誤。然後我檢查其他期限——三個月、六個月、九個月。他把它們也全移向左邊了。看到這裡，我意識到情況不可能是輸入錯誤造成的。我按下莫利的對講機開關。

「出了什麼事，莫利？為什麼你把一年期的改成負四十？到底怎麼回事？」

莫利沉默好幾秒後才回答。這很不尋常。當他終於回答時，他試著裝出沒什麼大不了的語氣，但我聽得出來他其實很慌張，句子和句子之間相隔的時間太短了。

「你好嗎？啊！蓋爾，不知道為什麼，我好像突然間拿不到任何價格，我不確定出了什麼事，願意交易左邊的人一下子全不見了。」

我關掉莫利的頻道，按下另一個開關，對另一家公司的另一位瑞士法郎經紀人發問。

「一年期現在的價格？」

另一次異常漫長的沉默。然後是一串長長的東倫敦腔的搪塞。

「哎呀呀呀呀呀呀，我們似乎找不到左邊夥伴。要做的話，可能要到負五十了。」

真糟糕。

換匯交易的報價分為「左」價格和「右」價格，而不是「買進」和「賣出」。因為不管你是哪一方，都是貸出一種貨幣並借入另一種貨幣，因此並不存在真正的「買進」和「賣出」。在美元／瑞士法郎換匯交易中，左邊是貸出美元、借入法郎；沒有左邊，也就是沒有人願意貸出美元。我貸出很多美元，隨著時間過去，我必須將它們借回來。莫利將他的螢幕往下調至負四十五。我再次重新載入我的 PnL，現在下降六十萬美元。我從沒有在一天內損失這麼多過。這比我之前的紀錄多太多了。

「莫利，到底他媽的是怎麼回事？」

又一次長時間的沉默。至少我覺得非常漫長。

「好吧！夥計，夥計，我想我搞清楚了。瑞士國家銀行在它的官網上宣布一些東西，關於三個月期的交易的新消息。來！我把連結放在ＩＢ聊天室裡給你了。」

ＩＢ聊天室是一種設計得不怎麼聰明的網路訊息服務。他的訊息在我的螢幕上彈出，我移動滑鼠在連結上點了兩下。如他所說，連結將我帶到瑞士國家銀行的官網。頁面走極簡風格，簡單而乾淨，上面有一小段文字，我猜應該是瑞士德語，再下面則是英文。瑞士國家銀行走樸素風格、簡單而乾淨的標誌出現在網頁下緣的角落。

那串英文字的意思大概是這樣：「瑞士國家銀行將以負三十五的利率提供三個月期的美元兌瑞士法郎換匯交易。如有需要，請撥打此電話號碼。」

我坐下來瀏覽網站。看起來簡直像某種惡作劇。中央銀行的貨幣政策通常不會以這種方式執行。中央銀行一般都是在會議上宣布政策，舉行記者會。他們不會只是把政策上傳到他們的官網，就像在更新什麼他媽的 MySpace 社交網站一樣。

我叫出史賓格勒的試算表。換匯交易的價格由兩種貨幣之間的利差決定。因此，如果你知道價格及其中一種貨幣的利率，便可以推算出另一種貨幣的隱含利率。瑞士國家銀行貸出瑞士法郎的隱含利率為負四．五％。負的百分之四點五！

我轉頭看向右邊，比爾正把腳擱在垃圾桶上，閱讀《賽馬郵報》。我回頭看一眼查克。他一臉冷漠的盯著螢幕。我拿起連接在工作站的棕色大手提電話，撥打網站上的那個號碼。

一位聽起來很有禮貌的女士說了一串我猜應該是德語的話。

「妳好，我叫蓋瑞．史蒂文森，我是倫敦花旗銀行的瑞士法郎換匯交易的交易員。請問這是三個月期的換匯交易專線嗎？」

我用手摀住嘴，以免被其他人發現。

「是的，這是三個月期的換匯交易專線，你想做換匯交易嗎？」

「呃……價格是負三十五嗎？」

「是的，價格是負三十五。你想要做多少金額？」

「我不知道，我能做多少金額？」

「我們沒有設定上限。」

我又轉頭看一下查克。

「呃……我待會再打給妳。」

我掛斷電話。

負四．五%是一個非常非常低的利率。在此之前，沒有哪個國家曾經設下負四．五%的利率；在這之後，也沒有哪個國家再出現過。

我從辦公桌抽屜拿出一張白紙。像這樣重要的數學計算還是得用手寫才行。當我貸出美元並借入瑞士法郎時，兩者的預期利率幾乎都是零。但我仍然獲得大約一．一%的美元貼水。請記住，重要的是差距——我貸出美元的利率，比借入法郎的利率高了一．一%。為了完成這筆交易，我需要以較低的差距借回這些美元（並將這些法郎貸出去）。如果美元利率下降（當然，向來如此）或瑞士利率上升，我就可以獲利。

好，讓我們樂觀一點。假設我可以像我預期的那樣以零利率借回美元。如果我需要以負四．五%的利率貸出瑞士法郎，會發生什麼事？差距為負四．五%。我有一．一%的貼水，所以我的淨損失為三．四%。屆時，我有十二億美元的一年期交易額。一年期的十二億美元損失三．四%，那就是……四千零八十萬美元。這是我在現實世界裡的交易裡可能損失的最大金額。是的，很糟糕。會非常非常的糟糕。

你可能會想：「好吧！給瑞士國家銀行打電話，把這筆他媽的交易了結吧！」如果你這麼想，顯然你不明白發生什麼事。我貸出美元，借入瑞士法郎，瑞士國家銀行則願意借入美元並貸出瑞士法郎，利率比我借錢時付過的利息都便宜，而且便宜非常多。沒有上限。我不能和他們交易來結清自己的損益。他們正在做的交易和我需要做的完全一致。而且目前，市場上沒有人願意交易左邊。

我無法和任何人交易來結清自己的交易。

我不能說謊。的確有那麼一瞬間，我的心臟一緊，手臂上的汗毛全都豎了起來。

我知道有些人，像我最好的朋友們，在他們意識到自己可能損失四千萬美元時，他們會驚慌失措，倉皇逃走。

可是我沒有。

我必須承認，它讓我興奮不已。

你不能將利率保持在負四．五%。這是不可能的，實在太低了。

這裡有個關於金錢的大哉問。你可以把錢從銀行領出來，藏在床底下，埋在花園裡。當你這麼做時，你得到的利率為零。當你把錢放在枕頭下就是零利率時，有什麼理由你要選擇負四．五%呢？當然，你不是銀行。銀行本身並沒有正常的銀行帳戶。他們無法提取現金，將錢藏在床底下。商業銀行在中央銀行有帳戶，如果瑞士國家銀行願意，也可以將這些帳戶的利率降成負四．五%。可是他們沒有那麼做。瑞士國家銀行仍對商業銀行持有的任何現金支付零利率，同時卻提出三個月期的換匯交易，以負四．五%的利率貸出瑞士法郎。

這表示我不必承擔損失。我很肯定。瑞士法郎在三個月期的交易中變成令人難以置信的負值，而且在更長期的交易裡也變成負值，但若是以一天為期，我還是可以用零利率貸出瑞士法郎。

我想起史努比教過我的：最重要的只有現在的市場利率，以及到期時的實際利率。這兩者之間的差距就是你能賺錢的地方。我原本就在賭一．一%的差距會降到零，現在差距一舉擴大到四．五%。我唯一要做的就是等，等它終究會回到零。它沒有選擇的。不是嗎？

我甚至還想多做一些。

我又看了看比爾。他正在打電話給賽馬公司。我從椅子上站起來，轉身看著查克。

「查克，我今天損失六十萬。」

查克慢慢從他的冥想中醒來，他對我露出一個溫暖的笑容。

「發生什麼事？」

「瑞士國家銀行在官網上發布訊息，他們以負四．五%的利率，在三個月期換匯交易中貸出瑞士法郎。」

「負四．五％!?」

說話的不是查克，而是史努比。他本來在處理去馬爾地夫度假的事，但我似乎引起他的注意。

查克撫摸著下巴。他沒有從椅子上站起來，但他將椅子轉過來看著我。

「你打算怎麼辦？」

「我想再多做一點。」

查克覺得這件事真的很有趣。比爾已經賭完馬，轉頭直視我；ＪＢ也在看我；史賓格勒的手提電話貼在他的耳朵上，可是轉過身來靜靜的瞪我。在查克的寂靜沉思中，我隱約聽到史賓格勒的媽媽講佛拉蒙語的聲音。

「為什麼？」

「他們沒有對隔夜市場採取任何行動。我們仍然可以將瑞士法郎定為〇％。即使三個月期的市場保持在負四．五％的水準，我們也還是可以繼續做，再每天貸出。」

「我也想做一些。」

那是史努比說的。史努比也想參一腳。

「如果他們降低隔夜利率怎麼辦？」

「不可能。他們無法將隔夜利率降至負四．五％。銀行系統會崩潰的。」

「我同意。」

ＪＢ一邊說，一邊還咬著牙籤。他說完又轉回自己的螢幕牆。

查克還在思考。他沒有看我，想了很久很久。「好。你可以去做。祝你好運。」

於是史努比加入，JB加入，我也加入。

我投入的錢大約是其他人的二十倍。

比爾決定他不參加。

所以，到此為止究竟發生什麼事？

瑞士國家銀行採取行動保護他們的貨幣。不是為了阻止它貶值，而是為了阻止它升值。如果你的貨幣升值，對外國人來說，什麼東西都太貴了。你的出口會變得沒有競爭力，你的出口生意可能陷入困境。瑞士國家銀行已經將官方利率降至零，他們想進一步嘗試一些快速生效的措施。出於某種原因，一個我永遠不會知道的真正原因，他們選擇在換匯交易市場上採取這個瘋狂的舉動。

在三個月期的換匯交易中以負四．五%貸出瑞士法郎，基本上就是將三個月的貸款利率降低至負四．五%。但他們仍以零利率接受商業銀行的每日存款。這似乎為「套利」創造機會。套利是指你可以進行一系列不同交易，它們會相互抵消，而且最終能獲取利潤。在這種情況下，你以一%或其他利率大量借入美元，以四．五%的差價向瑞士國家銀行兌換瑞士法郎，然後每天以零利率將瑞士法郎留在瑞士國家銀行。這樣你手上就有三．五%的利潤。

套利的問題在於它幾乎從來都不是無風險的。如果它沒有風險，那麼它就不會存在。有人會這麼做並且繼續這麼做，直到價格恢復正常，所有利潤消失為止。第二個問題是套利要求你進行大量不同的交易，STIRT小組只被允許進行換匯交易。我們不被允許出去借入美元，也不被允許向瑞士國家銀行貸出法郎。類似的交易由另一個小組負責。

因此我必須進行期限更長的換匯交易，例如：三個月和一年，並且希望我可以每天以零利率貸出一天期的瑞士法郎。希望其他能將瑞士法郎以零利率留在瑞士國家銀行的交易員，能夠以接近零的價格和我交易。

這筆交易的風險如此明顯，連查克也注意到了。如果瑞士國家銀行大幅削減瑞士法郎隔夜存款利率怎麼辦？他們已經對三個月期的換匯交易市場，做了一些瘋子才會做的事，如果他們也對一天期的利率下手，又該怎麼辦？

我給查克的理由是，如果他們真的這樣做，將會導致銀行體系崩潰。我認為它背後的邏輯是這樣的：負四．五%是一個極低的負利率。如果瑞士國家銀行強迫下面的商業銀行為其所有瑞士法郎存款支付四．五%的利率，銀行就必須將其轉嫁給客戶。但客戶不可能接受每年所有的儲蓄都被扣除四．五%的費用，他們會取出所有存在銀行的現金。如果所有人同時從銀行領錢，導致擠兌，銀行體系將因此崩潰。

至少我希望會是如此。不然的話，我鐵定完蛋。

現在回想起來，我真的不知道我的邏輯正不正確。從那時起，負利率在西歐大部分地區變得相當普遍，儘管從未接近過負四．五%。也許我是對的，負四．五%的利率是不可行的。但也許我堅持相信這一點，純粹是因為我想賺回我的錢。

無論如何，事情就這樣發生了。

當我回到座位上時，我已經賠掉八十萬美元。但我讓自己相信這其實是件好事，反而可以讓我能更容易貸出更多的美元，況且這也表示我可以用更好的條件拉史努比和ＪＢ一起入局。

那天我回家後沒有對任何人說起這件事。我去游泳，游了很久很久。

隔天的市場還是對我不利，但幅度不大。我又損失二十萬美元。這使我的總損失達到略高於一百萬美元，將我當年的 PnL 拉低至略高於三百萬美元。我覺得相對平靜的市場是個好兆頭，多少叫人放心一點。我向查克、史努比和ＪＢ報告當前情況。我回家，開始翻閱倫敦政經學院的舊教科書，尋找任何關於負利率的部分。什麼都找不到。

再隔天並不平靜。市場跌破底線。我又損失二百五十萬美元。一天之內。史努比和ＪＢ可能損失幾十萬。我的當年的 PnL 剩不到一百萬美元。查克沒說什麼，但他開始時不時就出現在我身後。

「你認為接下來會發生什麼事？」

「它會回來的。一定會回來的。」

我加碼進行更多交易。

那天晚上，哈利邀請我的幾個朋友來吃披薩、喝啤酒、一起打世界足球競賽系列電玩遊戲。過去三天我損失三百五十萬美元。來了六、七個我高中時期的好朋友，大家不停的開玩笑，互相傳遞披薩和 PlayStation 控制器。但我心不在焉。

我人在場，我的意思是，但我的心不在。我損失三百五十萬美元，帳面利潤只剩下六十萬美元。在我的 PnL 變成零之前，我還能再承受多少百分比的變動？如果你的 PnL 變成紅字，會發生什麼事？你要選擇哪一支球隊來玩？經典英格蘭隊。我一向都只玩經典英格蘭隊的球員，像是巴比・

查爾頓，再困難的情況他都可以得分。

負四．五%的利率真的不可行嗎？真的是這樣嗎？不要把這件事告訴你的朋友。問問安德烈亞斯要不要再來一罐啤酒。他當然要，他總是點頭。

明天我要早點進辦公室，趕在比爾之前進去。我希望現在每個人都離開，回自己的家。

你覺得如果我變成紅字，他們會強迫我停損嗎？如果他們不會，我該怎麼辦？我的 PnL 會降到多低？我不會被開除吧？我從來沒有想過自己可能被開除。

我真希望每個人都離開，回自己的家。

再隔天，我又損失兩百萬美元。我現在已經變成紅字，賠了一百五十萬。查克什麼也沒說，他只是一直站在我身後。史努比來過一次。到目前為止，他大概損失三十萬美元。

「你認為接下來會發生什麼？」

「它會回來的。一定會回來的。負四點五的利率是不可行的，不可能持續的。銀行體系將會崩潰。」

「是啊，你說的對。它會回來的。」

我們分別又再加碼。

那天是星期五。那個週末我沒做什麼事，我沒有出門。我傳簡訊給前女友。我不記得我對她說了什麼。

做這種事未免也太可悲。

週一我又損失兩百三十萬美元，使得我的總損失達到將近八百萬美元。在不到一週的時間內，我的年度 PnL 現在虧損三百八十萬美元。

那天下午，查克離開一段時間，大約半小時後，他回來了，只是把手放在我的肩膀上說：「高層的決定，你知道什麼意思。」

「是的。我知道什麼意思。」

查克的手仍放在我的肩膀上，「我知道你會從中汲取教訓的。」

我花了兩天才將交易全部清空。到最後，我的年度 PnL 降為紅字四百二十萬美元。

然後那該死的混蛋就一路漲回來了。

所以，我從這件事汲取的教訓是什麼呢？有教訓嗎？總有一個教訓的。

這個教訓是，史努比錯了。現在的價格和最終的價格並不是唯一重要的兩件事，除了它們之外，**你必須擁有戰到最後的能力**。

這場交易很棒，是正確的交易。史努比和ＪＢ沒有被停損，兩個人都賺很多錢。因為那是一筆非常好的交易。ＪＢ甚至搞不太清楚在交易什麼，但他一邊咬牙籤，一邊賺很多錢。

然而，並不是擁有正確的交易就好，你有沒有能力存活下去也非常關鍵。

每個交易員都有一個「疼痛閾值」，它表示銀行對每個交易員都預設一個允許損失的金額。你可以找到世界上最好的交易，可是如果你觸動疼痛閾值，交易再好都不重要，你就是會失去你所有的資金。

因此，我學到的教訓是：永遠不要觸動你的疼痛閾值。自從那次交易之後，我再也沒有被強迫停損過。每次進行交易時，你都必須問自己：從現在到事實證明我是對的之前，這筆交易可能發生的最糟糕狀況是什麼？這個估計符合現實嗎？我在對自己說謊嗎？情況還能更糟嗎？考慮最壞的情況，並假設損失是前述情況時的兩倍。

我很清楚自己是什麼樣的人。當一筆交易讓我賠錢時，我只會加碼更多；如果它讓我賠更多，我只會再加碼。我不知道我為什麼會這樣，也許我就是死不認輸。我所知道的是，如果一筆交易要搞死我，我就會轉頭搞死它，而且我會一直搞它，搞到我贏為止。但如果我真的要這麼做，我最好確定我負擔得起。還有，當然，我最好確定，最後的結果一定能證明我是對的。

以及，人生兩大法則：

1. 到最後，證明你是對的。
2. 到最後，還活著。

你最好記下來。

還有什麼？還有其他的教訓嗎？

有，沒錯，還有兩個：第一，當比爾說不要在不了解風險的情況下進行交易時，我實在應該聽他的話，但我沒有。不過，沒關係，我們都會犯錯。只是不要重複同樣的錯。

第二，該死的青蛙。在我連續大賠三天後，我突然意識到我的交易裡有很大的一部分是青蛙推給我的。那麼，青蛙的現況如何？他肯定也吃了不少苦頭吧？他一定已經快要氣死了吧？我進入系統，查看青蛙的部位。

他手上有什麼？

他什麼都沒有。他當然他媽的什麼都沒有了。早在一週之前，該死的青蛙就已經清空他手中的交易。他的部位他媽的都去哪裡了？全部扔給我。他把一大堆交易丟到市場上，然後利用我當垃圾箱回收所有他剩下、卻找不到人接手的交易。

幹！

該死的臭青蛙。

4

所以，如果是你，現在打算怎麼辦呢？你二十三歲半。你的年度 PnL 是慘賠四百二十萬美元。你打算怎麼辦呢？

你他媽的還能怎麼辦？

努力工作吧！

我對人生的下一個階段，二〇一〇年剩下的日子，幾乎沒有記憶。很瘋狂吧？我幾乎什麼都不記得。

我只知道有幾件事確實發生了。

我開始很早就進辦公室，非常非常早。在比爾抵達前，我就到了。我騎車上班時，初夏的太陽剛剛升起。到達交易大廳後，就戴上我的小耳機，把自己固定在座位上。四周都沒有人，所以我甚至不先換衣服。每天上班的前兩個小時，我就直接穿著騎車時穿的廉價普利馬克灰色連帽衫和破爛的鬼塚虎運動鞋，閱讀、交談和交易。

當時的我急於成事，面對市場，只想抓緊一切鑽營的機會。說實話，在我的職業生涯中，除了那段短暫的時期，我從來不擅長這種事。我不是一個善於交際的人。我不像史賓格勒，我無法知道每個人在做什麼，以及何時在做那些事。但在我人生的那一刻，我沒有選擇。

我開始花大量時間關注任何和美元、美國經濟有關的消息。由於小組裡每個人進行的都是自己負責的特定貨幣兌美元的交易，因此我們並沒有人特別關注美元。我們雇一個人專門來做這件事，但他沒有賺到錢，於是我決定自己來。我想徹底了解聯準會，就像比爾了解英格蘭銀行一樣。

我勉強維持我的瑞士法郎部位。我雖然已經被強制停損，但想要完全阻止整本外匯遠期合約的交易，基本上是不可能的。我們每天交易超過百筆，所以在未來的每一天都會有大量的資金進進出出，而且每天的金額都不相同。當你在未來一千多個不同日子裡有不同的現金流入流出時，你無法真正「停損」整個帳本的部位。

這意味著當我被強制停損時，我有所選擇：哪些天了結，哪些天保留？我選擇將所有風險最小的交易了結，保留所有風險大的。實際上，這表示我留下很大部分有風險的交易。有些人可能會說，我這麼做並沒有真正停損。以我的角度來看，我不是道德哲學家，我是個交易員。你認為我會乖乖的讓那些交易把我搞得屁滾尿流，卻不在它漲回去時趁機賺一點嗎？

當然不，我沒那麼傻。

這就是我對那段時間的全部記憶。該死的八個月。交易和部位，交易和部位。橘色小螢幕上的小綠線。嗶嗶聲和數字。部位和交易。我有時連做夢都擺脫不了它們。

我想騙誰呢？我每天晚上他媽的都夢見它們。

到了年底。我的 PnL 又恢復成黑字。正的四百五十萬美元。

達標，幹！

不過，那段時期裡，倒是發生一件讓我至今難忘的事。這是一次簡短的對話。其實，更貼切的說，是一段獨白。它發生在我慘賠八百萬美元之後不久，我印象深刻，可能是我這一生中聽過最重要的一段話。

在那筆巨額損失發生後，我立刻執著於找出為什麼會賠這麼多錢的原因，以及我能不能、要怎麼做才能將它賺回來。

因為這種執念，也因為我是個服從且遵守紀律的前倫敦政經學院學生，所以我採取的行動之一，就是回到書本裡找答案。

我開始閱讀我所有的舊教科書，試圖理解到底發生什麼事。瑞士法郎為何升值？瑞士國家銀行為何採取這樣的行動？負四．五％的利率是否可以持續？換匯交易價格真的能議價嗎？我把舊課本塞進公事包，在下午交易清淡的時候，在晚上大家都下班的時候，我坐在自己的位子上仔細閱讀。

這樣的情況持續兩天。

第三天，比爾看不下去了。

當我專心研究書中探討遠期利率比價的數學細微差異的那一章時，書本被人強勢的從我雙手間奪走，直接被丟進我腳邊的垃圾箱。取代它位置的是一顆正圓形、滿頭白髮、滿臉暗紅的利物浦人頭。

「你這個他媽的混球到底他媽的在做什麼？你幾歲，夥計！」

比爾時常說髒話，但他通常說髒話時臉卻不會紅。我有點嚇一跳，心理上還沒準備好面對私人問題，所以我必須暫停一下，想一想才能回答。

「呃……我二十三歲。」

「那麼，你他媽的為什麼還在這裡念這些他媽的書呢？老兄？這裡看起來像他媽的《傑克諾裡》*拍攝現場嗎？」

比爾是站著的，但他像個瘋子似的將腰彎成九十度，左手瘋狂的朝交易大廳比劃著。我不確定我是否應該環顧四周，但我決定最好不要。

「不。不像。」

比爾嘆一口氣，將雙手深深埋進白髮裡，然後一路滑下他紅通通的臉頰。他看起來很疲倦，坐了下來。

「聽著！你不再是個死小孩。我知道你賠很多，但你在這些書裡找不到一分錢的。你想知道這個世界到底發生什麼事，你就去他的看一看這個世界。你想知道經濟到底發生什麼事嗎？它毀了。你不管去他的哪裡，都可以看到它毀了，夥計，去街上散散步。看到所有該死的店都拉下鐵門，看看該死的橋下那些該死的流浪漢，看看地鐵裡的廣告：債務減免，房屋淨值貸款，債務減免。人們只是為了養孩子，就失去他們的家。回家問問你媽媽她的經濟狀況如何。問問你的朋友，問問你朋友的媽媽。在書中找答案的階段已經結束了，夥計，你不再是個該死的孩子。你現在在這裡，你在大聯盟裡，你要用自己該死的眼睛去觀察世界。」

就是這個。

我一生中聽過最重要的一段話。

那一年還發生一些其他的事。史賓格勒搬回美國。比爾連續三年成為花旗銀行最賺錢的交易員。

史賓格勒搬回美國很合理。那個時候，他已經過了將近三年沒有媽媽的生活，這對他來說實在太困難。他把他的瑞典克朗和挪威幣交易帳本留給我，還有我之後整個職業生涯都在使用的試算表。丹麥帳本變成史努比的，即使我倆仍然沒有去過斯堪的納維亞半島。

到了年底，為了彰顯比爾為銀行賺取巨額收入的偉大貢獻，高層決定任命比爾為董事總經理。在銀行界成為MD，或董事總經理，是件大事。上頭的人可能並不想把這個職位給比爾，因為他擺明討厭他們，可是他們沒有太多選擇。

十二月初，他們透過擴音器宣布幾位新晉升的董事總經理。他們並不明說：「這些人全晉升為董事總經理。」他們只是說：「請某人、某人、某人和某人立刻來辦公室報到。」所有人都知道它

＊譯注：Jackanory：以激發閱讀興趣為主旨的英國兒童電視連續劇。

代表什麼意思。

當比爾的名字被叫到時，我們歡呼鼓掌，但他只是一言不發的放下手上的報紙，起身離開。

一小時後，他回到辦公區，手裡拿著一個沉重的玻璃物體。他看起來很生氣，在位子上坐下，同時將手上的東西扔進垃圾桶。垃圾桶發出噹啷一聲，倒在地上，一小堆用過的衛生紙落到我的鞋子上。

我開口想說點什麼，但比爾打斷我。

「蓋爾他媽的給我閉嘴，你這個東倫敦笨蛋。」

等到他去上廁所時，我偷偷的將那東西從垃圾桶裡撿出來。看起來應該是個獎座。一個大玻璃球體裡頭裝飾了數千個吹入內部的小氣泡，在底部，小泡泡組成了比爾的名字：

威廉・道格拉斯・安東尼・蓋瑞・托馬斯——二〇一〇年董事總經理

我將垃圾桶立直擺正，然後輕輕的將獎座放進去。

這件事發生後不久，在更接近年底的時候，查克把我叫到他的辦公室。我猜他要和我進行「年終績效面談」。

因為這一年我的收入比前一年少很多，我對自己的表現其實很失望，但我的 PnL 已經從四百萬美元的虧損成功翻紅，所以我認為我的績效應該不算太糟。

我們兩個一坐下，查克的目光就直直盯在我臉上，並開始道歉。

「聽著，我只是想告訴你，我真的很抱歉。我真的很抱歉。我應該早點知道的，但說實話，我一直到現在才曉得。」

我看著查克，完全不知道他在說什麼。他的臉上沒有任何在開玩笑的意思。他的眉頭緊皺，於是我也跟著皺起眉頭。

「我無能為力。我真的無能為力。我已經去找過人力資源部，也和高階主管們談過，但他們都表示他們也無能為力。畢竟這政策適用於公司的每一個人。」

我現在開始有點擔心了，想在腦海中列出所有可能發生的事情，結果腦子一片空白。

「聽著，我真的很抱歉，我對此無能為力。但我只想知道，你還好嗎？」

我看著查克，他在說什麼我完全聽不懂。我試著從他的眼神尋找額外的資訊。嗯，我放棄。

「我很抱歉，查克，但是，你能告訴我，你在說的是什麼事嗎？」

查克張開他的大手，難以置信的笑了兩聲。

「我在說的是，當然，蓋瑞，當然是你的薪水。可是，你知道的，我們無能為力。公司決定今年要凍結所有雇員的薪資！」

我慢慢開始意識到現在的狀況。查克很擔心我和我的薪水。他的擔憂，似乎是出自基本的人道關懷。我的薪水是三萬六千英鎊。當然，我還有四十萬英鎊的分紅獎金。

「我只是想知道你還好嗎？」

我盯著查克的臉看了一會兒。我在想這一切代表什麼。他顯然不是在開玩笑。我嘆口氣，低頭看著自己的腳。我抬起手，捏捏額頭。

「說實話，查克，我過得很辛苦。」

我把埋在雙手裡的臉抬起來。查克點點頭，看得出來他真的很關心。

當我凝視窗外時，查克將手搭上我的肩膀。

「別擔心，蓋瑞，我會想辦法，看看公司還能做什麼。」

查克為了我去找高階主管，最後他們決定由公司出錢，送我去環遊世界。

5

於是，我的二〇一一年一月份，在雪梨的夏天和東京的冬天中度過。我在新加坡一家俯瞰著濱海灣的超大飯店十八樓領取我的分紅獎金。

魯伯特見到時我開心極了。他在澳洲過得非常好。他擁有一戶漂亮的公寓、一艘漂亮的船和一個漂亮的女朋友，他很友善的把三者依序排列，方便我一口氣專心欣賞。我們搭乘遊船前往植物灣，魯伯特在船上詳細向我介紹船隻的維護費用，我則不停的給自己補塗防曬油，到最後兩隻手的手背都曬傷了。

一月份的東京非常冷，像一座灰色的樂高城市，燈光明亮，北風強勁。我遇見無趣的渡邊久和熱情的金澤喬伊。關於他們兩個，你在本書後半部還會再見到。

我沒有理由去新加坡，一個都沒有。那裡甚至沒有 STIRT 小組。不過查克有一次問我最想去世界上的哪個地方，我隨口回答他「新加坡」，即使我其實不知道它在哪裡。所以查克把它加進公司送給我的旅行目的地。這有點像我告訴我奶奶我喜歡獅子牌的焦糖脆米夾心巧克力棒，然後她每年都會送它當我的耶誕禮物，直到她去世。

新加坡很美。有幾個倫敦政經學院的朋友住在那裡，我便和他們一起出去玩。當查克打電話到我的飯店房間，通知我分紅獎金的數額時，我正坐在雲端高樓的大床上。

查克在電話裡告訴我，他對我從四百萬美元的虧損一路爬回來的方式感到非常驕傲。他說大家都有注意到，不僅是我們小組的每個人，還有整個交易樓層的每個人。這對我來說算是新聞，我完全沒有意識到。說不定是他胡謅的，只是想說點什麼好聽的安撫我。他告訴我，他真的相信我的能力。他認為我將來有成為大人物的潛力。他真的希望我明年能一鳴驚人，他知道我一定會，然後他給我四十二萬英鎊。

我眺望碼頭。陽光如此耀眼，將所有景物倒映在水面上：海水、摩天大樓、花園、從嘴裡噴水的魚尾獅。

這不是我的太陽，這是其他人的太陽。我在想，不知道這一切代表什麼。

好吧！我想，差不多該回家了。差不多是成為世界上最棒的交易員的時候。

第4章

覺醒的前奏曲

1

當我回到倫敦時，整個小組都不見了。我的意思是——成員都不坐在原本的地方。窗邊變成坐了一群他媽的銷售人員，我們的辦公區域直接被搬到交易大廳的正中央。我們賺太多錢，不能再躲在角落。他們希望我們就在他們抬頭就能看到的地方。

我為失去靠窗的座位感到難過，但更糟糕的是，我失去比爾旁邊的座位。

查克在我還來不及說什麼之前，就把我拉進辦公室。比爾即將進入半退休狀態，他將不再為英鎊換匯交易報價。他要移到角落的位子，只大量押注在英國經濟上；史努比則會坐在他旁邊，為英鎊帳本報價。

混帳東西。那個時候，我當比爾的掩護交易員已經足足一年。在我忙著把自己從赤字墳墓裡挖出來的同時，還在盡心盡力的為他做掩護交易，現在這群混蛋甚至沒跟我說一聲，就把帳本給史努比。混帳東西。

他們商量一個計畫來安撫我。史努比接手英鎊帳本，也表示缺了一個和ＪＢ合作歐元交易的人。他們希望我成為初級歐元交易員。我不想成為歐元交易員，我想成為英鎊交易員。是，我知道這地方是個糞坑，但它是我的糞坑。我把我的想法告訴查克，他只是不停的摸自己的下巴。

我兩天沒和比爾說一句話，我沒和任何人說一句話。我想我就是在那時開始出現折斷筆的習慣。連續兩天英鎊和歐元的報價都是史努比在做。最後，比爾將我拉進一個房間，警告我不要再耍脾氣。

這就是我變成初級歐元交易員的始末。

初級歐元交易員是一份好工作。洪哥是除了比爾之外，唯一一個能在一年內賺到一億美元的交易員。他之所以能做到這一點，就是因為他是初級歐元交易員。這裡點出一個問題：如果初級歐元交易員這麼好，為什麼他媽的他們要把它塞在我手裡？

答案是，初級歐元交易員的工作量實在太大。

它的工作流程如下：初級歐元交易員只為非常短期的歐元換匯交易提出報價，一個月或更短；資深歐元交易員則負責所有其他部分。短期換匯交易的風險低、利潤低，沒什麼好令人興奮的，但它們的數量非常、非常的龐大。

正如我們之前討論過，企業、退休基金和對沖基金都會利用換匯交易來借錢。不過，換匯交易被視為短期工具，主要為一年期或更短；另一方面，企業需要借錢的時間通常更長。這並不是什麼問題，因為你可以一次借三個月，然後三個月到了再借一次。有些公司選擇按季進行交易，有些選擇每年或每半年進行交易，不過也有些公司則選擇每週、甚至每天交易。如果你一次借錢六個月，一年只需要進行兩次交易；但如果你每天借錢，你一年就需要進行兩百五十次交易（假日和週末不營業）。這就是初級歐元交易員的工作量為什麼這麼他媽的多。同樣風險的交易金額，JB每年可能只需要做二到四次交易，我卻需要進行兩百五十次。毫不誇張的說，初級歐元交易員進行的交易數量比小組所有其他交易員加起來的還要更多。如果你能堅持，你確實可以賺很多錢。重點在於，你要能堅持下去。史努比和洪哥放棄這本帳本不是沒有原因的。

我就這樣成為歐元交易員。但我來這裡並不是為了一個頭銜，我來這裡是為了成為世界上最棒的交易員。所以，我接下來又該如何安排？

首先，我必須想辦法移動座位。他們安排給我的新位子介於JB和查克之間。我愛JB，也愛查克，可是我還是想換位子。但JB總是在我耳邊喋喋不休，查克則一直散發「與其他世界交流」的冥想氣息，兩者都很干擾我繁忙的日常。我告訴查克，我需要一個屬於我的後輩，我打算要和他一起坐在小組辦公區的末端。

我相中的新人是蒂茲．拉扎里。

蒂茲．拉扎里的真名是法布里齊奧。我故意叫他蒂茲，因為他討厭這個暱稱。

二〇〇九年，二十二歲的蒂茲以暑期實習生的身分，穿著世界上最閃亮的銀色西裝，出現在我們的小組。當查克要求他把他故意留的短鬍鬚刮乾淨，免得看起來邋邋遢遢時，他拒絕了。我當場就決定我想要這個孩子當我的部下。

蒂茲的外型和脾氣都可以用滿身硬毛和精瘦來形容。儘管他頗為帥氣，卻會讓人聯想到老鼠，總是一天到晚不停的與我、史努比爭論不休。

蒂茲習慣喝單份義式濃縮咖啡。史努比告訴他，雙份義式濃縮咖啡只貴十便士。蒂茲回答說他知道，但他只想喝單份的。史努比告訴他，如果他喜歡單份濃縮咖啡，他可以買一杯雙份的，然後將一半倒入一個單獨的杯子裡，這樣他就有兩杯，每杯只要六十五便士，比買一杯一・二〇英鎊划算多了。蒂茲承認在數學計算上，史努比的理論是對的，但他堅信，對他來說，喝一杯就夠。史努比聽了之後很不高興，他說這不合理，因為他明明看到蒂茲在前一天喝了四杯濃縮咖啡。「是的，」蒂茲回答：「可是如果我把它放在旁邊兩小時，咖啡就冷了，不是嗎？」史努比說他可以拿去微波爐加熱。他們就這樣爭論一個小時。

他喜歡和我爭論經濟學，我們常就經濟問題爭辯不休。蒂茲畢業於米蘭的博科尼大學。基本上，那就是義大利的倫敦政經學院。不過從蒂茲的表現來看，博科尼似乎尚未成功的向學生傳達倫敦政經學院的核心訊息：經濟學學位不過是進入銀行業工作的彩券。蒂茲仍然太過在乎理論、在乎學說！

你能想像嗎？可憐的蒂茲。在銀行裡，二十多年來都沒人在乎那些垃圾。

那麼，我為什麼想要將這個邋邋遢遢、穿著銀色西裝、把錢浪費在咖啡上的義大利人留在身邊呢？其實只是因為我喜歡和他爭辯。我的家族裡也有幾個義大利人，我一直喜歡故意惹惱他們。怎麼說呢？我天性如此。我喜歡看著他因辯論通貨膨脹的本質而怒氣沖沖，或者在足球賽進行到一半時生氣大喊我們連為他擦鞋都不配（公平一點講，他說的可能沒錯）。

但這些都不是我想要蒂茲的主要原因。我想要蒂茲，因為他是街頭代言人。

我這裡說的可不是拿坡里的後街，蒂茲其實更像是精緻優雅的科莫湖*類型。我這裡指的是華爾街。

蒂茲總認為市場是正確的。自始至終。就像他一直認為課本上寫的都是對的。我認為他有某種根深柢固且與生俱來的渴望，想要相信、依靠更高級的智慧。他相信樓上的管理高層有能力控制一切。上帝保佑他，他的父親顯然是個好人。

這正是我想要的。我想要一個會在早上讀《金融時報》，然後花一整天的時間打電話給他商學院同學的孩子。

讓我向你解釋一下原因。

當我慘賠八百萬美元時，我意識到一件事：你不會因為模仿別人而成為任何領域的佼佼者。我無法藉著模仿比爾，變成比比爾更好的交易員；我也不會因為模仿史賓格勒，變得比史賓格勒更棒。說到底，當事情發生時，我被強制停損，但其他人沒事。比爾和史賓格勒並沒有來救我。這就是你在模仿別人時會得到的結果。二手戰術，二手技巧。完全不夠好。

我需要一些只屬於自己的東西。

當比爾把教科書從我手中奪走，扔進垃圾桶時，我便意識到我需要的是什麼。

沒錯，比爾對教科書的看法是正確的。它們全是胡說八道。教科書是給孩子看的。如果你想了解真實的世界，在覺醒的那一刻，你必須親眼去看它、感受它。屬於我的那一刻已經來臨。

富有的爸爸。私立學校。普林斯頓金融學會。花旗銀行。

代數。微積分。分析力學。數學證明。

交易大廳裡大多數的笨蛋仍然活在他們爸爸的保護傘下。他們相信所讀到的一切，接受所聽到的每一句話。他們為什麼不呢？這麼做讓每個人都拿到分紅。這就是為什麼比爾能夠年復一年擊敗他們的原因。

但是在比爾把我的書丟進垃圾桶時，我卻發現另一個事實。我從他的眼睛裡看到的事實。你知道嗎？當我們在學術城堡裡背誦代數時，在排隊進入金融協會活動會場時，十幾歲的小比爾並沒有做過這些事。他在約克郡荒涼的鄉下，坐在一片大玻璃後面，將一把一把的現金遞給客戶。他是一名出納，一個收銀員。

比爾從未擁有那些教科書。

我當時看得出來：比爾其實很嫉妒。

現在，我要告訴你一個關於交易的祕密：**交易能夠獲利並不是因為你是對的，而是在每個人都錯了的時候，你是對的。**

比爾是對的。年復一年，比爾都是對的，但他什麼時候才賺到大錢？只有在其他人沒有預見到的事情發生，當全球銀行體系崩潰時，他才賺到大錢。

當人們出錯時，他們的預測也是錯的。當人們的預測錯誤，他們給的價格也會是錯的。當價格錯誤時，我們就能賺到數百萬美元。

＊編注：Lake Como，自羅馬帝國開始就是貴族和富人喜愛的度假勝地，具有眾多的藝術和文化瑰寶。

比爾能夠年復一年的在其他人都看錯時還能眼光獨到，是因為比爾知道經濟是真實存在的。經濟就是人、房屋、企業、貸款。其他人在受過學術訓練後，早已習慣性的將經濟視為數字。除此之外，在這些交易員的生活中，如果不計入打掃阿姨，他們認識的人裡就沒有一個不是有錢人。他們對現實世界又能有多少了解？

這是比爾和我相對於他們的優勢之一。我們不必去問清潔工也能看到世界的真相。不過我還有別的東西，比爾從未擁有過的東西。比爾知道他周圍的人全是白痴。但我上過大學，我學過這些課程，我記得教科書上的知識。我看過白痴的黑暗心理。我認得它，它的味道，它的口感。

最好的交易，要靠你的鼻子才能達成。必須找到散發「愚蠢」味道的交易。

那時，二〇一一年初，整個世界都散發那種臭味。

你瞧，二〇一〇年發生一件令我耿耿於懷的事。

利率全年保持為零。

這對你來說可能毫無意義。畢竟在過去近十五年來，利率一直維持在零。零利率對你來說很正常。

可是，當時它們並不正常。

更重要的是，沒人預測到事情會變成這樣的。

二〇一〇年初，每個人都認為那年的利率會回升。每個人在二〇〇九年時也都這麼想。

可是利率並沒有上升。連續兩年，每個人都錯了。

為什麼？

好吧！我讀過教科書，就像蒂茲和華爾街上每個穿粉紅襯衫的白痴一樣。讓我告訴你他們所相信的理論。

利率控制經濟。如果你控制利率，你就控制經濟。我們很擅長這一點，我們已經很妥當的控制這一點。

人們有時會失去信心，停止消費。當人們停止消費時，企業就會失去顧客並倒閉。這表示人們失去工作，消費金額壓縮得更小；同時也這表示更多企業倒閉，可能導致失業率和貧窮迅速上升。如此一來，可能會導致國家經濟崩潰。一九三〇年代的經濟大蕭條就是這麼來的，最終導致歐洲法西斯主義的崛起和第二次世界大戰的爆發。

這種情況在二〇〇八年很可能再次上演，但它沒有發生，因為我們已經知道如何控制它。我們知道該怎麼處理這個問題。當這種情況發生時，我們會降低利率。降息是件好事，因為它會降低儲蓄的吸引力，降低借貸的成本，因此人們和企業會減少儲蓄，增加借貸和消費。如此一來，問題的根本原因，也就是人們停止消費，便被完美抵消。透過對利率的積極管理，這裡調整一點，那裡調整一點，我們總是能夠達到刺激經濟的最佳結果，也就是所有可能的結果中最好的一個。

經濟學家早在二〇〇八年就對自己實現這個目標的能力充滿信心。在那之前的二十年，被公認是經濟學家最成功的黃金時代，在此期間他們成功的：

1. 戰勝通貨膨脹。

2. 結束景氣循環。
3. 實現經濟持續成長。

所有的一切都是透過利率管控的奇蹟，才得以順利實現。

考慮到世人已普遍接受的利率策略的美妙之處，面對二〇〇八年大規模且無人預期的金融危機時，經濟學家們會一致同意最正確的應對措施就是大幅削減利率，並不足為奇。利率因此被大幅削減。在此之前，各中央銀行行長會採取的措施不過是將利率從五．七五%減至五．五%之類的，但是到了此時，他們卻會將利率直接從五．五%砍成零。這種情況在已開發的富裕國家屢見不鮮。

每個人都相信它會起作用。

我不想講太多細節免得你覺得無聊，簡單的說，大幅削減利率等於多印鈔票。中央銀行降低利率的做法就是等同印出大量現鈔，然後以超低價格貸給銀行。

每個人都非常有信心，這麼做一定會起作用。

當時班．柏南克的一句話，或許可以很貼切的表達人們對這計畫的信心程度。學界出身的（前普林斯頓大學教授、哈佛大學碩士、麻省理工學院博士）班．柏南克是當時的美國聯準會主席，是公認世界上最有權勢、最聰明的經濟學家。他是這麼說的：

「美國政府擁有一種技術，我們稱之為『超級印鈔機』，它可以在幾乎無成本的情況下製造出任何你想要的數量的美元……在紙幣體系下，決心堅定的政府總有辦法進一步提高支出。」

每個人都非常相信它一定會起作用。

可是，它失敗了。

這就是為什麼我想和蒂茲・拉扎里坐在一起。我想和蒂茲・拉扎里旁坐在一起，因為蒂茲是錯的。

好吧！理由其實和蒂茲・拉扎里個人無關，而是與整個市場有關。到二〇一一年初，我開始清楚的意識到市場錯了。不只是市場，還有經濟學家、大學研究所、英格蘭銀行他媽的貨幣政策委員會、新聞裡的白痴專家、整個他媽的狗屎世界，全錯了。

這些混蛋認為的所有事情，全是錯的。從我出現在交易大廳的那天起，每一件該死的事，都是錯的。我初次踏足大廳時，每個人都認為那些穿粉紅襯衫的白痴是天之驕子。接下來，那些傢伙只用數學、愚蠢和傲慢就毀掉全世界。接下來兩年半，全世界的每一位經濟學家都在不斷預測什麼時候經濟會復甦，可惜它從未發生。有一天，我坐下來研究利率預測的歷史資料，發現每個預測都比實際高出許多。他們看錯一切。我們看錯一切。

我必須找出原因。

這就是為什麼我需要蒂茲。我需要衡量真正的經濟與學術界之間、現實世界與市場之間的距離。基於這個原因，我需要一個剛從大學畢業、完全信奉學說的人陪在我身邊。一個了解每一種經濟理論，閱讀每一份商業報紙的人。一個朋友都剛從商學院畢業、父親會從遊艇上傳訊息問他股票內線交易的人。一個穿著銀色西裝、對學術盲目崇拜的人。

是的，我需要蒂茲。我需要蒂茲，因為他是錯的。

2

在二〇〇九年、二〇一〇年、二〇一一年時，人們到底為什麼不消費？蒂茲認為它是一場信任危機。二〇〇八年發生的事對體制來說是個巨大的衝擊。消費者信心受到嚴重的打擊。現在，到了二〇一一年初，信心回歸，兩年多過去，人們已經準備好，要再度出門消費。

我想，這是一種看法。

比爾怎麼想？

銀行系統的崩塌使得人們深受其害。許多人失去家園和工作，但這些房屋現在有新的人接手，失業率在下降，通貨膨脹在上升。既然銀行體系已經修復，經濟和利率的反彈只是時間問題。

我想，這是另一種看法。

七年後的二〇一八年，在我有機會請教繫著蛇皮腰帶的牛津大學總體經濟學教授安東尼奧．曼奇尼時，這位有錢的教授告訴我：「我們一直都知道利率會維持在零！人們的消費儲蓄偏好受到巨大的衝擊！」

嗯……我想，這也是另一種看法。

JB曾用一句話形容什麼是「看法」，他說：「看法就像肛門，每個人都有自己的一個。」

我問哈利．桑比。哈利還只是個孩子，他腳上的鞋子有破洞，不時跳過地鐵閘門逃票；這就是為什麼他不花錢。我問阿薩德，阿薩德說，他媽媽賣掉家裡的房子來養活他和他的姊妹，現在他睡在沙發上，想先存點錢當租屋押金；這就是他們不花錢的原因。我問艾丹，艾丹的媽媽失業，雖然知道現在房貸利率更低，卻無法重新貸款，如今每個月要付的房貸金額高得不得了，艾丹卻只能一個人扛下；這就是他們不花錢的原因。

他們正在失去他們的家，我甚至沒有注意到。

我想，看法的確像肛門，每個人都有一個。

在二月的一天下午，我坐在辦公區，決定在蒂茲身上測試一下。

「蒂茲。你認為人們不敢消費的原因，會是因為沒有人手上有錢嗎？」

「你他媽的在說什麼，Geeza（老兄）？怎麼可能沒有人有錢？」

他的英文帶著濃濃的義大利口音。「Geeza」是他最近學到的一個新俚語，他很熱中嘗試。

「嗯，你知道的，我最近一直在問周圍的人，他們全都回答我：『我他媽的根本沒有錢。』」

「『我他媽的根本沒有錢。』」蒂茲試著模仿我的口音，結果聽起來義大利腔反而更濃了。

「哎呀，老兄。這是一個貨幣體系。都沒有錢是不可能的，你必須把所有人都加在一起。」他的腳還擱在桌子上，卻試圖彎下身子從地板撿報紙，結果差點從椅子上摔下來。

沒過多久，花旗銀行在倫敦郊外租借一個巨大的莊園，邀請全球的交易員參加會議，一起飲酒狂歡。鼻涕蟲來了，我終於明白為什麼他們會叫他鼻涕蟲；青蛙來了，我終於明白為什麼他們會叫他青蛙。

我們的大老闆，也就是鼻涕蟲的上司，發表一場盛大的演講，他告訴我們所有人要勇於承擔更高、更多的風險。

「如果你願意承擔一百萬美元的風險，你就該勇於承擔一千萬美元的風險！」

銀行發給每個人一頂軍用迷彩棒球帽，正面印著「要麼做大，要麼不做」的標語。

我沒有留下來參加派對。我戴上棒球帽，爬進我的小標緻一〇六，一路開回家。

回到交易大廳，每個人都依照大老闆的吩咐，投下巨額賭注。全都在賭經濟即將復甦。比爾賭了，史努比賭了，JB賭了，查克也賭了。幹！連洪哥都賭了，他從來不參加任何賭注的。不僅僅是STIRT小組這麼做，每個小組都在這麼做：即期小組、選擇權小組、新興市場小組，全部加入。我決定繼續等。我不喜歡這種氛圍。我沒賭，所以蒂茲也沒賭。

隔週我被叫去參加一場會議。交易部每兩週就有一次所有小組負責人都要參加的例行會議。當迦勒還在時，我必須參加每次例會，並為大家提供三明治。後來換成查克，我從未告訴他關於這個例會的事，我只是默默的繼續執行。我不知道為什麼，但我總覺得有一天它可能會給我什麼助力。

那週的會議由全花旗銀行裡我唯一真正尊敬的經濟學家主持。他隸屬信貸部，我在第一次實習時就認識他。他是提摩西．普林斯。

提摩西準備一堆圖表，他一次講解一張。每一張都是一個國家的財政狀況：義大利、西班牙、希臘、葡萄牙、愛爾蘭。還有英國、美國、日本。

它們聽起來像同一個故事的不同版本。所有這些政府的支出，年復一年的超過它們的收入，而且債務也不斷增加。如果事情的發展方向不變，它們的債務利率就會開始上升。人們將不再借錢給政府，政府迫不得已只能出售資產。情況將會很糟糕。

我把沒人拿的三明治裝進棕色紙袋，帶回辦公區。

我無法把聽到的內容從腦海中驅逐出去。不是西方國家福利系統的崩潰，不，我對此並不擔心。我無法驅逐的是那種相似感。全都一樣：西班牙政府、美國政府、日本政府。情況就像阿薩德的媽媽，就像艾丹的媽媽。支出超過收入，失去借錢的能力，愈來愈多的收入用在償還債務上，逐漸失去資產。情況是一樣。破洞的不只是哈利的鞋，還有整個世界。

不過這顯然與蒂茲信仰的經濟學智慧相互違背。我們處於更大的貨幣體系裡，整個系統必須永遠保持平衡。每出現一個負債的人，就必定會出現一個債主。每個人都在賠錢，就一定有人在賺錢。整個系統就是被設計來維持平衡的。不僅如此，那麼那些房子呢？一路上漲的股市呢？這些資產並沒有消失。可是如果擁有它們的不是我們，不是其他人，不是政府……那麼它們的擁有者又是誰呢？

我想，我就是在這一刻覺醒的。在被百萬富翁和三明治包圍的這一刻。

我轉頭看我的左邊：粉紅襯衫、粉紅襯衫、白襯衫、淡藍襯衫。我轉頭看我的右邊：白襯衫、白襯衫、粉紅襯衫，喔，細條紋襯衫，嗯，這種現在已經很少見了。他的衣領上用繡著四個字母「A.I.E.Q.」，誰他媽的姓氏是以Q開頭的？

全是百萬富翁。他們之中的任何一個。

我也是。什麼？你懷疑我？沒過多久，我的資產確實超過百萬。

是我們，就是我們，不是嗎？我們就是維持平衡的那個點。在一個充滿窮孩子的世界裡，我們比我們的上一代更加富有。我們的銀行帳戶餘額不停的增加，平衡義大利政府的債務。我們賺走艾丹媽媽付出的高額房貸利息，艾丹本人現在也必須繼續將利息繳給我們，繳給我們的孩子，也包括我的孩子。也許他們會擁有阿薩德的媽媽不得不賣掉的房子。還有那棟房子的租金，還有義大利政府付的利息。也許我們的孩子可以把錢貸給阿薩德的孩子，然後我們就同時擁有房子和債權，而且它還會不斷成長，這就是複利的作用。我們會利用從資產收到的現金購買剩下的資產。你會將資產賣給我們，以支付你的貸款、你的房租。付錢給我們。事情就是這樣。情況會變得愈來愈糟。它會成長，成長到失控的地步。這不是信任危機，這不是銀行體系問題，這不是「對消費儲蓄偏好的外來衝擊」。這是貧富不均。貧富不均的現象會愈來愈嚴重，愈來愈糟糕，直到它主導一切並殺死包括它在內的經濟體系。這不是暫時性的，而是最終的結果。是經濟的終結，是蔓延的癌。

我知道這意味著什麼。

意味著我必須購買綠色歐洲美元期貨*。

★★★★★

綠色歐洲美元期貨是一種賭博。它賭的是兩年半後的美國利率，非常簡單而直接。不會出現換匯交易那種複雜的「貸出一種貨幣，借入另一種貨幣」的混亂狀態。不需要每天去把錢借回來。我們現在討論的就是單純的賭，像賭徒進賭場似的賭。我們都很愛它。比爾很愛它，史努比很愛它，我也很愛它。

理論上，我們的工作不應該參與賭博，我們應該向客戶提供換匯交易服務。不過，銀行授權我們可以買賣歐洲美元期貨（以及所有其他貨幣）等產品，以便我們可以「對沖風險」。我們的確對沖很多風險，只不過那些風險其實是不存在的。現在，我正打算利用它，翻過我生命裡的柵欄。

我當時所意識到的，完完全全就是我們都錯了的原因。我們一直將癌症末期誤診為一連串的季節性感冒。我們認為銀行系統已經崩潰，但尚可修復。我們以為信心已經崩潰，但終會恢復。然而，實際上發生的情況卻是：像艾丹和阿薩德這樣勤勞的普通家庭所組成的中產階級的財富，以及世界上最大的國家政府的財富，正從他們手上流入富人手中。一般家庭逐漸失去他們的資產，變得負債累累。政府也是如此。隨著普通家庭和政府愈來愈窮，富人愈來愈有錢，從中產階級流向富人的利息、租金和利潤也就愈來愈多，使問題變得更加複雜。問題不會自行解決。事實上，它會加速，會惡化。經濟學家沒有意識到這一點的主要原因，是幾乎沒有經濟學家的模型考慮到財富如何分配。他們花了十年去了解「代表性個人」的模型，也就是以一個「普通人」或「代表者」的角度去解釋整體經濟的模型。因此，對他們來說，經濟只與「平均」和「總量」有關。他們忽略「分布」。對他們來說，財富的分布不過是事後才會想到的「無關緊要的想法」，是道德家的矯飾行為。終於，我的學位總算派上一點用場，它精確的讓我明白為什麼每個人都錯了。

如果我是對的，這就是一件大事，表示市場定價嚴重錯誤。復甦永遠不會發生，利率正常化也永遠不會發生。當時，也就是二〇一一年初，市場預估美國聯準會光是在接下來的十二個月內，就

---

*譯注：green Eurodollars：此期貨有時以色碼表示，綠色代表三年期四季度合約。

會升息六次，每次升息〇・二五%。他們會發現他們錯了，每個人都錯了。這些升息不會發生，它們永遠不會發生。隨著利息預測不斷往後推遲，我不但在今年，且在之後的每一年，年復一年都能賺到錢。這些白痴甚至從未想到貧富不均的問題。我猜至少要等到十年之後，世人才會普遍意識到這個問題。

除了綠色歐洲美元期貨之外，還有另一種工具可用。我可以利用「隔夜指數交換」（Overnight Indexed Swap）來下注。歐洲美元期貨是透過電腦交易的，你必須準備許多交易資料；相較之下，利用隔夜指數交換，你可以讓另一家銀行為你的單筆大規模交易進行報價，而且可以一次性的完成全部交易。除此之外，猜猜誰是美元隔夜指數交換的經紀人？沒錯，哈利・桑比。我也想讓哈利參與。

我壓下揚聲器上哈利的按鈕。我以前從未透過哈利進行任何交易。我請他為我提供從第二年的春天開始，也就是二〇一二年春季的一年期七億美元隔夜指數交換的價格。這是一筆金錢龐大的交易，對我來說尤其如此，因為我並不是正式的美元交易員。哈利很震驚。我想他可能認為我是在幫他的忙。他問了一圈，為我從德意志銀行拿到報價；我答應了，感覺相當不錯。小組其他的每一個混蛋都押注在經濟即將復甦，我現在清楚的押注在和他們完全相反的方向。就讓我們看看誰是對的吧！我，或者其他每個人。是的，我喜歡這樣。是時候和大男孩們一起玩了。遊戲開始。

然後大地震來了。

如果發生大地震造成兩萬人死亡，你卻因此賺了一千一百萬美元，你會有什麼感覺？平均下來，每名亡者五百五十美元。

我不知道會發生地震，我不是他媽的魔術師。

那天我進辦公室時，收到數百封電子郵件。其中一封來自花旗銀行的總體經濟部，寫著：「我們預計地震將對二〇一一年日本國內生產毛額的成長產生非常嚴重的影響。」

我拉開抽屜，拿出一枝藍色原子筆，悄悄的將它折成兩半，然後把兩截都扔進垃圾桶。我拿起第二枝筆，再折斷，再丟棄。然後我起身去文具櫃拿了更多的筆。

東京分行的初級交易員向蒂茲發送一支影片。我們的東京STIRT交易員渡邊久在地震期間蹲在桌子底下，抓著支撐物，但他戴著黃色安全帽的小腦袋卻不斷探出去，試圖抓住滑鼠進行交易。在影片中可以清楚看到背景窗戶外的東京還在劇烈搖晃。

蒂茲把影片轉發給小組的每個人，但沒有人覺得有趣。你知道為什麼他們不覺得有趣嗎？因為地震會使利率下降。

很奇怪，不是嗎？你用一生中的三年研讀經濟學，然後再用三年進行交易。你早上五點醒來，閱讀一百封電子郵件。天天如此。你雇用一個剛從大學畢業的孩子，讓他不斷的和你談論經濟理論。你終於想出屬於你的偉大推論，並將所有的一切押注在上頭。然後你在一天之內就賺了兩百五十萬美元，因為一場地震，兩萬人喪生，接下來所有你最親近的人，那些和你共度每一天的人，那些教你如何交易的人，那些教你一切的人，所有的人全遭到嚴重的打擊。

這是什麼意思？

蒂茲一直以一種彷彿我是什麼他媽的天才的眼神打量我，彷彿我事前預知地震即將發生。彷彿地震是我造成似的。

當然，比爾的損失最多，因為比爾的交易金額最大。我認為他損失大約五、六百萬美元。他的年度 PnL 應該還撐得住，不至於變成赤字。史努比賠了一百五十萬至兩百萬，這對他來說已經很多，幾乎是他今年至目前為止賺的所有利潤。ＪＢ試圖堅持下去，繼續抗爭，最終他輸掉將近四百萬美元，使他的年度 PnL 轉成赤字。洪哥當機立斷，立即停損，只小賠五十萬美元。查克簡直是一尊百毒不侵的鐵氟龍大佛，他幾乎沒有任何損失，我不知道他是怎麼辦到的，有時候，我甚至不確定他是否真的存在。我什麼也沒說，只是等待、觀察，折斷一枝又一枝的筆。

地震之後，核災接踵而至。你應該聽說過，日本從福島疏散十五萬四千人，人們認為核電廠很有可能會爆炸。這則新聞對我的部位有利。上漲三百五十萬美元，又上漲至四百五十萬美元。

一週後，我已經賺了六百萬美元，ＪＢ卻已經走投無路。看他那樣真令人難過。然後我做了一件以交易員來說有點瘋狂的事，現在的我可能不會那麼做。

在交易大廳我們小組的辦公區隔壁，坐著一個銷售人員。我喜歡他，他是個好人，但他不太聰明。一個爽朗、乾淨，受過良好教育的四十多歲英國人，他叫史丹利．帕爾默。有一天，在核汙染的恐慌中，史丹利．帕爾默發瘋了。他在上午十一點，在交易大廳中央猛然站起，大聲尖叫：「核燃料棒暴露了！」

交易大廳的各個初級交易員對著自己的小組大聲重複這則新聞，一時間這幾個字不斷在我周圍迴響。坐在我身邊的蒂茲站了起來，一邊跟著大喊：「核燃料棒暴露了！」一邊震驚的用雙手摀住嘴。

在人們跑回座位，對著經紀人和其他交易員大喊大叫的一片混亂中，史丹利仍舊站在那邊，重複的叫：「核燃料棒暴露了！核燃料棒暴露了！」

蒂茲像個小丑一樣的附和著。

我警告蒂茲他媽的閉嘴。

蒂茲誇張的將雙手張得極大，瘋狂聳肩，好像瘋的人是我似的。

「蒂茲，核燃料棒到底是什麼東西？」蒂茲做了義大利人慣用的手勢。

我轉身面對史丹利，他仍不斷的在大吼大叫。

我對史丹利了解多少？我很確定他畢業於牛津大學。他主修什麼？歷史嗎？還是古典英文？總不會是個人防災裝備吧？

「蒂茲，聽我說。史丹利根本不可能知道核燃料棒是什麼。」

蒂茲沒有在聽，他只是全神貫注的在讀著螢幕。JB對著他的經紀人尖叫，他終於將自己的部位全部結清。

我拿起沉重的棕色電話，按下歐洲美元期貨經紀人的按鈕。我用手摀住我的嘴巴，小聲的賣掉大量的歐洲美元期貨。這完全改變我的部位。我不再押注於天災，我改賭利率會上漲。

你不應該那麼做的。你不應該因為一種感覺、一時興起，改變整個部位的方向。你不該扮演上帝，你不是無敵的。但我說這些又有什麼意義呢？我當時二十四歲，我太衝動行事。

核電廠並未爆炸。感謝上帝。

藉著一路彈回的利率，我另外又賺到五百萬。

最好的交易是用鼻子做的。當你聞到愚蠢的味道時，做就對了。

3

福島核災之後，所有人都賠慘了。每個人都被強制停損。ＪＢ在最糟糕的時候被強制停損，在大屠殺的最高峰，也就是我轉身走向另一個方向時，他被銀行強迫退場。

一旦每個人都冷靜下來，我便將手上所有歐洲美元期貨獲利了結，再度調轉方向，重新開始預測未來的經濟災難。二〇一一年或許可能不會發生核爆，但經濟上的慘劇一定會發生。我能聞到它的味道。到了四月中旬，我的年度PnL已經超過一千一百萬美元，整個小組的累計卻不到一千萬。ＪＢ則有一百七十萬的虧損。

陷入赤字並不好玩。對任何人來說都不好玩，但對ＪＢ來說，陷入赤字帶來的衝擊又比尋常人更高。

ＪＢ是另一個世代的人。他是個好人，有運動精神、健談、有魅力。如果他沒有從牛津退學，可能會成為一名出色的律師。可惜他對數字並不擅長，也沒有掌握細節的能力。他逐漸失去他的立足之地。

二〇一一年，歐洲經濟崩潰。先是希臘，再是西班牙，然後是義大利、葡萄牙、愛爾蘭，像骨牌似的一一倒下，正如我尊敬的經濟學家普林斯在例會裡預測的，沒有人願意購買這些政府的債券，也沒有人願意借錢給它們。這對我來說是件好事。我因此賺很多錢。

各國政府的錢是向誰借的？很大部分，其實來自那個國家的銀行。如果你將錢存在銀行裡，說到底，借錢給政府的其實就是你。銀行吸收你的存款，轉身將它貸給政府。這完全沒問題，因為在二〇一一年之前，經濟學家一直認為貸款給政府是「無風險」的。

他們錯了。

他們為什麼認為貸款給政府無風險？理論上，在緊急情況下，政府有能力加印鈔票。如果它們遇到大麻煩，並且欠你很多錢，它們可以印錢，然後拿來還給你。

問題是義大利做不到，西班牙不行，希臘不能，葡萄牙也束手無策。歐元的誕生導致歐洲國家失去合法印鈔的能力。因為這些國家的信用程度一直被認為是超級安全的等級，所以從來也沒有人真正擔心過這一點。直到它們不再安全。

二〇一一年，當人們意識到這些國家已經破產時，很快就有人質疑，提供貸款給這些國家，並且被它們的政府欠下巨額債務的銀行是否也會跟著破產。此時距離雷曼危機過去還不到三年，沒有人希望有更多的銀行破產。歐洲中央銀行必須採取行動。

歐洲中央銀行接下來的做法非常不符合它之前的慣例。它們向所有歐洲銀行提供利率為一%的無限制貸款。

這不是中央銀行正常的運作方式。設定利率對央行來說是一件大事，他們喜歡研究個體的細節，他們通常會密切監控銀行相互借貸的利率。如果利率太高，他們就會在系統中注入一點廉價資金，壓低利率；如果利率太低，就會採取相反的做法，減少放款或借回資金，從而提高市場利率。因此，中央銀行控制利率的方式是操縱系統中的貸款數量。如果你控制數量，你就能控制價格。類似於 iPhone 和 Nike 運動鞋的行銷策略。

然而，一旦你提供無限制貸款，你就失去控制數量的能力。如果你不控制數量，你就無法控制價格。歐洲中央銀行肯定認為他們必須這麼做才能保證沒有銀行破產，結果卻反而造成市場陷入瘋狂。

歐洲中央銀行和商業銀行聯合上演一場愚蠢的遊戲。歐洲中央銀行在它所謂的「拍賣」中提供無限制的一%貸款——儘管它並非真正的拍賣，因為所有人都能無限制的得到他們想要的東西。隨著希臘政府破產的明朗化，銀行蜂擁至央行的拍賣市場上競標貸款。它們借了太多錢，導致大量資金湧入金融體系，歐洲利率跌至零，有時甚至低於零，比歐洲央行訂定的一%的「官方」利率，也就是貸款成本，整整低了一個百分點。看到利率已跌至零，歐洲中央銀行的下一場拍賣便變得乏人問津。如此一來，導致市場資金嚴重短缺，利率隨之飆升至二%以上。這種情況每週都在上演，每家銀行都在試圖計算其他銀行會借多少錢。如果你知道其他銀行都會借錢，你便會嘗試不去借錢，因為你預期市場上會出現廉價資金；如果你認為其他銀行都不會去借錢，你就想盡可能多借一點現金。每家銀行都在試圖去做和其他銀行相反的事，最終的結果便是全軍覆沒。

歐洲央行有時甚至一週舉辦多次拍賣。沒有人能夠事先知道哪一天的利率會是多少，它可以是從略低於零到略高於二%的任何數字，它會連續幾天都在這兩個極端之間劇烈波動。老實說，我不懂為什麼情況會變成這樣。不過沒關係，因為我有蒂茲。蒂茲像獵犬一樣對這一切緊追不捨。一整天，每一天。

JB沒有蒂茲。JB什麼都沒有，那時的JB已經變成老人。之前的利率從來沒有像現在這樣過。在他的時代，中央銀行每個月設定利率一次，然後它們就停留在原來的點，直到下一次央行開會。我們所有的估值體系和定價系統都是為這樣的世界設計的。ＪＢ無法適應。我的工作職責必須提供頭一個月的報價——大約是二十六或二十七個工作日。面對動盪的市場，我只能叫蒂茲每天不斷手動更新才能完成任務，因為現存系統根本做不到。ＪＢ卻需要提供那之後的二十三個月的報價，差不多是六百個工作日。完全超出他的能力範圍。

他日復一日的遭受打擊。他的價格是錯的，而且我知道價格是錯的。同樣被滙豐銀行晉升為歐元交易員的西蒙．張每天透過ＩＢ聊天室和我閒聊，問我為什麼提供錯誤的價格。

「那不是我。」我打字回覆，「是ＪＢ。」

「那他媽的ＪＢ為什麼提供錯誤的報價？他會賠死的。你為什麼不告訴他!?」

好問題。我為什麼不告訴他？

你知道嗎？事實是，我從來沒有想過要告訴他。我也不知道為什麼，也許我就是這樣的人。

ＪＢ在掙扎。他掙扎著想浮出水面喘口氣。他日復一日的賠錢，我卻春風得意，賺得盆滿缽滿。我靠蒂茲輸入的報價賺錢，我堅信災難的部位讓我每天踏入交易大廳就賺進大量現金。ＪＢ從來沒有轉過頭來問我為什麼。

真相是，他幾乎不在座位上。

ＪＢ在過去幾年賺到不少錢，小組的每個人其實都賺到不少，包括我在內。ＪＢ已經實現他的夢想，他過得如此的好，說不定連你的夢想都幫你實現一部分。

ＪＢ買下好幾戶俯瞰泰晤士河的豪華公寓。他搞大我們一位祕書同事的肚子，即將為他生下他的第一個孩子。

他現在經常不在辦公室，他會花很長的時間參加經紀人午餐會。當他回來時，他全身都是紅的，然後他會像蟲子撞上擋風玻璃似的投入市場。光在旁邊看，就令人感到痛苦。

我告訴史努比我很擔心。

「用不著擔心JB。」史努比微笑說：「在所有我認識的人中，他是最富有的一個。」

所以事情就這樣了。我想，就這樣吧！

當JB不在辦公區時，我必須掩護他。他不在的時間比在的時間還要長。請記住，我負責的帳本，也就是短期歐元交易帳本，在歐元市場陷入瘋狂之前，就已經是小組裡交易量最大的帳本了。現在，宛如又坐上一圈又一圈永遠停不下來的瘋狂雲霄飛車，我還另外承擔JB超過半數的工作量。我簡直要過勞死。

但是你能怎麼辦？你還有什麼選擇？只能努力工作。隨著歐洲的崩潰，我的 PnL 急劇上升；到了六月，我的累積獲利已達兩千兩百萬美元。那時的我成為整個交易樓層賺最多錢的交易員，雖然只領先第二名一點點。這是我人生中的重要時刻，我正在大賺特賺，我不會讓來自昆士蘭的酒鬼成為我的阻礙。

我完成我的工作，同時也完成JB的工作。我每天很早很早去上班，我要求蒂茲必須早到。我從自行車上跳下來，直接進入交易大廳。我把自己鎖在螢幕牆、揚聲器、對講機、蜂鳴聲和叮噹聲之內，不久之後我就統治市場。我的每日交易金額超過五兆歐元。我不是很清楚這東西在全球有沒有排名，但我猜想五兆歐元應該足夠讓我成為全世界最大金額的交易員之一了。確實沒有其他方法來進行交易，當時的市場實在太過瘋狂。

我開始忘了換下騎車的運動服；不久之後，我根本一點都不在乎。我甚至不再把工作服帶進辦公室。我每天穿著灰色連帽衫和褪色的舊鬼塚虎運動鞋，戴著黑色露指手套進行交易。我在電腦上設定聲音警報，只要某些情況發生，它就會出聲警告。我的工作站變得很熱鬧喧囂，每當我的 PnL 往上增加五十萬美元時，它就會發出「叮鈴噹啷」的錢幣撞擊聲。它時常發出這種噪音。在大贏的日子裡，我們會在下午沒有交易時，將揚聲器音量開至最大，播放雷鬼音樂，我和蒂茲會把腳擱在辦公桌上，一次喝兩杯單份濃縮咖啡，然後起身跳舞。Harry J All-Stars 的〈Liquidator〉、Lee Perry 的〈Return of Django〉，以及 Toots & The Maytals 的〈54-46〉，都在我們的歌單上。我是整個樓層排名第一的交易員，是交易大廳之王，蒂茲是我的得力助手。當然，蒂茲本身並沒有賺到錢，他只是個孩子，只要讓他跟在旁邊一起玩，他就很開心。媽的，我說他還是個孩子是什麼意思？蒂茲的年齡其實還比我大一點。我們當時都是二十四歲。我回到家，上床睡覺都會夢見市場。每晚都會。

「有沒有人說過你很……狂妄自大？」

ＪＢ剛從廁所回來。每次ＪＢ從廁所回來時，脾氣總是很暴躁。

我對ＪＢ已經忍無可忍。他的人從來不在座位上，訂的價格都是錯的，日復一日的賠錢。雖然少數時候他也有賺錢，但那一點錢還不夠付給經紀人，他現在居然罵我他媽的狂妄自大。

我沒有看他。我能感覺到他的目光盯在我左臉上的灼熱感，但我只是把手放在滑鼠上，看著前方。我戴著我的小藍牙耳機，我把耳機從左耳拿下來，以示尊重。

「沒有。從來沒有。沒人這麼說過。」

「嗯，我必須說我覺得這非常令人驚訝。你不覺得你這樣回答就很狂妄自大嗎？」

我從抽屜裡拿出一枝藍色原子筆，用它的筆尖在塑膠桌面敲兩下。我想過把它折成兩半，但我決定不這麼做。我放下它，轉身看著ＪＢ。

「ＪＢ，你什麼時候才能擺脫赤字？」

我們的臉相距不到三十公分。他鼻子上破裂的靜脈血管像疾病一樣蔓延到他臉上，我突然想起這人之前對我的幫助有多大，我為剛才脫口而出的話感到難過，但我沒有讓它表現出來。

「你不用擔心這個。我以前也不是沒有由負轉正過，以前可以，現在當然也可以。我知道我在做什麼。」

「那麼你打算做什麼交易呢？說來聽聽！ＪＢ。什麼交易？」

ＪＢ看著我的眼睛，我也看著他的眼睛。我們的臉現在距離更近了，幾乎碰在一起，我可以聽到他緩慢而有節奏的呼吸聲。我注意到他的眼睛是多麼的藍，一雙滲透這個世界很多年的老年淡藍色眼睛。他暫停許久。我不確定他是在打量我，還是在思考。我也不確定我是否想從他臉上看出什麼。

「股票。」

「股票？」

「股票。」ＪＢ果斷重複。

「你要做的交易是股票？」

「股票。它們過高了。」

「你說股票過高是什麼意思?」

「看看它們!太他媽的高了!它們幾乎沒怎麼下跌,可是全世界的經濟都崩潰了!它們一定會下跌的。」

我轉身將視線從JB身上移開,再次拿起原子筆,在光禿禿的桌子上敲擊了大約二十次。

「JB,你還是沒搞懂,是不是?世界不是那樣運作的。股票永遠不會跌,股票只會往上漲。當經濟好的時候,股票就會上漲;當經濟不好的時候,政府印出那麼多的鈔票,股票只會漲得更多。和他媽的房地產一樣,一切都在上漲。資產持有者永遠不會賠錢。有錢人永遠不會輸,只有富人才能獲勝。你應該做的是買他媽的股票,老兄。它們會一路漲到月球。你只會大賺特賺,一點都不需擔心。」

然後,我起身去買四杯單杯濃縮咖啡。

老實告訴你。當JB不在辦公區時,我既要為他報價,也要為自己報價,我對他的工作確實不如對我自己的那般用心。他的交易記入他的帳本和他的 PnL,我的交易記入我的帳本和我的 PnL。孰重孰輕,我心裡自有一把尺。雖然對不起他,但我就是這麼想。

JB也知道這一點。事情其實已在爆炸邊緣。

你可能還記得,身為「造市者」,我們將價差收入自己的口袋。假設真正的價格是七十一,我給你的報價是七十至七十二,你用七十二買,我找人用七十一賣給我,交易便完成。你買到你想要的東西，我賺到我的利潤。每個人都高興。

問題是，所謂的「真正的價格」並不存在。或者說得更精準一點，它一直在移動。如此說來如果它在移動，你卻沒有發現它移動，又會發生什麼事？

假設現在真正的價格應是七十四。當我上廁所時發生糟糕的大事，但莫利還來不及更改螢幕上的價格，因為他太忙了，而且事情才剛剛發生。你聯繫我，要我報價，我查看螢幕，上面顯示七十至七十二。我告訴你七十至七十二，你接受我要求的七十二，所以我現在想用七十一買進。

我向莫利詢價，他給我七十三至七十五．五。

他媽的。

如果不損失三．五，我就無法脫身。

我告訴莫利，我付七十三。

「太晚了。其他人已經出價七十四。」

「好，真他媽的，你剛才說七十五．五的報價還有嗎？告訴他們我會付七十五。」

他沉默兩分鐘。

「抱歉，夥計，七十五．五不見了。我現在拿到最好的價錢是七十七。」

由此可知，要當造市者並不容易，你連去上廁所都不能鬆懈，必須小心謹慎，考慮長遠。

ＪＢ不在辦公室。他出去喝酒，天知道他在哪裡喝酒，將肚子灌滿啤酒、清酒，可能還塞滿生魚片和天知道他媽的什麼。

有人打來要ＪＢ報價，我很忙。我在做什麼？我不知道。也許我正在想那天的晚餐要煮點什麼，我很努力的在改良我的柳橙鴨胸。

我飛快的將食譜放在桌邊，拉出價格螢幕。詢問經紀人：

「三個月期的價格？」

「三十四至三十七。」

三十四至三十七，嗯，聽起來是對的，便隨口重複一遍給銷售人員。

「三十四至三十七。」

「我要三十七，兩碼。」

銷售人員切斷通話，揚聲器上發出短促而刺耳的無線電雜音。

兩碼就是二十億美元。相當多。我們應該馬上處理其中一部分，降低風險。我壓下揚聲器開關，聯絡經紀人。

「馬可。你還在三個月期的螢幕上嗎？」

「對，現在還是三十四至三十七。」

「好，我要一碼。」

無線電雜音。兩分半鐘的寂靜。你看著電腦螢幕上的價格，可以看到它們正在改變。三十五至三十八，三十六至三十九。去他的馬可，他從來沒有收到過三十七的報價。去他的胡說八道。

「馬可，我他媽的三個月期呢？」

「夥計，我真的很抱歉它不見了，現在我能拿到最好的價錢是三十九。」

「他媽的！那你他媽的為什麼告訴我你拿到三十七!?」

「夥計，我拿到過的，我真的拿到過的，只是它後來消失了。」

去他的，他從來沒有拿到過。我立刻知道不可能再有這個價錢。

我重新加載ＪＢ的 PnL 他的 PnL 下降十萬美元。他在不久前才剛把自己的數字從紅色變回黑色。這十萬幾乎足以讓他再次陷入虧損。我傾身靠向蒂茲。

「蒂茲！」

「嗯？」

蒂茲正拿著塑膠叉子吃裝在厚紙食盒裡的烤千層麵。

「蒂茲，我為ＪＢ接了一筆三個月期的交易，現在賠了，原來的報價失效，他的 PnL 跌掉十萬美元。我們該怎麼辦？」

「啊，幹！他才剛剛變回正數。你能買回來嗎？」

「如果我們現在買回來，會損失二十萬，PnL 會再次變回赤字。你覺得呢？」

「你應該發簡訊通知他。」

我開始打字編輯簡訊。

「你在三個月期的交易賠錢，現在下跌十萬。」

在發送簡訊之前，我又重新加載他的 PnL。跌掉二十萬。我把「現在下跌十萬」刪除，替換為「看起來不太樂觀」。

然後，送出簡訊。

當ＪＢ回到辦公區時，已經是下午四點，那筆交易總共賠四十萬。ＪＢ喝了不少酒，看起來既開心，卻又是一副隨時會倒下的樣子。我立刻就知道他沒有讀簡訊。我往右看著蒂茲，他也在看著我。我把襯衫上打開的三顆鈕扣中扣上兩顆，蒂茲也做同樣的事。我將電腦設為靜音，現在可不是發出「叮鈴噹啷」的好時機。

「好吧！混蛋們，世界看來如何？」

ＪＢ坐在椅子上，重新加載自己的 PnL 。我克制自己不去看他，但在我的眼角餘光中，我看到他的臉上瞬間血色全無。他本能的按下馬可的按鈕。

「馬可，三個月期的價錢？」

無線電雜音。沉默好一陣子。「四十一至四十四。」

「這他媽是什麼？」

我的目光不在ＪＢ身上，而是看著他的揚聲器，馬可的燈沒亮，表示這句話他是對我說的。

「這是三個月期的交易。你在三個月期的交易賠了錢。我告訴過你了——在簡訊裡。天啊！你沒看簡訊嗎!?」

我抓到他的疏失。他沒有看簡訊。我們都知道他沒看簡訊，我們都知道他應該要看的。

ＪＢ慢慢站起來，把手伸進口袋，以拿槍的姿勢掏出手機。他慢慢唸出簡訊，一次一個字。

「你·在·三個月期·的交易·賠了錢·現在·看起來·不太·樂觀。」

ＪＢ放下手機，繼續站著，我也站起來。他轉身面對我，兩個人正面交鋒。ＪＢ當著我的面，重複最後幾個字。

「看起來．不太．樂觀。」

我在腦子裡咀嚼一會兒。

「嗯……我的意思是……確實不太好……不是嗎？」

ＪＢ緊抿嘴唇，開始很快的點頭，快到幾乎看不見。

「你打算要怎麼辦？」

他說這話的意思很明顯。我自己的 PnL 高達兩千四百萬美元，但這筆交易將ＪＢ打回赤字。然而，我毫不懷疑，百分之百肯定，如果中午在場的是ＪＢ本人，他也會做這筆交易。

我還記得我第一次見到ＪＢ的情景。他是如何接納我的。他是如何成為小組裡第一個和我交談的交易員，他是如何給我第一本帳本。我記得當我損失八百萬美元時他是怎麼安慰我的。我記得他對我說的話，一個字都沒忘──「艱難的時刻總會過去，堅強的人才能永存」。然後我看著他的紅臉，我看到四戶俯瞰大笨鐘的奢華公寓。

我把舌頭伸入臉頰深處，用力咬下去。

「艱難的時刻總會過去，ＪＢ，堅強的人才能永存。」

ＪＢ瞬間炸裂。他拿起沉重的棕色手提電話，使盡力氣將它擲向螢幕。手提電話撞上他螢幕牆正中心那一片的正中央，彎曲裂開的螢幕將完好的手提電話彈回他的桌子上。沒有其他東西被砸碎。嗯，螢幕當然不再是以前的模樣。我清楚的記得我的腦子當時還在想，ＪＢ的動作迅速、果斷、充滿行動力，可惜發出的聲音小得令人失望。

ＪＢ顯然和我一樣覺得失望。他再度拿起手提電話，用盡全身力氣，將它砸在桌上至少七、八次，每一次都伴隨著他濃濃澳洲口音的：「幹！」

如果目的在於噪音的輸出量，這麼做的效果顯然好太多。

四周立刻安靜下來，每個人都看著ＪＢ，而ＪＢ卻在思考未來。他的右手仍拿著手提電話。他的左手彷彿是身體反射般的伸向揚聲器，右手則將手提電話移至耳邊。

「羅比，三個月期的價錢？」

他按下另一位經紀人的按鈕。聲音更大。

「羅比，三個月期的價錢!?」

短暫的停頓，然後ＪＢ的「幹！」和手提電話砸上桌子的「砰！」同時響起。真是令人欣慰。

「蒂米，三個月期的價錢？幹！」砰！

「米爾齊，三個月期的價錢？幹！」砰！

他一個接一個的詢問經紀人。創造出一種真正的音樂，展現出一種不尋常的美。

「ＪＢ，發生什麼事？」

查克用雙手在嘴巴旁圍成一圈，以一種相當自然的方式呼叫ＪＢ，就好像所有的騷動和我們無關。ＪＢ很忙，所以他沒回應。

「蓋瑞，發生什麼事？」

這可不是個簡單的問題。我在心裡盤算幾種可行的回應，最終我決定告訴查克：「我猜ＪＢ的手提電話可能壞了。」

我想，就事論事，至少我說的是實話。

查克十分理解的點點頭，彷彿ＪＢ的舉動是一個手提電話壞了的交易員應有的自然反應。他吃力的從椅子上站起來，慢慢走到辦公區的另一端，經過ＪＢ和我，走向放著辦公備品的小櫃子。他費了好大的力氣才把身體靠向底部的抽屜，從裡頭拿出一部又大又重的全新棕色手提電話，順帶拉出垂掛在手提電話上的捲曲長電話線。

我永遠無法理解查克接下來做的事。任何一個正常人應該會走過辦公區，將手提電話遞給ＪＢ，可是他沒有，相反的，他只是大喊：

「ＪＢ，這個給你。」

然後將手提電話用力往空中一扔。

手提電話在我眼前彷彿慢動作似的飛著，極高的弧線甚至刮過交易大廳的挑高天花板，它在蒂茲的正上方到達頂點，開始向我的右邊墜落。蒂茲直直盯著上方。它從我頭頂落下時，我敏捷的躲開了，並向後退了一大步。

我根本用不著後退的，因為查克從來沒有失手過。手提電話完美的在ＪＢ的光頭中央著陸。我等著，大家也都等著。一時間交易大廳裡鴉雀無聲。我在想，不知道ＪＢ會不會殺了查克。

然而，他沒有。他只是停下動作，什麼也沒做。他不再壓下按鈕，不再砸手提電話。他輕輕坐回椅子上，似乎在思考非常非常重大的事。接著他掰起其中一個開關，不再使用按鈕，使他可以不用透過壞掉的手提電話就能和經紀人對話。事實上，這個選項一直都在。

「三個月期的價錢？」

「四十一至四十四。」

「你能在四十四時幫我買兩碼嗎？」

短暫的停頓，然後：「可以，你要嗎？」

「買進兩碼。四十四。」

在這之後，JB沒再做什麼。他只是靜靜坐在位子上，深呼吸五分鐘。中間有一度他抬起右手摸摸頭頂，然後看看手指，好像在檢查他有沒有流血。然後，他站起來，回家。

我不認為你可以透過敲打人們的頭部使他們恢復理智。我以為只有在動畫裡才會出現這種情節。但誰知道呢？說不定真的可以。

這是查克所做的最後倒數第三件事。

私生活方面，哈利愈來愈擔心我的狀況。我不出門。我唯一做的兩件事就是做飯和賺錢。關於我的傳說在業界傳得沸沸揚揚，哈利也聽到了。很明顯的，我即將成為一個大人物。哈利不明白為什麼我不想享受它帶來的好處。老實說，我也不明白。他常常邀請我的朋友們一起喝酒，並試著說服我夜店。他在Cargo俱樂部訂一個昂貴的VIP包廂，為我舉辦一場盛大而驚喜的生日派對，邀請許多人一起慶祝。我卻只待一下就假裝去洗手間，然後偷偷溜走，獨自搭公車回家。

哈利不斷向我洗腦，說個不停，我看得出來他的出發點是好的，於是最後我答應他，好吧！我們可以選個派對去參加。我們住的火柴工廠即將舉辦某種夏日活動。我去樓下健身房時，總遇到一個女孩對我微笑，所以我想她應該會去。我只是想讓哈利那孩子知道，只要我願意，我還是很有魅力的。

我們去了，那女孩和她的朋友也在。我帶了一瓶一公升的百加得蘭姆酒，我問她們要不要一起喝一杯。她們說好。我其實不算英俊，但有必要時，我還是可以散發一點魅力。

我們四個人去酒吧玩到凌晨，遠超過我平常的上床時間。我其實很睏，我看得出來哈利喜歡她，所以我想我就放手吧！我問女孩的朋友（後來才知道是她的室友）要不要一起去麥當勞，於是我們決定搭夜班巴士回家。我一坐上公車就睡著了，當我醒來時，她正在撫摸我的頭髮。

史努比在那年的夏天結婚。他只邀請比爾觀禮，沒有邀請我們其他人。

史努比仍然在賭經濟會復甦，我則坐在角落試圖說服他復甦不會發生，此時查克走過來說：

「現在結了婚，感覺如何？」

史努比坐著，查克就站在他身後，所以他不得不扭轉身體，將脖子揚得高高的。

「呃嗯……還不錯，查克，是的。還不錯，還不錯……滿好的。」

「啊，拜託，你說滿好的是什麼意思？告訴我一些細節啊！」

「我不知道，查克，你想讓我說什麼？就很不錯！我工作了一整天，回到家，她已經做好晚餐……感覺很好！」

查克對此並不滿意。

「那麼，她煮了什麼？」

「你這麼問是什麼意思？她煮了什麼？她每天煮的東西不一樣！」

「嗯……她昨晚為你煮了什麼？」

史努比想了一下。

「昨晚……昨晚她煮……烤義大利麵。」

查克的臉皺起來，額頭也皺起來。他搔搔頭，眼睛往外轉。

「義大利麵？」他難以置信的問：「義大利麵!?」又重複一次。

他把沉重的身軀靠在桌子上，使自己能夠直視史努比的眼睛，然後以帶一點稚氣的認真態度問他：「義大利麵……上面淋咖哩嗎？!?」

我和史努比因為這件事笑了很久，久到不得不暫時離開辦公區，出去迴避一陣子。

這是查克所做的倒數第二件事。

「她有一種特殊的氣質。我認為她是個巫師。」

哈利有次喝醉時是這樣描述她的。那個我們在派對上遇見、帶我搭公車回家的女孩。從那之後，我們便一直暱稱她「巫師」。

巫師的皮膚很白，兩顆極大的綠色眼睛，還有一頭又長又直的金髮。她在月光下全身會散發淡藍色的光。

我試著向她解釋我的工作。

「聽起來你不是很喜歡它。」她對我說。

「妳說我不喜歡它是什麼意思？我當然喜歡！」

「如果你不喜歡它，你知道的，你就應該辭職。若是我，我就會那麼做。」

我對她說：「聽著！我現在並不想發展認真的男女關係。我不認為我還會在這裡待很久。我必須搬去某個地方，可能很快就會離開，但是我還不曉得我會去哪裡。我覺得妳應該多去認識其他人。」

查克把小組所有人叫進一個房間。這一次我不再是小組裡最資淺的人了，所以守著辦公區的是蒂茲，我則被允許入內。

房間裡布滿陽光。查克總是能夠找到最好的房間。裡頭有一張長會議桌，查克坐在最前方，背靠一扇大窗戶。我站在ＪＢ旁邊，比爾和史努比坐在我們對面。其他交易員零零散散的站在四周。

查克告訴我們，兩週前他在回家時迷路。查克說，這不是他第一次迷路，卻是第一次被他太太發現。她送他去醫院檢查，查克的腦袋裡長了一顆網球大小的腫瘤。

「所以我必須請假一段時間。」

我看看比爾，發現他的視線已經在我身上；他看我，看了好一會兒。ＪＢ將他手肘貼在我的上臂，透過衣袖的布料，我仍可以感受到他皮膚傳來的暖意。

「沒什麼大不了的。醫生說他們可以把它拿掉，所以我應該不會離開辦公桌太久。」

他說完，我將視線移回查克的方向，窗外的光線灑在查克背上，讓他只剩一個黑色的剪影。我看著他厚厚的眼鏡、寬大的笑容，還有和我父親一模一樣的髮型。

這是查克所做的最後一件事。之後，我再也沒有見過他。

4

巫師的臥室和我的臥室隔著花園相望，只是她的比我的高三層樓。當我躺在床上時，可以看到她家在飄動的窗簾。我們常常去格林威治公園，看著太陽從世界中線的山頂上越過摩天大樓落下。

「當你說你必須搬去某個地方時，是什麼意思？」

「我不知道。我的意思是，我得去某個地方。我不能一輩子待在這裡。」

「你要去哪裡？」

「我不知道。日本？航行去智利？反正是某個很遠的地方，不是這裡的某個地方。」

「這和你的工作有關，是不是？你討厭那份工作。為什麼不乾脆辭職呢？」

她不明白。我的心裡藏著兩千九百萬美元，每毛錢都在尖叫：「你不能辭職。」

我和史努比懇求比爾。我們知道如果他不點頭，那就會是青蛙。我們沒想到他真的會答應，但他確實鬆口了。比爾接任我們小組的新主管。

我不知道他為什麼答應，比爾其實非常討厭行政職務。他會對銷售人員和其他小組的交易員說髒話。每次電話響起，我或蒂茲接聽時，他會瘋狂比劃，用手劃過喉嚨，好像在說：「告訴他我不在。」

當鼻涕蟲打電話來時，沒有人想跟他說話。比爾不跟他說話，ＪＢ也不跟他說話。沒有人賺到錢，沒有人期待分紅，所以自然也沒有人在乎。當然，除了我以外，我很在乎。

所以當鼻涕蟲打電話來時，是我去接電話。我會對他說：「比爾不在座位上，老闆，不過有什麼是我能幫您的嗎？」

鼻涕蟲告訴我，他想要花旗銀行成為全球交易量最大的外匯銀行。於是，從那之後，我每天的交易金額上升至近兆美元。

哈利想要追求巫師的室友，但我覺得他似乎沒有取得任何進展。他開始頻繁的拜託我安排四個人一起出去玩，不久之後我們幾乎是隔週週末就會出去一次。

我們還未成年時，哈利和我從來沒有真正一起出去過。我們那時不是一起踢足球，就是一起玩PlayStation。他剛到合法喝酒的年紀沒幾年，所以我從來沒有真的和他一起出去喝過酒。結果，我這輩子第一次意識到這傢伙是惡魔。他喝的量比我的體重還多，喝起來還特別兇狠，不留情面。

一旦他喝下滿到鼻孔的酒，他的左眼就開始無法聚焦，他和我說話時不會看著我，而是直接靠在我身上，對著我身後三十公分處說個不停。他將額頭用力壓在我的額頭上，過了一會兒，他衝進舞池，撲向巫師的室友，她推開他，表情厭惡。

我不在乎。我唯一在乎的只有數字。交易量和我的 PnL 數據，中央銀行的拍賣，還有每天七千億、八千億、九千億美元的單日貸款。實習生或畢業生培訓計畫的孩子常常三三兩兩的坐在我身後，他們會問：「蓋瑞，你是怎麼想出這個交易的？你的入場點是多少？」

我會回答：「誰在乎我他媽的入場點？入場點已經是過去的事了。我只關心今天和明天，我不會把不需要的數字記在腦子裡。」

然後實習生就會被嚇到，藉口要吃午餐，趕緊小跑步離開。

蒂茲說：「你不該對實習生這麼刻薄。你知道嗎？他們都叫你『傳奇人物』。」

我知道。不過我一點都不在乎。

「聽著！你是個很好的交易員。也許不只是好，應該說是相當厲害。但你其實不如自己想像的那麼聰明。我看到你能慧眼獨具的辨識出高點和低點，這並不是因為你是天才，而是出於你的本能。對你來說，交易就是一場遊戲。」

我什麼也沒說。他的廢話不值得回應。

「你有一個大問題，蓋瑞，你必須面對它、解決它。」

蒂茲繼續他媽的說個不停。

「什麼問題？」

「以我們的話來說，就是『凡人皆狼』＊。」

這傢伙，真讓人受不了。

「『凡人皆狼』到底是他媽的什麼東西？」

「這是拉丁語，蓋瑞。它的意思是『對人來說，人就是狼』。」

＊譯注：Homo Homini Lupus：指人在自然狀態下具有掠奪、殘忍和不人道等和狼相似的行為。

我覺得自己已經聽夠了這些屁話。

「蒂茲，站起來，看看你的四周。」

我站起來，張開雙臂。

「看看這些傢伙。看看這些混蛋。他們每個人都把手伸進我的口袋裡。他們每個人都在偷我的錢。所以不要跟我談什麼凡人皆狼，小子，我們兩個早就被狼群包圍了。」

當時，我覺得那是一個令人信服的論點。我想，也表示蒂茲說的可能是對的。

不過我說的確實沒錯。突然間，我成為全世界交易金額最大的交易員之一，所有人都想從中分一杯羹。年輕的孩子們會出現在交易大廳，友善的拍著我的背，回憶我們在倫敦政經學院共度的美好時光，但我甚至不記得見過他們的臉。當鼻涕蟲來出差時，我不得不和他單獨吃午餐。實在太噁心了。

經紀人們為了分一杯羹，比任何人更瘋狂，想擺脫他們是不可能的。他們簡直像溼疹一樣爬滿我的身體。有一家公司聘請一個沒那麼出名的公眾人物來負責與我通話，想要贏得我的業務。我在搜索引擎上調查他的資料，看到一張他在海灘上用吸管喝鳳梨雞尾酒的照片；另一家公司雇用我以前的高中校友，只因為他說他認識我。每個人都想帶我出去，上餐廳、看足球賽、一起度假。這些行為開始讓我感到噁心，於是我立下「僅限南多斯*」的規則。你想見我嗎？可以，我們在南多斯的金絲雀碼頭分店碰面，帳單各付各的。但最終我吃了太多烤雞，所以不得不把這條路也堵死，之後不管任何人想見我，我一律拒絕。

高層們派青蛙來取代比爾，我心知肚明這是必然的結果。比爾仍舊堅持經濟即將復甦，他很勉強的將自己的 PnL 維持在黑字。他和ＪＢ幾乎惹怒交易廳裡所有的人。沒有人處理小組的行政庶務，但因為我還想拿到分紅，所以我幾乎接管一切。銀行自然不會永遠讓一個二十四歲的人管理整個小組。

對我來說，光是和青蛙待在同一層樓都讓我難以忍受。他讓我感到噁心想吐。我永遠不會忘記那傢伙是怎麼陷害我的，只要他一開口，我就渾身發癢。他做的第一件事是把我拖進會議室，告訴我他打算自己接手ＪＢ的工作。他沒有告訴ＪＢ，卻告訴我，也就是我必須坐在ＪＢ旁邊整整一個月，卻不告訴他他即將被解聘。

經紀人們不只想帶我出去，他們也想帶哈利出去。我不知道他們是想利用他來接近我，還是單純的喜歡他，不過哈利和經紀人們顯然一拍即合。經紀人們擅長挖掘你的惡習。他們用骯髒的手摸遍你全身，直到發現一處弱點，然後他們就把他們胖胖的手指塞進去，拿任何你想要的東西滿足你。哈利有很多弱點。他們帶他去什麼地方，他就乖乖跟去——酒吧、餐廳、俱樂部、妓院，他甚至在吸食我連聽都沒聽過的毒品。我很清楚他什麼時候吸嗨了，因為我早上醒來會看到四十七條不知所云的簡訊，他卻站在他的房間裡扭動身體。

＊譯注：Nando's：英國連鎖烤雞店。

我應該挺ＪＢ嗎？大概應該；如果情況反過來，他會挺我嗎？百分之百會。但是到那時候，我的年度 PnL 已經超過三千一百萬美元，我非常渴望能拿到分紅。只要青蛙開口要求，他想要接手我媽媽的工作我可能都會同意。

於是青蛙接手ＪＢ的歐元帳本。這使他成為我的搭檔，意味著我必須每天坐在他旁邊。他將ＪＢ貶到角落交易澳幣，直到他能找到一個很好的理由解雇他。

在掃除ＪＢ這個障礙之後，他立刻來找我。

「聽著，蓋瑞，我們遇到一個問題。你知道的，你是一位很棒的交易員，今年也賺了不少，可是整個小組卻在苦苦掙扎……銀行也沒賺到什麼錢……我不確定我們有沒有辦法給你今年的分紅。」

我感覺血液瞬間湧向我的雙手和頭部，開始有點頭昏。我想吐在地板上。

我看著青蛙。他穿的所有東西都黏在他身上，卻又從他身上掉下來，彷彿他的身體是由錯誤的樂高積木組成的。那混蛋臉上還掛著微笑。

這傢伙他媽的以為自己是誰？一個頭髮蓬亂、臉頰鬆垮的寬嘴混蛋，居然敢來告訴我他付不起該給我的錢。他知道我為了賺這些錢經歷過什麼嗎？不，他不知道，對他來說，這只是一場遊戲。這筆錢比我二十五代祖先賺的加起來還他媽的多，但對這傢伙而言，它不過是一場遊戲。

嗯，我會讓你知道，對我來說，這可不是遊戲。

在此我學到一個教訓。那就是：當你周圍的人被搞的時候，你應該挺身保護他們，否則輪到你被搞的時候，也不會有人為你出頭。

不，去你媽的，我可不是來學教訓的，我也不會挺身保護任何人。我只保護自己。我向來如此。

從那之後，哈利幾乎永遠不在家。即使是他罕見的出現在家裡時，也多半是無知無覺的趴在地板上流口水。

每天晚上公寓都由我獨享，我和巫師，一起煮義大利麵，看電影。說實話，在這之前，我從來沒有看過電影。

我告訴她，某個狀似肥青蛙的混蛋想搞我，不把該付給我的錢給我，但我不會就這麼接受。她對我說：

「那些傢伙，他們只是不了解你。除了我，沒有人了解你。聽著，我買了一些棕色油漆，打算粉刷客廳的一面牆。你想過來一起刷嗎？」

那段期間，我常接到獵才顧問的電話。每週都有，一週好幾次。在這之前，我向來直接掛斷電話，但是現在我開始和他們交談。我讓他們將資料寄到我的個人電子郵件地址，那時我使用的信箱是「Thegazman1000@hotmail.com」，他們會要求我仔細為他們拼出來，然後他們會問，「是Thegazman1000 @hotmail.com嗎？」

我會回答，「是的，沒錯，Thegazman1000@hotmail.com。你是覺得 Thegazman 1000@hotmail.com 有什麼問題嗎？」

然後他們會說：「不不不，不不不。當然沒問題。」

然後他們會為我安排面試。

我去過巴克萊銀行面試，去過美國銀行面試，去過高盛面試。我穿著連帽衫和運動鞋參加高盛的面試，當場告訴他們我一點也不想要那份工作。之後，他們還是請我回去第二輪複試。

每次面試時，我都會拿一張他們董事總經理的名片，給它拍張照片，再將它帶進辦公室，隔天一早放在青蛙的桌子上。他需要知道，如果我沒拿到我應得的分紅，會有什麼後果在等他。

我問獵才顧問，公平的分紅應該有多少，他們告訴我七％。三千兩百萬美元的七％。它必須是我的。

5

我將今年稍早透過哈利交易的巨額美元隔夜指數交換獲利了結。光是那一筆交易，我就賺進九百萬美元。我故意透過哈利，找到當初和我對賭的那位德意志銀行交易員了結交易。然後我讓哈利計算 PnL，看看我從那人手中，光靠這筆交易就賺多少錢。我想告訴你，我這麼做是因為我想給他目標，希望激發他努力向上。事實卻是，我知道他將會在金絲雀碼頭廣場的每家酒吧裡為我吹牛，而我想在分紅日之前刻意推高我在圈子裡的名聲。

哈利的情況變得愈來愈棘手，他的神智幾乎一直都不怎麼清醒。他會滿眼紅絲的在半夜回家，吵醒我後，我會問他：「兄弟，你剛才吸了古柯鹼嗎？」

他會回答：「不，我不吸古柯鹼的。」

我會說：「你說謊，你他媽的吸了，夥計，你現在就是他媽的剛吸過吧？如果你媽媽知道你吸食古柯鹼，她會說什麼？」

然後他會轉移話題，結結巴巴的說：「兄弟，你今年能拿到多少錢？」

我會回答：「我不知道，夥計，兩百萬美元？」

然後他會一邊笑，一邊戳著我的胸口說：「你他媽的為什麼能拿這麼多錢？我工作比你努力十倍！」

我會說：「這不是你工作有多努力的問題，夥計，從來都不是。」然後我會回臥室，上床睡覺，讓他穿著鞋子趴在地板上。

辦公室裡的情況也變得愈來愈棘手。坐在青蛙旁邊讓我噁心想吐。他總講一些可怕的笑話，我別無選擇，只能跟著笑。每次我這麼做時，我都感到從胃裡湧出的酸性膽汁的銳利刺痛感，穿過我的心臟，進入我的喉嚨。我別無他法，只能把它嚥下去。時間進入十二月，我已經賺將近三千五百萬美元。我不能讓任何一件小事出差錯。

ＪＢ還坐在青蛙指派的角落。他看起來有些不對勁，他體重減輕許多，變得非常瘦。我回頭看他時，常看到他的嘴在微微的移動，彷彿在用氣音說話，他的眼睛還會不時出現抽搐現象。

我在夜裡開始失眠。

一天晚上，我在凌晨一點半被吵醒，客廳傳來一陣騷動。我打開房門，哈利和一群我之前從未見過、看起來像住在克萊姆的白痴，正在我的餐桌上吸食古柯鹼。

哈利抬起頭，面無表情的看著我，露齒微笑。

「你沒事吧？蓋爾！」

我身上只穿一條內褲。其他經紀人（因為他們一定是經紀人）顯然沒有哈利吸得那麼嗨，他們有些尷尬的向我點點頭，左右張望。

我在門口站了一陣子，然後我越過他們，走進廚房。我從櫃子裡拿出一個玻璃杯，用力放在櫃檯上，在裡頭倒滿牛奶。我端著它走回客廳中央，只穿著內褲慢慢喝下去，然後我站在那群人中間，一個、一個輪流盯著那些垃圾的臉。

他們開始四處尋找外套，穿上鞋子，然後說：「差不多了，哈利哥兒們，我想我得走了。」

哈利回應：「喔，別走，夥計，我們才剛開始呢！」

不到一分鐘，他們全都走光。我正要回去睡覺，哈利在我身後大喊：「為什麼我找樂子，你總要搞破壞!?」

隔天青蛙不在辦公室，只剩我一個人負責全部的歐元交易。我很生氣，拒絕和任何人對話，甚至連蒂茲也遭受池魚之殃。我只是坐在那裡，一言不發的進行交易。

下午兩點左右，我的螢幕上彈出ＩＢ聊天室的訊息。上面寫著：「昨晚遇見你的妞，老兄，她身材真辣，好眼光。」

對話框旁邊顯示的名字是「昆汀・本廷」。

我不認識任何一個叫昆汀・本廷的傻瓜。

我盯著螢幕的眼光一定凌厲如刀吧？因為ＪＢ經過時，他注意到了，他問我：「去他的，夥計。出了什麼事？」

我什麼也沒說，只是指著螢幕上的訊息，ＪＢ瞇起他的老花眼，看著螢幕，說：「去他的，該死的傢伙！昆汀・本廷到底是誰？」

我搖搖頭：「他媽的我根本不認識。」然後我點開聊天室。他名字的後面有一個括弧，裡頭的大寫字母顯示公司名稱：（ＩＣＡＰ上市股份有限公司）。

我們兩個沉默好一會兒，只是並肩站著，雙手托住下巴，思考下一步該做什麼。然後ＪＢ靠過來，按下我揚聲器上ＩＣＡＰ的開關：「從現在開始，花旗銀行和ＩＣＡＰ之間的所有業務全部停止。永久停止。如果你們想知道為什麼，去問昆汀・本廷。」

然後他轉身，向其他小組成員宣布：「每個人都按下你的ＩＣＡＰ開關，告訴他們花旗從此不再和他們做生意。如果他們想知道原因，請告訴他們去問昆汀・本廷。」

然後他將雙手圈成筒狀，圍在嘴邊，對著整個交易樓層大喊，

「花旗到ＩＣＡＰ的所有線路現在開始全面關閉。如果有人想知道為什麼，請告訴他們去問昆汀・本廷。」

一大排ＩＢ聊天的請求如瀑布般在我的螢幕傾瀉而下。前一個的提示音還未消失，後一個的提示音就已響起。ＪＢ在我的後頸拍了兩下，直接走向洗手間去吸食古柯鹼。

ＩＣＡＰ是一家大型經紀公司，它是倫敦最大的兩家經紀公司之一。每種產品他們都有經紀人，表示交易大廳裡的每個交易員都至少有一位ＩＣＡＰ經紀人。就在這一刻，那些肥胖混球中的每一個都發瘋似的扔下手上的起司漢堡，穿過經紀大廳，怒氣沖沖的走向昆汀．本廷。緊挨他的座位，坐的便是非常年輕、非常宿醉，而且現在緊張得不得了的哈利．桑比。

我發簡訊給巫師。顯然她和她的室友去酒吧時，遇上哈利和一群喝醉且吸毒吸得神志恍惚的經紀人。女孩們想走，但因為她們和哈利住同社區，所以那些人就跟在她們後頭回家，最後所有人都進了我的公寓。女孩們只短暫停留一會兒，所以當我醒來時，只看到一群吸毒的胖子。我猜昆汀．本廷也是其中的一個。

我回到家時，哈利很沮喪。他穿著過大的皮鞋在公寓裡來回踱步，雙手抱著頭，聲音嘶啞的抽泣。

「你他媽的在做什麼？你他媽的在做什麼！我們會被解雇的！我們兩個都會被解雇的！！」

「你問我在做什麼是他媽的什麼意思？你自己才是他媽的在做什麼！昆汀．本廷這個混蛋到底是誰？而且事情也不是我做的，是他媽的ＪＢ幹的！」

「是，但你他媽的可以阻止他啊！他媽的阻止他，你可以阻止他！把線路放回去，重新開通它們！」

「我他媽的為什麼要把那些該死的線路放回去!?那個該死的白痴必須得到教訓，你也是。你他媽的到底在做什麼!?」

「你問我在做什麼是什麼意思？我什麼都沒做！我他媽的到底做過什麼？」

「聽著，你這個該死的白痴，」我的臉正對著他的臉：「我他媽的還有一個月就要成為他媽的百萬富翁了。我不能犯任何他媽的錯誤，而你他媽的在做什麼？你他媽的在一個上班日的晚上，在他媽的凌晨，把四個他媽的同業胖子帶進我他媽的房子，然後你在我他媽的餐墊上吸食古柯鹼，這就是你他媽的做過的事。你他媽的是傻了還是怎麼的!?」

哈利什麼也沒說。我們只是鼻子碰鼻子的站在那裡。

「你媽媽會怎麼想？如果你媽媽知道你做了什麼，她會怎麼想？別以為我不知道你他媽的都做些什麼，因為我知道。我知道你晚上去哪裡，我知道你做了什麼。她會怎麼想？如果她現在能看到你，也能看到我，她會怎麼想？她會為我們感到驕傲嗎？如果她知道你現在是怎麼過日子的？」

哈利伸手在我胸口上用力一推，我努力保持平衡，不往後退。

「別和我談論我媽媽，你又不是我爸！照顧我不是你他媽的責任，我會照顧我自己！」

「喔？是嗎？那麼你做得怎麼樣？你把自己照顧得怎麼樣？你他媽的爸爸在哪裡？誰他媽的在照顧你？誰給你做飯？誰幫你付他媽的帳單？誰幫你得到你他媽的現在的工作，誰在你爬不起來時他媽的載你去上班？對，他媽的就是我在做這些事。我才是他媽的照顧你的人，我才是賺這些錢的人，你現在做的只會搞砸一切！」

「是嗎？為什麼呢？蓋瑞？為什麼蓋瑞？為什麼？你他媽的為什麼要賺這些錢？蓋瑞？你他媽的從來不花錢啊！你他媽的從來不享受！你他媽的從來不去任何地方，你他媽的從來不做任何事情，你甚至從來不跟你自己的媽媽說話！我們最後一次和你爸爸一起去看東方隊比賽是什麼時候？

他媽的從來沒有！我們再也不去看球賽，我們再也不做任何事！你他媽的再也不跟你的朋友說話！你他媽的在做什麼？這一切到底是為了什麼？你談論伊爾福德的樣子好像它對你來說很他媽的重要，表現得一副你他媽的正在為他們做什麼事一樣。你他媽的再也不回去他的伊爾福德！你最後一次去是什麼時候？你再也不和來自伊爾福德的任何人說話，你根本不和任何人說話！這到底是怎麼回事蓋瑞？這他媽的到底是為什麼？」

我不想回應他的話，於是我扔下他走了。我離開公寓，去健身房。當我回來時，他已經趴在沙發上不省人事，他的口水都流到地板上。

隔天，我安排我、昆汀．本廷和他的老闆在碼頭碰面。我直接和他老闆安排碰面，而不是和昆汀，因為我不想跟那爛人說話。

昆汀三十五歲上下，他老闆四十多了。他們知道，我知道他們知道。他們知道哈利的狀況，知道他沒有家人，他們知道他們其實應該以更好的方式照顧他。

我告訴他們，我向他媽媽承諾過我會照顧他，如果我允許兩個胖子將他帶進嫖妓、吸毒的深淵，我永遠不會原諒自己。我問他們是怎麼看待自己的，他媽的成年男人居然這樣對待一個二十歲的孩子。

他們向我保證他們會以更好的方式照顧他。我不知道他們後來是否真的這麼做了。我走回辦公室，對著整層樓的交易員大喊：「和ＩＣＡＰ的線路現在重新全面開通。」

6

然後是分紅獎金日。

關於那一天，我只記得幾個數字。我的 PnL 剛超過三千五百萬美元，我的分紅應該是獲利的七%。我記得的差不多就是這樣。我不記得那間會議室，我不記得有收到分紅，我不記得青蛙那張醜陋的臉。

我記得我當時心裡有一個清楚到個位數的金額，那就是我想要的。我現在不記得它是多少了，但它應該是三千五百萬美元多一點點的百分之七，所以一定是在兩百四十五萬美元上下。

在分紅的數字出現的那一瞬間，我就把它忘了。它成了另一個過去的、不再有影響力的數字。我向來不把不再需要的數字記在腦子裡。三千五乘以〇．〇七，這就是我得到的。這就是我應得的。

大家都很滿意。

任務完成。

那天晚上，我在又黑又冷的一月夜色中騎自行車穿過東倫敦回家，每次呼吸都帶著白色的蒸氣。我一如往常的經過克里斯普街市場，那裡的一幅巨大壁畫是我最喜歡的塗鴉：一隻高達六層樓的吉娃娃，用後腿站立，伸出舌頭，底部是一家清真炸雞店。我看著炸雞店在黑暗中洋溢熱騰騰的紅光，店門旁一個白髮老人正忙著將一床棉被塞進一個破舊的大床墊邊緣。棉被套的布料會發光，是一種閃亮的白，或者更準確的說，在月光下是一種明亮的藍。它肯定是剛從包裝袋裡拿出來的。

我不禁在想，一個住在炸雞店旁邊小巷裡的白髮老人怎麼會有這樣一床全新的、閃亮的白色棉被。然後，突然間，在我生活二十五年的這座城市裡，我第一次在吸氣時感覺到倫敦的冷冽空氣灌入身體，充滿我的肺部，燃燒起來。我不明白我為什麼會有這種感覺。

回到家後，我坐在客廳角落的小書桌考慮要怎麼投資。這是一大筆錢，我得好好規劃，好好投資。

巫師來了。當她進門時，我看著她，我注意到，當她看到我時，她的臉上浮現一抹擔心的神色。我將視線轉回螢幕。她走過來，撫摸我的頭髮。

「事情順利嗎？你心情還好嗎？」

「很順利。太好了。我拿到應得的份了。」

「你看起來不太開心的樣子。」

「嗯，妳知道，這是很多錢，我必須將它投資出去。感覺有點壓力。」

巫師聽完，只停頓幾秒鐘。她的手依舊擱在我的頭髮上。

「你知道嗎？如果我賺和你一樣多的錢，我最不想做的一件事，就是獨自一人坐在客廳角落，覺得壓力很大。」

她的話一出口，我就知道她是對的。我真討厭她就這麼一針見血的戳破真相。

第二天，辦公室裡一切如昔。

同樣的人，同樣的噪音，同樣的粉紅和白色襯衫。

同樣的經濟，同樣他媽的交易。

年底時，我已經將帳本全清理乾淨。不過現在是新的一年，所以我需要新的交易。

不，實際上，我並不需要新的交易。我不需要新的交易，因為一切都和之前相同，沒有改變。同樣的貧富不均在持續惡化。同樣的家庭失去他們同樣的家園。同樣的無力消費。同樣的沒有錢。經濟沒有成長，也沒有他媽的任何改善。我拿起手機又將它放回去，災難交易已經持續兩年。

你知道嗎？但它讓我賺得荷包滿滿。

關於我對世界經濟的看法中，有一部分是富人會變得愈來愈有錢，其他人卻會變得愈來愈窮，言下之意是利率將永遠保持在零，因為經濟永遠不會有足夠的消費力去促使價格大幅上漲。

然而，在此的價格並不是指所有東西的價格。當貧富不均加劇時，價格難以上漲的原因是，富人花在商品和服務上的支出占他們收入的比例，遠較一般人的比例更低。相反的，他們花在資產上的支出則要多出許多。富人以愈來愈快的速度累積資金，更何況現在還可以拿到超低利率的貸款。兩件事不可避免的將加乘起來，大幅推高包括股票和房地產在內的資產價格。

這件事讓我很擔心，因為我剛剛得到一大筆錢，可是我名下沒有任何房產，所以我在辦公室附近的豪華碼頭上找了一戶豪華公寓，直接在賣方要價上加五％，就這樣買下房子。

有一天晚上，我帶哈利去看那戶公寓。我們站在陽台上看著外面的船，他在抽菸，我沒有。我對他說：「我要買下這地方，哈利。你知道這是什麼意思，對吧？」

他對我說：「是的，兄弟，這裡太棒了！我們會玩得很開心的！它好大啊！我等不及要搬進來了！」

我對他說：「不，哈利，我要買下這地方。我，不是你。我要買下這個地方，而你要回家了。」

直到今天，我都還記得月亮落在他眼睛裡的樣子。

我懶得在辦公室花費任何心力。我不和任何人說話，甚至連蒂茲也不怎麼交談。蒂茲和我的經紀人為我做所需的最低限度交易，然後錢就一直流進我的 PnL。我每天只是戴著耳機坐在位子上看報紙。到了三月底，我又賺進九百萬美元。

青蛙從沒問過我是怎麼賺到這麼多錢的，鼻涕蟲也沒有。我相信為了以防萬一，他們寧願不知道。但我聽到青蛙講笑話時，再也不跟著笑了。事實上，除非絕對必要，否則我根本不和他說話。他把我拖進辦公室，對我說：「我們很擔心你，蓋瑞。我們擔心你沒有團隊精神。我們希望你能真正成為我們之中的一員。」

我其實沒在聽他說話，但他的最後一句還是引起我的注意，所以我問他：「你說『我們之中的一員』是什麼意思？」

青蛙垂下他長方形的頭，像要告訴我什麼祕密似的傾身靠向我，他說：「聽著，蓋瑞，你是一個很厲害的交易員，你非常聰明，有一個光明的未來。你可以像我們一樣，你可以升上管理階層。但是，我不知道……我們覺得你有問題。我們真的不知道你想要什麼。」

「你是什麼意思，我想要什麼？」

「嗯……金錢似乎無法驅動你……我不確定我是否真的了解你。我和其他高階管理人員……我們想知道……你想要什麼？」

我看著那個傢伙，腦子顯然在想，「嗯，如果你以後不再是個令人難以忍受的混蛋，那就太好了。」

但是我累了。我真的、真的感到非常疲倦。儘管我不再跟著青蛙的笑話假笑，但那股灼熱疼痛的感覺卻一直在我的胸口盤旋。那一刻真的很難受，於是我握緊拳頭用力按在心臟上搓揉。我對他說：「青蛙，我會努力培養團隊精神的。我想成為團隊的一份子，為銀行賺更多的錢。」

一群其他銀行的金牌交易員想見我，所以他們讓比爾的經紀人問他有沒有辦法帶我出去聚一聚。在那個階段，我其實已經不太常出去，但因為是比爾，所以我答應了。

餐廳包廂是一個洞穴般的大房間，又低又暗，以燭火照明。一張直長的桌子擺在正中央，上頭擺滿食物，一路延伸到房間的後方。

交易員分坐在桌子兩邊，當比爾和我走進去時，他們已經在吃東西。我可以看到交易員背對著我們，彎腰傾身拿取食物時肌肉將白襯衫撐得鼓鼓的。

一個身材高大的男人站起來，把手伸過桌子，他對面的兩個經紀人在他將手伸向我時，立刻像紅海一樣往兩邊分開。

「我是卡洛・蘭格爾，瑞士信貸資深英鎊交易員。」

「蓋瑞。蓋瑞・史蒂文森。」我告訴他，比爾什麼也沒說，我們走向各自的椅子。

我們的座位在最後面的右側，我可以很清楚的看到整張桌子和桌邊的兩排賓客。

我對這群人印象最深的，是他們的體型，宛如和牛一般豐富的肌肉和脂肪完美和諧的交錯交融。和他們豐富的身體對映的是豐富的餐桌、一盤又一盤的肉、由看不見的侍者斟滿源源不斷的美酒。

我很快就明白這是卡洛主辦的聚會。卡洛坐在桌子正中央，大聲說話，時不時挑選一些人讓他們加入談話。他又吃又喝，一邊講話，一邊掌控談話的節奏，除了在旁觀看外，沒什麼可做的。比爾去吧台，買了兩瓶啤酒回來給我們。

卡洛賺很多錢，很多很多錢，從他的言行舉止都可以看出這一點。他希望身邊環繞的都是最優秀的交易員，世界級的，他一一輪流的和我們交談。

他很了解我，也很了解比爾，儘管我對他一無所知。因為我們坐在桌子的最末端，所以他用非常大的音量談論我們是多麼棒的交易員，有多麼了不起。比爾和我點點頭，舉起啤酒向他致意。

比爾很快就喝醉。非常快，不到一個小時，就已經神智不清，他站起來，含糊的用利物浦口音說一些什麼，我很快的跟著起身，說一些比他說的更有禮貌、更容易理解的話，然後扶他走到前門。

「去你媽媽媽媽的……卡爾……去你媽媽……卡爾．蘭格爾！！」

我用比爾的手機打電話給比爾的計程車司機，比爾選擇利用等待的時間瘋狂的指指點點並且跳舞。他抓住我的襯衫領子兩側，為了強調他的論點，決定當我的面再重複一遍。

「去你媽的卡爾．蘭格爾！幹！他媽的他媽的卡爾．蘭格爾！他看起來就像一個該死的羅馬胖皇帝！他媽的，他媽的……他媽的……白痴……他媽的……賤人？」

最後一句話說到一半時，他看到一個性感女郎在黑暗中拖著腳步離開，瞬間走神，不幸的是，這在一定程度上影響他咒罵的重點。不過他仍然抓著我的衣領，所以我輕輕在他臉上拍一下，提醒他：「比爾！」

這一掌成功的讓他回神。

「聽著！蓋爾。如果你以後變成像那個羅馬胖子，我會他媽的他媽的親手殺死你。就用這雙手！」

然後他把他的兩隻哈比人小手從我的衣領上移開，瘋狂揮舞，我想，「好吧！那麼我最好小心點了。」然後比爾的計程車司機終於出現，我將他身體打橫、頭部朝前的放入計程車後座，然後車子便轟隆隆的載他去英格蘭銀行撒尿。

我回到洞穴，準備和他們吃一大堆食物，談論我們這群交易員有多麼了不起。

也許你會覺得這聽起來很糟糕，也許這聽起來很噁心，但是其實也沒有那麼噁心。我在那個時期已經不再覺得任何事情噁心。在那個時期，我只覺得無聊至極。無聊，無聊，無聊，無聊，無聊。我真希望比爾還沒走。我想回到有巫師的家。

終於到了晚上十點。我覺得現在離開應該可以被接受吧？

「喔，別走！」卡爾尖叫。此時，他喝得滿臉通紅，胖嘟嘟的臉簡直像一隻已經烤熟準備下架的乳豬。

「我很抱歉，卡爾。我真的得走了。明天早上還要工作，你知道的。」

卡爾對此並不滿意，他將自己從桌邊掙脫出來，越過成堆食物，搖搖晃晃的向我走來，從後面將我攬入他宛如和牛的懷抱裡。我只記得我對他的溫暖和柔軟大感驚訝。

「別走，蓋瑞。」我感覺到他溼漉漉的呼吸噴在我的耳邊。「聽著，我本來不想告訴你這個，」他用氣音說著，語氣親密：「但是我和一些小伙子之後要去續攤。我們要去多佛街酒吧。你去過多佛街酒吧嗎？」

我沒去過。

「聽著，它真的非常棒，你一定要一起來。每家都有一堆漂亮的妞。以十分為滿分，至少可拿八分，甚至八分半的都有。」

然後他制止我的動作，把我轉過來，讓我們兩個變成面對面，他毫不猶豫的看著我的眼睛，帶著一種慈父般的糾正態度補充：「你知道的，我在這裡談論的可是嚴格的一到十分呢！」

我沒有去。

我坐火車直接回到堡區的家。從車站走回家的路上，在黑夜中，我順手抓住一輛汽車的後視鏡，毫無理由的用力將它扯下來。

7

我告訴哈利，在公寓共度的最後一晚，我們可以辦一場告別狂歡派對。他很高興，邀請所有人參加，包括我們以前的鄰居，還有金融城裡的孩子。他有點興奮過頭，甚至邀請在離公寓不遠的連鎖輕食餐廳 Pret A Manger 打工的女孩們。

蒂茲來了，花旗的其他一些孩子也來了，還有幾個自稱來自花旗但說實話我根本不認識的年輕人。伊爾福德的阿薩德來了。賈爾佩什、艾登和馬什菲克都來了。巫師的妹妹遠從諾維奇來參加。我哥哥來了之後卻整個晚上都坐在廚房喝茶。我們將所有門窗打開，一直播放音樂直到深夜，大量抱怨蜂擁而至，但我不在乎，因為我已經把所有東西都搬出去了，第二天我們就會永遠離開這裡。

在派對當中，有那麼一瞬間，一切看起來都很好，一切看起來似乎都沒問題。小時候的鄰居和金融城裡的人一起聊天喝酒，看起來相當正常。阿薩德的時髦烏克蘭時裝設計同學們一邊跳舞一邊吸毒，我在寒冷的夜色中和巫師一起靠在陽台上，仰望著有兩百年歷史的高聳火柴廠紅磚圓柱體煙囪，心裡想著，不知道之後我們還會不會有相聚的機會。

但是在實際的答案揭曉之前，在更深的夜裡，我就已經看到注定的結局。我可以看到他的眼睛逐漸失焦，說出的話也開始語無倫次，我可以看到他的腳已經抓不住地板。我知道我就要失去他了。老實說，我知道他已經神智不清。我知道他即將倒地。他將威士忌酒瓶舉得高高的，然後和它一起墜落地面。酒瓶和男孩摔在地上，棕色的玻璃碎片在他手裡炸開。

鮮血滴滴答答的流向地毯。巫師走向他，我卻釘在原地，動也不動。當她拿著廚房毛巾試圖包住他的手時，他卻對她上下其手，抱著她的身體摩蹭搖晃。等她止住他的血時，我抓住她的手，然後我抓住她妹妹的手，我說：「走吧！我們他媽的離開這裡。」

之後，我有八年沒再和哈利說一句話。

我搬進新公寓，將裡面拆得一乾二淨。牆壁、地板、燈、廁所、廚房水槽。我把它們全部清空，直到什麼都沒有，只剩下一個乾淨的灰白水泥石膏空屋。灰色的水泥地板。白色的石膏牆。

拆光後，我應該打電話給建築商，裝上新東西。新的廚房，新的地板。

但我沒有。我不知道為什麼。我做不到。

我在裸露的水泥地板上放一台電視，在臥室裡擺一張床墊。每天我在凌晨五點半起床，然後我會坐在地板上閱讀五百封電子郵件。

有一天，巫師來看我，她說：「你在做什麼！你不能這樣過日子！」

我笑著回答：「沒什麼不行的。」

於是她打開她的筆記型電腦，找到一個名為「免費回收」的網站，做了一些安排。一張老舊破爛的紅色燈芯絨沙發便被送進我的客廳，擺在電視前面。每天五點半下班回家後，我會逕自倒在沙發上呼呼大睡，然後我會在凌晨一、兩點醒來，月光從全部拉開的窗簾傾瀉進寬敞的空房間，我會發現巫師蜷縮成一個小球，和我一起躺在破爛的紅色沙發上。我會撫摸她的頭髮，叫醒她，然後帶她回臥室睡覺。

人力資源部門要求我做各式各樣的事情：發表演講，和剛入職的畢業生對談。誰他媽的知道為什麼，也許是他們認為我平易近人？

有一次，他們安排一大群當地學童參觀花旗大樓，他們問我那一天有沒有空，能不能帶他們到頂樓，為他們演講。

我當然說：「好啊！有什麼不行的呢？」反正像我這樣的混蛋，就應該做這樣的事。

然而，就在那個活動舉行的前兩天，我才發現它和歐洲中央銀行會議撞期了。

對一個負責歐元的 STIRT 交易員來說，歐洲中央銀行會議向來是一等一的重要大事。在它舉辦期間，你應該仔細聆聽，不該是對當地學童分享你的生活。但是，你知道嗎？去他的不應該。我都已經答應了。

老實說，我本來有機會僥倖逃脫的，可是正如你知道的，STIRT 的歐元交易員不只我一個，青蛙也是，所以在我為波普拉區學童提供正面男性榜樣時，青蛙卻在交易大廳裡放聲尖叫：「蓋瑞他媽的在哪裡？」他破音的感嘆句很快的透過簡訊傳到我的手機上。

我以所有能想到的、最禮貌的方式回覆青蛙：「真的很抱歉，但是我答應人力資源部今天會為當地貧困學童提供支援。」

青蛙相當不禮貌的回應：「滾回他媽的辦公區！」

他的態度顯然是一種對我們公司所在地的貧困兒童的高度社會排斥，既粗魯又麻木不仁，然而透過他簡訊傳達的指示卻也是相當明確，所以我別無選擇，只能放棄我的公民責任，轉身下樓，回到交易大廳。

結果他媽的歐洲中央銀行會議什麼都沒發生，於是我一邊聽著會議進行，一邊給人力資源部寫了以下的道歉電子郵件：

「親愛的＊名字省略＊

對於我在這麼短的時間裡通知您我無法參加您精心安排的活動，

請接受我十二萬分的歉意。

發生這種情況是因為我的上司＊省略真實姓名＊（副本收件人）

認為與當地貧困學童對話，並非在有效利用我的精力和時間。

祝一切順利。

致上親切的問候。

蓋瑞」

青蛙大聲尖叫，扯開喉嚨的叫囂。他站起來，坐下，哀號，身體拱起，傾身靠近我，焦慮踱步，揮舞雙臂。

我並沒有在聽他說什麼。我時不時看他一眼，假裝自己正在思考，然後點點頭。這麼做只是為了表示尊重，你知道的，讓他知道我正在反省。雖然說實話，我一點都不在乎。

他把我拖進一個小房間裡對我大吼大叫，讓我覺得彷彿回到學生時代。

我以前在學校時常常挨罵。遲到，不交作業，和老師頂嘴。還有，雖然只發生過一次，販賣毒品。

我經常遲到是因為我必須先送完報紙，然後衝刺二・四公里試圖準時到達學校，至於我很多作業缺交的原因，嗯，老實說，是因為我從來沒有一個真正安全的地方可以坐下來寫作業。

但是，你知道的，他們並不在乎這類的事，不是嗎？所以我就乖乖的聽他們大吼大叫。我有時會充滿同情心的抬頭看著他們，我會點點頭，然後我會想，嗯，你知道的，也許這樣對他們也好。說不定他們可以藉此發洩一些壓力。

不過，大多數時候，我只是坐著，用雙手撐著下巴，手肘擱在膝蓋上，低頭看著地板。我任由他們大吼大叫，直到他們再也罵不出任何話，就像當時我在那個辦公室對青蛙做的那樣。

他大吼大叫，不時哀嚎，我則凝視地板。

然後，我第一次注意到一些以前沒有注意到的細節。

原來我的鞋子也有破洞。

就在那裡，在我的兩隻鬼塚虎運動鞋的外角處，在我兩腳小姆趾所在的位置，出現兩個完全對稱、直徑大約兩公分的破洞。我的兩個小腳趾裹著萊頓東方隊的紅色襪子，正試圖從洞裡色彩鮮明的探出頭來尖叫。

去他的！這雙運動鞋我穿多久？從大學第一年吧？這兩個洞已經存在多久？我甚至不曉得它們何時破的。

然後我抬起頭來，我記得青蛙還在大吼大叫，我看著他的眼睛說：「老闆，我想我沒有辦法再繼續這樣下去……老闆，我想我得辭職。」

這句話狠狠擊中青蛙，他的表情彷彿天外突然飛來一支手機打到他的頭，我不禁笑了出來。

「你剛剛說什麼？」

8

我從來沒有想過我還會再見到他，但那個人就站在那裡。

他媽的大頭，他媽的寬厚肩膀，他媽的大手上長著他媽的肥大手指。

他站著，姿勢一如既往，在陽光的照耀下只見一道黑色的剪影，不過這次的窗戶距離更遠了。迦勒．祖克曼。

我沒看到他走進來，也沒看到他走向我們的辦公區，因為我進行交易時，習慣戴著耳機，將兜帽拉起來罩住整顆頭。年輕且易受影響的蒂茲學我戴上耳機，可是他對自己還沒有足夠的信心，不敢像我那麼狂妄的把兜帽拉起來，所以當ＪＢ、青蛙、史努比和比爾都站起來，跑向辦公區末端的那個男人時，他注意到了。

他扯了扯我的衣袖，我拿掉一側耳機，聽見他對我說：

「嘿！那傢伙是誰？」

就在那時，我轉過身來，看到他們站在辦公區末端與高采烈的狂拍對方背部。距離我上次見到這個男人已經過了三年。他看起來沒什麼變，只是稍微縮小一點，有點像你進入青春期開始抽高後，再次見到你祖父時的那種感覺。

所有的交易員都離開自己的座位湧向他，除了之前沒見過他的蒂茲，以及我。

我雖然沒有站起來，但我轉動椅子，直勾勾的看著他。一股灼熱的痛感在我的胸口盤旋。

我需要問那個人：「為什麼？」

然而，你不能直接問他：「你為什麼回來？」

這麼做顯得很不尊重。

這麼做暗示那個人決定離開是一次完全失敗的冒險。你不能對迦勒這樣的人做這樣的事，你必須為你的問題加上巧妙的掩飾。

同樣的，向來是談話藝術大師的迦勒也意識到，不能夠直接問身為花旗現今最賺錢的交易員的我，為什麼要在一週前告訴青蛙我不想再當交易員，然後在他追問我做出如此重大決定的原因時，只是指著我鞋子上的破洞（這個理由普遍被認為不怎麼令人滿意），並迅速將要求從草率的自我解雇，降級為申請休長假。到目前為止的官方說法是，他們仍在審慎考慮我的這個請求。

基於這些原因，幾個小時後，在那個溫暖的夏日，迦勒、JB、比爾和我坐在一家日本料理餐廳的陽台上，看著月亮從泰晤士河面冉冉升起，我們喝了許多酒，直到深夜，但四個人心中最想知道的真實問題，還是沒人開口。

你相信日本人會飲用木盒裡的米酒嗎？他們真的會。他們將一個玻璃杯放進一個方形木盒裡，慢慢將米酒倒入玻璃杯中，直至滿到邊緣，但他們不會停手，反而繼續倒，米酒溢出來，順著玻璃杯側流下來，開始填滿木盒。持瓶者仍繼續將酒倒入玻璃杯中，直到玻璃杯和木盒都裝滿才住手。我一直很喜歡這種做法。我猜它應該代表熱情好客之類的意思。但是，對於那天晚上第一次目睹這種行動的我來說，卻總是讓我聯想起那些無法溢出人們心頭的問題。

三個人想知道迦勒為什麼回來，第四個人則想知道，我為什麼從未透露任何想法卻突然決定辭職。可是沒人提起這些，相反的，我們談論迦勒在加州的生活，以及比爾和我在交易大廳裡的英雄事蹟，討論ＪＢ剛出生的孩子，以及青蛙如何卑鄙的將他拉下寶座，當然還有ＪＢ未來的復仇計畫。

不過，我們沒有談及他失敗的婚姻，也沒有討論當時在他血管中湧動的古柯鹼。我們沒有談到我們面容的變化，指出我和ＪＢ變得多麼憔悴。我們沒有談到迦勒眼中失去的光芒，也沒談到這種失去如何讓我聯想起更年輕、更快樂的自己。

在那個溫暖的夏夜，泰晤士河將城市閃爍的燈光反射在我們身上，我們不去談論已經不屬於我們的東西。我們沉浸在我們的榮耀中，不去管我們的失敗。我們讓它們沉入河中，無人提出，無人知曉。

儘管如此，我的心中仍舊隱隱作痛。

當時，我們都知道，迦勒會將我帶走，這顯然就是他接下來要做的事。不管他要去哪裡——花旗銀行、德意志銀行或其他機構——他都會帶著我。這就是他回來的目的，為了把我從青蛙身邊拯救出來。

可是在我問他之前，我無法離開，所以我耐心等待時機。

然後，突然間，機會來了。當我看到ＪＢ和比爾的注意力都放在喝酒和彼此的對話時，我將自己的臉貼在迦勒的臉上，輕聲問他。

「告訴我，真正的加州生活到底是什麼樣子？」

那一段時間只剩下我們兩人，他告訴我：「很美，蓋瑞。我們有一棟美麗的豪宅，前廊全由巨大的石柱支撐，相當壯觀。我們特地將它蓋在鄉間，專為我們量身設計。屋子裡非常開闊，向外可以看到美麗的大花園。後花園綿延數英里，深入高大的森林。在英國你見不到那樣的樹。孩子們整天在花園裡一起玩耍，直到入夜，佛蘿倫斯會為我們一家四口做飯，我才出去叫孩子們進來用餐。一年四季都很漂亮、很溫暖。」

他停頓一下，在那瞬間，他似乎有些顫抖。我看著他巨大的眼睛和巨大的笑容，我穩穩的和他對視，沒有退縮。

「但是有一個問題。那些幫我們建造房子的人，你知道的……我不確定他們是不是行業裡的佼佼者。他們是我妻子娘家的朋友，你知道嗎？有一些小事……那個地方……設計……我不確定，你知道嗎？我覺得他們並不太行……」

他又停頓一下，他移開視線，我催促他再多說一些。

「為什麼你會這麼想？迦勒？你這麼說是什麼意思？」

「嗯，我的意思是，舉例來說……自動調溫器。他們把自動調溫器放在離壁爐太近的地方。當你在冬天使用壁爐時，自動調溫器就會被觸動，中斷二樓的暖氣供應，讓樓上房間變得很冷。」

我直視他的眼睛。不讓它們有機會逃開。

「我們叫他們回來移動自動調溫器，可是問題還是無法解決。無論我們把自動調溫器放在哪裡，都無法讓它正常發揮效果。」

迦勒繼續說著，不過我已經放空，腦袋裡只剩一個畫面：一棟巨大而美麗的房子，一個巨大而美麗的廚房，推門出去就是美麗的花園；兩個美麗的金髮男孩充滿活力的玩鬧，金色的陽光灑在他們身上，後頭是巨大的異國樹木的剪影；美麗的媽媽走進花園。

「提摩西！雅各！晚餐準備好了！趕快進來！」

毗鄰廚房的大房間裡擺著一張超大餐桌，之後便是一個極大的客廳。

客廳中央，閃閃發光的水晶大吊燈下，身材高大的有錢大頭男子坐在巨大的豪華單人沙發椅上。

他的眼睛盯著牆面的某樣小東西。就在壁爐上方，更高一點，偏左之處。

他盯著它看，像一頭狼注視著獵物，惡狠狠的盯著。然後，一根粗大的手指在沙發扶手上抽搐一下。

自動調溫器。

這一刻，我突然明白為什麼迦勒決定回到交易大廳。

他回來，是因為他必須來。

「我想坦白一件事。」

我突然宣布，尖銳的聲音引起比爾和ＪＢ的注意，將他們再度拉回我們的時空。

「你們還記得我之前告訴過你們，我當初離開一流明星高中，是因為我認為這麼做可以提高進入倫敦政經學院的機會？」

三個人都點頭。

「那是一個謊言，事實根本不是這樣。我離開，是因為我被開除了。我因為販賣毒品而被學校開除。」

ＪＢ和迦勒以非常緩慢的速度，露出微笑。他們的臉彷彿被火光照到似的，突然亮起來。

可是比爾沒有微笑，他深深的凝視著我。當我回望他的眼睛時，我可以看得出來他很害怕。

9

當我還是個很小的孩子時，我有一個和我住在同一條街上的朋友。他叫傑米．西爾弗曼。傑米在各方面都是最厲害的——足球、投擲、攀爬、騎自行車、吐口水。他可以把尿撒得超高，幾乎能越過街道遠處的牆，撒進回收子母車裡。他在學校也表現良好，總能拿到最好的成績。每個人都愛他。因為我哥哥有點怪，經常被其他孩子欺負；我個子太小太瘦，又過於年幼，無法保護他，所以傑米經常保護我們兄弟。從小到大，我都視他為偶像。

隨著年齡的增長，每當有新事物出現時，新的運動或新的比賽、新的學校科目或新的流行；例如，直排輪——傑米總是立志成為這方面的第一名，而且，他也總是毫不費力的做到。對他來說，沒有什麼事太難而做不到的。他獲選進入學科競賽和運動比賽的地方代表隊，尤其是投擲項目，他似乎不費吹灰之力就能表現出眾。

當女孩子成為我們的討論焦點時，他的異性緣無人能敵。當毒品成為我們的熱門話題時，他同樣是我們之中最擅長的那個人。

他從不拋棄我，總是帶著我。不管他在做什麼，總會教導我一起做。

在我十六歲因為販毒而被學校開除之後，我再也不碰毒品。傑米和我不同，他反而沾染更多。愈來愈多。愈來愈多。這小子確實連毒品都擅長。確實是。

事情終於發展到我再也無法忍受看到他的地步。他的體重一天天減輕。每一次我見到他，他都比上一次更高、更瘦。每一次我見到他，他不是在火車貨站場，就是在別人家的屋頂上吸大麻。

我當時就在想，我再也不要見他。我當然愛他，但是我真的不想再見到他。每次我看見他，心裡就難過得不得了。

幾年之後，他得了肺氣腫，那是一種因為吸毒過量導致肺部崩壞的病。我去醫院看他，我帶了葡萄和該死的鮮花，那傢伙看起來像一具鼻子裡插著管子的骷髏。

但是他仍然還想和我說笑，回憶以前的時光。每次我見到他時，依舊如此。彷彿什麼都沒有改變。

當我看到他躺在醫院，瘦得可怕，渾身插滿管子，皮膚是病態的黃色時，我的腦子裡唯一的念頭，是他曾經是整個該死的行政區裡最厲害的投擲運動員。

真是他媽的可惜。

10

青蛙讓我在房間裡坐下。

「鼻涕蟲說你不能休長假。」

不要回應，點頭就好。

「他說他上一次核准某人休長假時，那人再也沒有回來。他不希望這種事發生在你身上。」

再一次點頭。

「不過你還有另一個選擇。迦勒要回來了，他將成為 STIRT 的東京負責人。他想將你調去那裡。」

我再次點頭。

「那麼，你覺得呢？」

深深嘆一口氣，想了好久。

「老實說，青蛙，我不認為這是一個好主意。我已經不行了。我沒辦法再這樣下去。」

現在輪到青蛙嘆一口氣。他低下頭，一邊假裝自己在思考，一邊將指關節壓得啪啦作響。過一會兒，他抬頭看我，露出一個比他那張醜陋的臉還要大的笑容。

「你不明白，蓋瑞。你必須去。」

好。

沒問題。

就這樣吧！

我帶我的父母去倫敦市中心的一家高級日本餐廳，通知他們，我要搬到日本。

他們兩個穿得像要上教堂似的，極不自在的在長得像凳子的高腳椅上調整姿勢。

「你搬去那裡能夠適應嗎？」

我媽媽問。

「當然可以。不管什麼狀況，我都有能力應付的。」

整個晚上，他們似乎完全無法放鬆，我猜是因為他們不知道要如何使用筷子。

「沒關係，」我告訴他們：「你們可以直接用手拿壽司。」

我隨手拿起壽司，放進嘴裡，親自示範，讓他們放心這麼做並不失禮。不過，那時我爸爸忙著把玩醬油瓶，所以他錯過我的表演。

我把服務生叫過來，要了兩把叉子。但是，似乎也沒有什麼幫助。

距離我離開的時間只剩兩週。我計劃告訴巫師我們得分手。

我選擇開口談論這件事時，已是深夜，我們兩個都在床上。

「嘿……妳知道我要去日本，對吧？」

「是的，當然，我知道你要去。」

她躺在床上。我坐著，俯身看她。所有窗簾都拉開，房間裡滿是藍色月光。她的話懸在空中，我彷彿可以看到它們，我試著想抓住它們。我記起我似乎該說些什麼，似乎該做些什麼，但我卻怎麼都不記得到底要做什麼、要說什麼，於是她接手，填滿所有的空白。

「你知道我也會去，不是嗎？你知道我也要去日本吧？」

我彷彿從另一個房間聽到這句話，彷彿聲音是從夢裡傳出的，它驚醒我。我低頭看著她，心裡想的是：

「妳知道我配不上妳，妳應該去找其他更好的人。」

但我說出的卻是：

「我覺得……我需要……妳一起來。」

我不知道我為什麼這麼說，因為它和我原來的計畫背道而馳。我想，我這麼說是因為，那是真的。

二〇一二年九月下旬，我在花旗銀行倫敦交易大廳的最後一個上班日。收拾好東西。和幾個人互拍背膀。在我離開辦公區時，ＪＢ突然大聲喊：「蓋瑞．史蒂文森即將離開本大樓！」

我知道當我走出去時，他們全都站起來歡呼鼓掌。我可以聽到他們的聲音，我的眼角餘光可以看到他們，站在每條通道的兩側。白色襯衫、白色襯衫、粉紅襯衫、藍色襯衫。

可是我沒有回頭，只是直接走出大門。

第5章 下台前的最後一戰

1

當你沮喪的時候，東京是一個好地方。尤其在秋天。

銀行聚集在東京市區一個名叫「丸之內」的區域，意思是「圓圈之內」。這個名字源自該區域在歷史上的某段時期全落在皇宮外護城河的範圍之內。至於那條護城河現在在哪裡？我不知道，我一直沒找到它。

有很長一段時間，法律禁止在丸之內建造可以俯瞰皇宮的高樓，另外，我猜可能是怕有人試著用十字弓或其他東西暗殺天皇吧？到了一九八〇年代，因為該地區的土地價值變得如此之高，開始出現例外。當我到達那裡時，那個區域已經有高達五十層的大廈。傳統和天皇當然很重要，但我想，金錢也一樣重要。

花旗東京分公司座落在深灰色金屬框架的新丸之內大廈裡。如果我離開辦公室向西走，可以直接走進皇宮的外花園，也就是「皇居外苑」。這個花園其實是一大片修剪整齊的草地，被兩條繁忙的道路分成三塊，裡頭種滿上百萬棵獨特、但一模一樣的樹木，樹與樹之間則完美的相距七或八公尺。

每棵樹都不大，比人高不了多少，複雜精緻，是我在英國從未見過的類型。第一次走進花園時，我以為它們是盆栽，但是我後來才知道，盆栽實際上是一種培養袖珍小樹生長的日本藝術形態，並不是一種樹的分類，所以我想它們一定是其他種類的日本樹木。

穿過花園，走個大約十分鐘，經過數百棵獨特卻相同的樹木，你會抵達一座古老的石橋。它橫跨內護城河，通往皇宮建築的內部。那裡豎立一扇門，常年關閉，外人無法進出。

我經常去那裡，坐在碎石地上的小台階，轉身看著丸之內。從那裡，你可以擁有不錯的視角。你能夠以皇居外苑的綠草和樹木為前景，看到巨型摩天大樓聳立在東京的藍天。

丸之內不像金絲雀碼頭。金絲雀碼頭沒有那麼多摩天大樓，而且我看過它們一棟一棟拔地而起的過程。對我來說，它們全是獨立存在的個體，尤其是我小時候看著它們蓋起來的三棟核心建築——花旗銀行大樓、滙豐銀行大廈，以及中間的金字塔大廈。丸之內有許多摩天大樓，整個區域是摩天大樓的地方，遠比不是摩天大樓的地方還要多。至少有三十棟，或四十棟，或五十棟，每棟都有四十層或更高，整個區域就像一整塊積木似的矗立。儘管東京的天氣從夏到冬的變化很大，但我記憶中的天空總是溫暖的，總是藍色的。或許是因為我在二〇一二年九月底剛到的時候，它就是這樣的。

當我坐在皇居外的小階梯上，看著丸之內時，我總會想到同樣的事。

「天啊！」我會想：「窗戶真多。」

那麼多的摩天大樓，那麼多的樓層，那麼多的窗戶。在每一扇窗戶後面，一排排的男男女女日復一日的在一排排的電腦前工作，從清晨一直到深夜。

世界問題怎麼還沒被他們解決呢？

我站起來，撣掉褲子腿上的白色碎石，走回辦公室。在回到交易大廳後，我開始做交易，押注世界末日即將來臨。

2

在我搬到東京時，以我當時的狀況，其實真的不應該搬家的。我的體重已經連續下降好幾個月，到東京時我不足六十公斤，即使我個子偏小，這樣的體重也是過輕。

我不確定當時知不知道自己出問題。我的確有想過，無法購買沙發，或者實際上無法購買任何家具，可能是病態的、不正常的。然而，想是想過，卻沒有進一步做什麼，就像許多我心生懷疑的時刻，想著，卻也讓它就那麼過去。如果我沒有輕忽，事情也許不會惡化得如此嚴重、如此迅速。只不過當時的我還有其他更緊迫的問題要煩惱，例如：利率。

我胸口的灼痛感可以透過名為「ＰＰＩ」*的藥丸來緩解，它可以阻止胃酸呈現酸性，雖然胃酸本來就應該是酸的。我從一年前開始使用這種藥丸，效果很好，可以立即緩解我的疼痛。我搬到日本前正處於第三個療程，可是效果卻不如之前那麼好。我當時問醫生：「只能這樣嗎？我必須一輩子都吃這種藥嗎？」

他將處方箋遞給我，面帶微笑說：「可能吧！」

在這段期間，我依舊不斷的在進行交易，交易，交易，交易。交易成了我唯一僅剩的真正朋友：客觀、冷靜、安全。

交易的特點是，它一直存在。你知道的，市場永遠不會停止。嗯，我猜，它們確實會在週末停下來，即便如此，至少經濟永不停歇。經濟已經成為我的一種執著，像漏油一樣，隨著胸口的灼痛感在心裡蔓延。我的確已經完全不在乎辦公室裡發生的事。但是，經濟呢？我對經濟的熱情從未消逝。

當我第一次意識到經濟已經崩潰，會年復一年的變得愈來愈糟時，我並沒有想太多。我的意思是，我確實想過，我當然想過。可是，我從來沒有問過自己這代表什麼。

它是我的工作，你知道嗎？你看著經濟，你會說——好吧，今年會怎麼樣？經濟表現強勁還是疲軟？明年呢？我的說法是稍微簡化一點，但歸根究柢，利率交易的本質差不多就是這樣。這是我的工作。

假設你的工作是測量游泳池的深度，你不會到處測量游泳池，然後問自己「這表示什麼？」假設你的工作是修理沙發。你不會問你的朋友：「這張沙發是什麼意思？」

當我意識到經濟將永遠惡化時，我充滿信心，我有足夠的信心去下大賭注。我可以看到讓它發生的機制，而且我可以清楚知道為什麼大多數受過訓練的經濟學家都沒有發現它。我看得很透澈，

＊譯注：氫離子幫浦阻斷劑。

我現在也依舊能看到。可是我從未問過自己：「這表示什麼？」

我只是進行交易，我只是在做我的工作。

但是，當那筆交易開始讓我成為整個花旗全球外匯交易部門最賺錢的交易員時，人們逐漸意識到，它不僅是一個理論，而是正在發生的事實。

我因此賺得一大筆錢，然後我用這筆錢進行投資。當我在為自己進行投資時，我曾問自己：「我為什麼要投資這筆錢？我將來會把它拿出來花掉嗎？可能不會。」

然後我想：「嗯，既然如此，我就把它當成留給子女的投資。」

然後，非常短暫的，我想到：「但是，如果我是對的呢？我的孩子將會生活在一個什麼樣的世界？」

不過，我很快甩掉這個念頭，將注意力放回投資上，因為投資和數字是我喜歡且擅長的東西。數字是我安全的藏身之所。

雖然也有少許的時刻，微小而短暫的時刻，茂密的樹冠在我上方展開，讓我瞥見黑暗的星空。在那些時候，我確實夢想辭職。我想我那天在青蛙辦公室裡發生的事，就是這種時刻之一。在我因胸口灼痛帶來的短暫清明中，我看到天空。我意識到，一個二十五歲的百萬富翁穿著破鞋工作、住在沒有鋪地板的房子裡，是不對的。晚上睡在破爛的紅色沙發上，半夜被冷醒，整夜夢見數字。不時忍受胸口灼痛，有時甚至吃不下東西。這可能就是為什麼，在那一刻，我告訴他我想辭職。

但是，辭職的大問題是——我不能。你知道嗎？我的雙手被銬住。二〇一二年初，當花旗銀行付給我那筆記不清實際數目的巨額分紅時，他們便小心翼翼的設計好，將我緊緊綁在我的螢幕牆上。一部分的獎金已經給我，就是那筆我拿去投資的錢，其餘的款項卻被嚴重的延遲支付。二〇一三年付四分之一，二〇一四年付四分之一，二〇一五年付四分之一，二〇一六年付四分之一。所以你看，在當時我真的無法離開。銀行欠我超過一百萬英鎊，如果我辭職，我就會失去所有的錢。

所以，這也許是為什麼，那天我坐在那間辦公室裡，我的鞋子上有洞，我的胃上也有洞，灼熱酸液衝過我的胸口，我感覺異常沮喪，覺得自己像隻老鼠似的落入塵埃，所以當青蛙告訴我公司一定要將我調到東京時，我答應了，即使我知道我沒有精力去做這件事。我什麼都沒有，連拒絕的力氣都沒有。我被銬住了。

可是你知道嗎？即使是老鼠也有牙齒，我也有。我利用不上班的時間蒐集資料。

如果交易員都被銬住，無法離開，二〇〇九年迦勒是怎麼離職的呢？迦勒又怎麼能在美麗的樹林裡建造他那棟美麗的房子？

我查了一下，詢問幾個人——好吧！我承認，我只是去問比爾。

比爾告訴我，合約中有一條條款，可以讓你離職並保留所有現金，那就是你必須辭職後去為慈善機構工作。知道這個條款的人不多，但迦勒知道，不過無法得知他做了什麼而觸動該條款。每個人都知道，他後來並沒有去為慈善機構工作，但鼻涕蟲卻還是放過他。沒有人知道確切的原因，沒有人可以肯定。也許迦勒手上有鼻涕蟲的把柄。

這是我在獨自飛往東京的長途飛行中所攜帶的細長逃生繩。如果迦勒能帶著他的錢離開，我當然也可以。不只如此，接下來，迦勒還會是我的上司。如果一切進展得不順利，或者，如果一切都很順利，我會等到下一次領完分紅獎金後再辭職，去為慈善機構服務。迦勒一定能理解的，不是嗎？

他當然能。迦勒會理解的。

★★★★★

在飛往東京的航班上，我確實是孤單一人。巫師並沒有和我在一起。巫師如她承諾的將會搬到日本，但我去的時候她並沒有隨行。她自己買機票前往，安排自己的工作，由於某種原因她找到的職位不在東京，而且要等到二〇二三年一月才能開始。

我幾乎什麼都沒帶。為了幫助我搬家，銀行給我一個八立方公尺的空運貨櫃，我不知道應該在裡頭裝些什麼？我最喜歡的家具？可是我需要帶去的東西，幾乎沒有不能直接裝進背包裡的，所以我只要求他們把我的自行車運過來。不過，我的自行車花了兩週才到達，所以當我抵達東京時，只有我的背包，以及金融市場在等著我。

在那個階段（其實到現在還是如此），我在觀察市場，看到的不再是一組數字，而是對世界的一系列預測，感覺很像你查看天氣預報，並理解它告訴你即將會發生什麼一樣。利率預測是一張清晰的地圖，可以準確顯示每個經濟體何時、以多快的速度復甦，而且它們每天都在變化。如果利率下降，可能表示前景不樂觀，或者可能表示央行之前已經出面宣布不會升息。至於是哪一個？你只要看看股票市場，可能就會找到答案：若是第一種原因，股市可能下跌；若是第二種原因，則會上漲。

真正的交易員不看新聞，他們看市場。去他的《經濟學人》，去他的《金融時報》，去他的

《華爾街日報》。你唯一需要看的就是市場。它們才會告訴你什麼是真的。

雖然它是錯的，但它是真的。那時候，我正在努力研究到底為什麼錯。在擁有正確預測經濟的能力之後的一年半，我搬到東京。我需要更深入的觀察它，挑戰自己的理論。我需要確認。我需要親眼看著經濟消亡。

這就是我的計畫。儘管我除了半空的背包外一無所有，但我知道，我永遠、永遠可以進行交易，我知道我一定會賺錢。我想在接下來的一年裡，再次看到現實證明我的預測是正確的。我希望上帝揭示祂的真理。

這就是我想要的。沒有別的，只有市場。

3

東京不流行穿粉紅襯衫，至少我在那裡的時候不流行。藍色襯衫也是。日本人基本上只穿白襯衫。白襯衫文化。整齊的搭配著黑色長褲和黑色修身西裝外套的白襯衫，從早上八點、九點的地鐵出口傾瀉而下，像瀑布一樣向上淌流，流入現實世界。在洪水中，男男女女如鯉魚般逆流而上，撐著雨傘，查看手機，手提整潔的長方形公事包，用白色小手帕擦拭眉頭。

我也是其中的一份子。

花旗銀行已經將一切安排妥當。他們為我在保誠大廈三十樓找到一戶內裝是奶油白的乾淨公寓。它是一棟摩天大樓，主業為出售保險，裡頭其實不該住人的，但它最上面的幾層樓卻被規劃成住宅。我在大樓頂層，從事諸如每晚在高空中睡覺和醒來的冒險活動。我們每天早上都能看到富士山，但我們卻呼吸不到東京的高空空氣，因為窗戶是完全封死的，根本打不開。

保誠大廈經由赤坂見附站直接和廣闊、龐大、高效率的東京地鐵系統相接。車站本身位於市中心高檔商業區赤坂的核心地帶，到處都是傳統的壽司店、狹窄的店鋪小巷，以及飛漲的租金。

事實上，大廈真的與地鐵直接連接。我可以從臥室外的走廊乘電梯往下進入地鐵站，乘坐丸之內線，在八分鐘內到達東京車站，換乘另一部電梯直接抵達我的辦公室。從我的床上到交易大廳完全不需要出到戶外，見到天空。你不覺得很方便嗎？或者，如同日本人的口氣所說：「真是太便利了呢！」

東京分公司的交易大廳位於新丸內大樓二十四樓，面積並不小，但是我總感覺它很小。如果你站在門口，將背部直挺挺的靠在門板上，後腦勺抵住門，你就能夠同時看到房間的最後面，以及它的右側和左側。對我來說，表示它很小。

事實上，這種「小」的感覺可能不能歸咎於實際尺寸，而是由於天花板過低，還有太過安靜。因為天花板太矮，導致你從不面向丸之內其他摩天大樓的那兩側窗戶看出去，可以看得更遠、更廣，反而會覺得外頭的景色離你特別遙遠。不知道為什麼，從進辦公室的第一天起，我就感覺東京的天空高得異常。

非常的高，非常的安靜，沉重到讓我難以承受。當然，光是地上鋪設的昂貴地毯，就足以讓我明白我不可能聽到針掉落在地上的聲音，可是我卻老是覺得自己可以。

在交易大廳裡不時能見到幾件粉紅襯衫，這樣的畫面多少提供一點慰藉，一點熟悉感。這當然不是日本交易員具有時尚冒險精神，而是因為交易大廳裡有很多「外人」，也就是外國人。這個日語詞彙有時候代表白人，有時候代表美國人。一般情況下並沒有貶義，不過少數時候確實帶著一絲惡意。

交易大廳裡有三分之一是外國人，外國人中則約有三分之二是美國人；其餘的是被公司放棄的歐洲人，像我這樣的人。整個交易大廳裡我只認識迦勒，還有我在兩年前的世界巡迴旅行中認識的日本交易員渡邊久和金澤喬伊。

STIRT 的辦公區位於交易大廳的最後面，靠近窗戶。如果我願意，我可以走到窗戶旁，往外眺望皇居。我沒有十字弓，所以不會對天皇構成威脅。稱這裡為辦公區其實有點用詞不當，因為包括我在內也不過三個交易員，更別提我們之中真的在進行交易的僅有一人。

當時，花旗 STIRT 的亞洲業務由東京和雪梨負責。所有單一貨幣均在雪梨進行交易，唯一例外是在日本進行交易的日圓。換句話說，東京只需要一個交易員，也就是日圓交易員，但是這裡卻有我們三個人，坐成一排：渡邊久、亞瑟・卡波夫斯基，還有被塞在他們兩人之間的我。

從大家有記憶以來，渡邊久就一直是日圓交易員。他是個身材矮小、個性膽怯的人。他的英語莫名其妙的帶著一九二〇年代紐約黑幫的口音，真是令人猜不透的奇怪選擇。而且他是一個非常、非常糟糕的交易員。不，我這麼說不公平。他根本不算是交易員。他是一個店小二、會計員，一個整天處理文件的傢伙。

當渡邊久的工作交接給我後，他應該直接被解雇的。可是，沒有。他反而得到側面晉升。整件事簡直不能再更符合字面意義了：他把位子讓給我，然後改坐到我右邊的椅子上，宣布他是「我的經理」，只管理我一個人的經理。我的班機抵達東京時，渡邊久帶著他的妻子，抱著哭鬧的嬰兒來機場接我。我也許應該在那時就意識到這代表什麼，可惜我沒有。那傢伙後來不停的在我進行交易時比手畫腳，在接下來的六個月裡，像痔瘡一樣卡在我該死的屁股上。

我的左邊坐的是亞瑟·卡波夫斯基。亞瑟是澳洲人。他的父親是礦業巨頭、名人整形外科醫生或報業大亨之類的大人物。我不知道到底是什麼，反正是一個有影響力的低調有錢人，看起來好像要把他的兒子培養成澳洲某個相當於美國共和黨的那個黨的下一代領導人。他有一種世界上最高、最有聲望的十五歲少年氣質，不過我猜他至少二十五歲。你只要想像傑瑞德·庫許納*有個更棒的私人教練，將體形練得更加完美，就是他的模樣。亞瑟是我所認識中最右翼的人。亞瑟很棒，他超搞笑的。

亞瑟根本沒有被調到東京的理由，除了可能因為魯伯特·霍布豪斯（是的，就是他，克萊姆區最優秀的狼人）仍然是 STIRT 的亞洲區負責人，而且他喜歡像下棋似的移動人們。他安排亞瑟過來，可能是為了幫助我在東京安頓下來；也可能是魯伯特想向迦勒炫耀，他以某種方式雇用一個顯然注定成為自由世界未來領袖的人，來當他在 STIRT 的下屬。亞瑟本人似乎很高興能被調到東京，他說這使他離他的女朋友更近些；他的女朋友住在紐約。

所以就是這樣，三個 STIRT「東京交易員」——一位交易員、他的經理，還有他的下屬。三個沒有太多食材可用的該死廚師。

好像三人做一份工作還不夠過分似的，遠在五千英里外，在某種程度上也算是「我的老闆」的魯伯特，居然堅持在他和我的辦公桌之間安裝一個即時影像螢幕。這如此一來我珍貴的螢幕之一現在沒有選擇的只能永久播放「魯伯特的日常時刻」，包括諸如「魯伯特吃麵吃得太快」、「魯伯特打出完美的溫莎領帶的藝術」，以及「魯伯特突然關掉靜音，對你大喊『歐元區的ＣＰＩ是多少？』就像童年時期反覆出現的可怕惡夢，在你長大後莫名其妙的再次困擾你」等高光時刻。

我們左邊坐著外匯部門的其他人員。由於東京外匯團隊的規模非常小，小到我們無法擁有單獨的辦公區，因此我們與兩位不怎麼討人厭的中年日本銷售員坐在一起。隨著我的日語水準逐漸提高，我開始意識到，他們整天無所事事，一進公司總是先討論午餐要吃什麼，然後吃完午餐後，再把時間花在對午餐進行徹底的評論上。他們旁邊坐的是兩位日本貨幣交易員，其中包括半個傳奇人物、狂熱的暴力份子金澤喬伊；在他們的左邊，辦公區的最末端，則是已被任命為外匯及利率部門負責人的迦勒·祖克曼。身材魁梧、健壯的他像世界上最大的書擋似的，立在辦公區的末端，使得可以直接管轄我的老闆總數達到三個。毫無疑問，我將會受到很好的照顧。

＊譯注：Jared Kushner：美國前總統川普的女婿。

4

日本文化裡有一種被稱為「おもてなし*」的概念。不知道為什麼，日本人說到這個字時，總是一次一音節的發音，而且在說的時候，必然會做出一個特定的有趣手勢。有人告訴我，它代表「日本人的好客精神」。我猜那動作應該和「請喝茶」脫不了關係。

金澤喬伊向我展示一些日本人的好客精神，但我認為，它應該不是おもてなし。至少，我認為他展示的，應該是另一種不同的好客。

金澤喬伊身材矮小，眼神銳利，行動敏捷。他是「現貨交易員」，表示他就是個單純的貨幣交易員。他們負責的是最簡單、最不複雜的交易，這群人以粗魯和愚蠢而聞名。所有的交易員都稱外匯交易員為猴子，外匯交易員則稱現貨交易員為猴子，所以他們是猴子中的猴子。但金澤喬伊並不符合這個典型。他很酷。很圓滑。很安靜。

在我進入交易大廳的第一天，喬伊幾乎沒對我說一句話，或者應該說，他沒對任何人說一句話。然後，在這天結束，正好六點三十分時，他以一種簡潔、流暢、精確的動作站起來，將椅子推進去，向右走了三步，用日語喊了一句什麼。

我周圍的三個日本男人——渡邊久和兩位午餐鑑賞家——以響亮的聲量回覆一句軍國主義式的口號，將結尾的嘶聲拖得極長。他們俐落的站起來，把自己的椅子推進去。

四個人的動作如芭蕾舞般同時流暢的進行。我既震驚又欽佩，轉身面對喬伊，直直盯著他的臉。

喬伊向我伸出右臂，完全筆直，手掌向上，拇指、食指和中指伸出，很明顯在模仿槍的指向。他與我對視一下，眼睛閃爍熊熊烈火般的光芒，倏的將模仿槍的右手舉向空中。

他的手勢清晰且果斷，突破我們之間的語言障礙。我抓起放在桌子下的小背包，跟在他身後走入夜色。

九月底的東京，六點半時已經暗下，你可以看到空氣中最後一絲藍色正在消散。天色變黑，街道上滿是霓虹燈，宛如千萬顆星星落到地面。

如果我當時就有現在的認識，我可以看得出來我們正在走的寬闊大街，位在丸之內以東的銀座。畢竟它是整個東京最宏偉、最著名的購物區域之一；事實上，在全世界也排得上名次。

但當時的我並沒有現在的認識，我只看到一條宏偉又寬闊的街道，人行道上點綴完美的樹木，兩側全是高樓大廈。懸掛的霓虹燈招牌數不勝數，寫著我看不懂的文字，像瀑布一樣從建築物的側面流灑下來。四個日本男子分成兩列行走，全穿著白襯衫和黑西裝。我則走在他們身後，環顧四周，仰頭張望，穿著破爛的白色運動鞋，身上裹的依舊是 Topman 平價連鎖店買來的薄薄黑色緊身雙排鈕扣厚呢短大衣。

走入東京第一個溫熱的夜晚，我跟在四個白襯衫男人身後，期待什麼呢？也許我期待的是一些

＊譯注：「款待」之意。

おもてなし，日本人的好客精神。這不是每個愚蠢的白人小男孩在收拾一切搬到日本時都會期待的嗎？受到一個全新的、不同的地方歡迎，被它溫暖的空氣擁抱。

右轉進入一條窄到不該存在的小巷子，寬度只夠兩人勉強並肩行走。四個男人在大紅櫃檯前齊聲吸著麵條，男孩的麵條卻掉到地板上。我問渡邊久，「黑胡椒」的日文怎麼說，他說唸做「burakku peppaa」。走了一小段路，來到第二條小巷，五名男子擠進一部電梯。沒有人想到應該告訴我要去哪裡。事情從那時起，便開始一路往下。

關於陪酒卡拉OK、泡泡浴和女公關酒店，我能夠告訴你們什麼呢？可能遠超過我們任何人想知道的。裡頭全是女人，非常多的女人。我有沒有清楚的告訴過你們，在去之前，沒有任何人警告過我？

有年長的女人，也有年輕的女人；事實上，應該說是女孩更為貼切。其中有一些和巫師差不多年齡的女孩。有裝飾豪華的大房間，也有較小的私人包廂。分配，這麼多人要分配，總有一個會被分配給我。

點燃香菸，倒出雞尾酒，在背後講笑話——抱歉，我不會說日語，我只會一邊咯咯笑，一邊撫摸我的大腿。

在這種情況下，你們會怎麼做？我也許應該回家，但我沒有。為什麼我沒有？

我繼續留下，試著慢慢啜飲，可是杯子一放下立刻就被倒滿，我很難衡量自己到底喝了多少。午餐鑑賞家們將領帶綁在頭上。我聽到身邊的女人帶著濃濃日本腔的英文，努力的在告訴我：「我的朋友。我的朋友。她是・成人・小電影・明星。」

帶著醉意看出去的影像很模糊。我們跌跌撞撞的擠上計程車，沒多久就到下一個地方。渡邊久唱著綠洲合唱團的《迷牆》（*Wonderwall*），金澤喬伊則像一隻不受控的動物從座位上跳起來，一把撕開同事的襯衫領口。坐在我旁邊的女孩刻意將她的肩膀壓在我的肩膀上。她看起來二十歲上下，非常漂亮。抱歉，我不會說日語。

我試著離她遠一點，她緊張的看著門上的小舷窗，所以我也看了看，有一雙男人的眼睛在看著我們，幾分鐘後門被打開，我的女孩起身離開，另一個女孩被送進來給我。

「聽著！妳看起來真的非常非常可愛，我真的很抱歉我不會說日語，但是，我只是想告訴妳，我很好，我不需要任何人，所以……嗯，我真的不知道這邊的規矩是怎樣，但是，嗯，妳可以做妳想做的事，或者如果妳願意，妳也可以現在就回家。」

但是她聽不見，音樂聲音太大，午餐鑑賞家們正對著麥克風尖聲高唱某種日本傳統民謠，於是我湊近她，對著她的耳朵，再將同樣的話說一遍，然後我看著她，她微笑，把手放在我的肩膀上，微微偏著頭。他們第四次幫我又換了另一個女孩。

在那個不斷重複的迴圈裡，我的靈魂更進一步走向死亡，如果說我的靈魂還有任何剩下的話。最終來了一個會講一點點英語的女孩子。光是這一點，她絕對應該排在更前面的位置。

「拜託，拜託，拜託，不要讓他們把妳換下去。」

「拜託，拜託，拜託。是……你應該……更……開心一點。」

那時，我突然想到，我似乎從來沒有嘗試過這個建議。我在想，會不會已經太晚了。

5

「所以，你是怎麼賺到這麼多錢的？」

亞瑟和我之前共事過的其他交易員不同，他會提出這個問題就足以證明這一點。直到他問出口的那一天，將近兩年的時間，我一直是花旗最賺錢的交易員之一，可是從來沒人問過我這個問題。一次都沒有。

「很簡單。我只是賭利率會永遠維持在零。」

「哈！」

亞瑟以誇張的態度放聲大笑。發出頗具澳洲私立學校特色的笑聲，尖銳且刺耳。

「利率不可能永遠維持在零。」

亞瑟問很多愚蠢的問題，也發表很多大膽的言論。我還滿喜歡的。他之所以這麼做，是因為他從來沒有學過經濟學。他在大學主修音樂，是一位鋼琴演奏家之類的。在當今社會裡，鋼琴演奏家能找到的最好工作是花旗銀行的交易員。它的報酬可謂相當豐厚。

現在的經濟學是一門學生永遠無法真正理解的科目，因為教導他們的人，也就是以前的經濟系學生，同樣從未真正徹底弄明白。如果一個學生足夠聰明意識到自己的理解不足，並且足夠勇敢，可能會在難得的清醒時刻向教授坦白此事，短暫引發教授的心理折磨，因為教授多年來一直試圖壓抑自己對所教的科目並不真正了解的愧疚感，同時還會提醒他，他的父親從未為子女感到驕傲的痛苦事實。為了將這些出逃的情緒重新關回安全的壓抑地牢，教授要麼羞辱和他對話的人，要麼迫使對方屈服（這是智力上缺乏安全感的人面對問題時的一貫做法）。透過這個過程，經濟學家學到永遠不要問愚蠢問題的教訓。但當然，毫不意外的，這些問題其實才是最重要、最該被問出口的。

亞瑟不明白這一點，而且他的鋼琴彈得非常好。多麼幸運。真是個運氣極佳的小男孩。

「利率當然可以永遠保持在零。有什麼理由不行？」

「嗯……」說到這裡，亞瑟沉思好一會兒。我喜歡這孩子，你可以看得出來他的腦袋正在轉動。

「嗯，因為它只是暫時性的。主要是公債危機導致的，等這一波低潮過去了，經濟就會復甦。然後利率自然會跟著回升。」

「聰明的孩子，這段話你又是從哪裡讀來的？經濟只會一蹶不振。」

「哈！」

這孩子不認同別人時，很愛捧腹大笑，而且笑得特別大聲。事實上，他的所有行為都很大聲。東京交易大廳比我去過的任何交易大廳都安靜一百萬倍，當亞瑟說話時，每個人都能聽到他的聲音。不過亞瑟並不在意。他為什麼要花那種力氣去關心別人？他可是自由世界的下一代領導人。

「你說經濟會一蹶不振是什麼意思？」

「你他媽的認為我是什麼意思？它永遠不會變好。這不是暫時性的，而是永久性的。從這裡一路往下。一年差過一年。」

「什麼會一路往下？利率？股票市場？」

「去他的股票市場，拜託你，亞瑟，你應該沒有那麼蠢吧？過去五年，你他媽的都在睡覺嗎？爛經濟對股市來說是大大的好事。股市都漲到月球了。」

我提出一個很好的觀點，讓真相變得愈來愈顯而易見。亞瑟停下來仔細思考。

「可是，經濟為什麼會變這麼糟呢？沒人這樣說過。到底他媽的為什麼？」

「去你的亞瑟。如果你只相信別人相信的事情，你這輩子永遠都賺不到錢。你無法順應市場來打敗市場。只有在別人犯錯時，你才能夠賺得到錢。」

亞瑟看起來真的很困惑，我在想，他是不是應該坐在某個音樂廳裡，而不該和我坐在一起。

「好吧！我們繼續往下說。我他媽的告訴你，是因為貧富不均。這是唯一的重要因素。以此概念進行交易，你就能成為百萬富翁。」

亞瑟再一次大笑起來，但這是最後一次，因為他很快就意識到我是認真的。

「貧富不均!?」

「是的，亞瑟，是的，貧富不均。富人得到資產，窮人得到債務，窮人只是為了有房子住，就必須每年將所有工資都繳給富人。富人用這些錢從中產階級手上買下剩餘資產，然後問題一年比一年嚴重。中產階級消失了，消費能力也從經濟世界裡永遠消失，富人變得他媽的更富；窮人，嗯，我猜他們只有死路一條。」

我的話懸浮在空中好一會兒，我可以看到亞瑟的大腦裡齒輪在緩緩轉動。

「那麼……利率會怎麼樣？」

「利率保持在零。」

「嗯……那麼你覺得我們應該買點綠色歐洲美元期貨嗎？」

該死的亞瑟，居然真的比他看起來還要聰明。

我們的談話引起魯伯特的注意，他一如既往的可以在即時影像螢幕上看到我倆。他取消靜音，喊出我的名字。很不幸，他似乎很喜歡這個新養成的習慣。

「蓋瑞！很高興看到你和亞瑟相處融洽！你們在聊什麼？」

在那個階段，我發現自己不在臉上透露出對魯伯特的蔑視變得愈來愈難。不過，我相信魯伯特從來沒注意到，他可能以為每個人的臉都是長那樣的。我的眼睛和嘴唇奇怪的抽搐，所以我沒有回答，於是亞瑟填補空白，大喊：

「經濟學！」

「啊……經濟學！我喜歡經濟學！我知道蓋瑞會成為一位偉大的經濟學家。這就是我雇用他來銀行工作的原因！告訴我蓋瑞……你認為花旗銀行裡最好的經濟學家是誰？」

到那時為止，共有七個人聲稱是他決定雇用我到花旗銀行工作的。魯伯特是其中之一，但我認為他似乎比其他人都更有說服力，畢竟他確實帶我去了拉斯維加斯。我設法讓自己的眼睛不再抽搐，然後奮力吐出：「比爾。」

魯伯特很震驚。

「比爾不是經濟學家！」他以為我在開玩笑。

「好。如果不是比爾，那就是我了。」

魯伯特和亞瑟都喜歡這個答案，他們興高采烈的一起嘲笑我。魯伯特出現的螢幕上有一小角是我們這邊的攝影機鏡頭，我可以看到亞瑟美麗的珍珠貝齒微笑。魯伯特搬到澳洲後也去做牙齒美白。非常完美，就像鋼琴鍵一樣。

突然間，小螢幕鏡頭裡迦勒的臉出現在我身後，我感受到他的手放在我肩上的那股沉重壓力。

「魯伯特！最近好嗎？你們在談什麼事這麼高興？」

「迦勒！你好嗎？我剛剛在和蓋瑞聊天，他說他是銀行裡最好的經濟學家！」

迦勒和其他人一樣覺得這句話很有趣，他們都笑得合不攏嘴。

「嗯，確實如此，他是一位優秀的經濟學家。我一直都知道他很有潛力，從一開始我們在交易遊戲比賽裡認識，我就知道。這就是我雇用他來銀行工作的原因。」然後，迦勒停下來，重新調整自己的姿勢，以便讓他看起來更有說服力。

「你知道的，我永遠記得蓋瑞領第一筆分紅獎金那天。我知道我給他的，對他來說是一大筆錢，但我希望他能感受到我們對他的欣賞。我永遠不會忘記，當他看到我們給他五萬英鎊時的表情。」

三個人臉上都帶著溫暖的微笑，他們都看著我，但我只是直視螢幕。不是五萬英鎊，而是一萬三千英鎊，我在想為什麼迦勒會如此厚顏無恥的對一個明知這句話是謊言的人撒謊。三張燦爛的笑容，每一張都如此完美。我沒有笑，對比之下，我簡直像一隻猥瑣的老鼠。

大約在那個時候，全球利率為我崩潰最後一次，讓我大賺一筆，為我贏得亞瑟永遠的忠誠。這大概是發生在我身上最糟糕的一件事。

你明白嗎？一旦預測利率降至零，其他人就不會繼續錯下去。每個人變成都是對的。終於，在我開始下賭注將近兩年之後，第一次每個人都同意我的觀點：經濟永遠疲軟，永遠沒有恢復的可能。沒有什麼比你自己是正確的、並且每個人都同意你的觀點更糟糕。如此一來，再也沒辦法賺到任何錢。

就在幾個月前，我還是全世界交易金額最大的交易員之一。我每天都在瞬息萬變的市場進行數千億美元的交易。現在一切都結束了。我只是一個日圓交易員，為一家美國銀行工作，而非日本銀行。日本的利率根本沒動過，市場死氣沉沉。況且即使我報價，渡邊久也會否定它們，而我無法反擊。

所以就這樣。沒有可以一起玩交易遊戲的客戶。沒有可以賭它即將死亡的經濟。只有我、亞瑟、渡邊久，以及兩個總在談論午餐的男人。

沒有交易。這是很長一段時間以來，我第一次沒有可以進行的交易。我低頭看著我的雙手、滑鼠和鍵盤，意識到它們變得多麼空虛。

我環顧四周。渡邊久正拿筷子從一個厚紙碗裡吸食麵條，聽起來很噁心。我並不想太討厭他，因為我知道他為什麼要監視我，並否決我所有的交易。我被調到這裡，對他來說並不是一件好事，我取代他，做他的工作；即使我沒在工作，賺的錢還是比他賺的更多。他的太太為了他的那份交易員薪水才嫁給他，他無論如何一定要留住這筆收入。天知道他並不是第一個遇到這種困境的交易員。去他的，但也祝他好運。

我往左邊看去。亞瑟・卡波夫斯基，這孩子正因我們賭世界末日即將到來而賺到的錢，感到異常開心。我不禁回想，我之前賺錢有沒有像他那麼高興過。上帝知道，那些受苦的人全是像我父母那樣的老百姓，而不是像他父母那樣的有錢人。

我看向螢幕牆的左上角。魯伯特・霍布豪斯。巧合的是，這傢伙也正在從厚紙碗裡吃麵，我他媽的心懷感謝，至少他的螢幕現在是靜音。有生以來，我第一次意識到我恨他。我恨他，還是鄙視他？他媽的，我不知道，他媽的又有什麼區別？我在想他是否知道我恨他，我在想我為什麼恨他。天知道這傢伙在我的職業生涯剛開始時幫了大忙。可是他為我做的愈多，我就愈恨他。反正就是這樣，我想。

我將視線再往亞瑟的左邊移動，看向午餐鑑賞家。他們談論午餐吃的炸蝦蓋飯，認為它十分美味。我知道他們是對的，因為他們也買了一份給我。不，這不是他們的錯，沒有人可以恨他們。

越過他們，我看向金澤喬伊。他的眼睛緊盯螢幕，顯得很緊張。我不能怪金澤喬伊，他已經盡最大的努力想讓我融入這裡。

最後，坐在最末端的迦勒・祖克曼，我所認識的第一個交易員。他怎麼會認為我能融入這裡？沒有市場，沒有客戶，沒有真正的交易員，沒有戰鬥，沒有可以取得的勝利。我的腦海裡第一次閃過一個想法：也許他不是我見過的第一個交易員，也許他根本就沒有當過交易員。

我將視線轉回螢幕，卻發現自己已經將手機從口袋裡掏出來，並且在快速瀏覽。但我找不到一個人可以說話：之前的家人、之前的朋友、之前的女友，每一個已經被我推開的人。雖然我可以隨時發簡訊給巫師，她向來是能夠理解我的。

我卻沒有傳簡訊給她。我把手機收起來，繼續等待。如果等得夠久，另一筆交易總會到來。也許，從那時起，我的精神狀態就不正常。

我想有人可能已經注意到我不太對勁，因為高階管理層決定分派一個名叫田村孝介的年輕日本孩子，來當我的初級交易員。於是這個工作量只需一人的團隊人數增加至四個，像一套該死的俄羅斯娃娃。孝介當然無事可做，所以孝介每天用一整天的時間創建一個龐大的交易試算表，分析STIRT中的所有市場。

有天下午，我看到孝介全選整個試算表，又刪除全部內容，然後從頭來過。第二天，我找到一個渡邊久不在場的時機，把孝介拉到一邊，非常輕聲的問他：「嘿，聽著，你昨天是將整個試算表刪除了嗎？」

孝介沒有片刻的猶豫，表情如復活節島雕像似嚴肅的點點頭。我很困惑。

「你搞什麼？他媽的，……到底為什麼？」

孝介向左轉頭，向右轉頭，然後深深的盯著我的眼睛。

「不要完成工作，永遠不要完成工作。一旦你完成工作，你就會有更多的工作要做。」

對我來說，這是一個真正的問題。因為我已經有一年多沒有做過任何工作。即使是在倫敦的最後九個月，我也幾乎沒有進行過什麼交易，因為蒂茲為我做了大部分工作。現在，甚至沒有任何交易可做。

並不是我懶惰。不知道為什麼，我失去能力，我失去工作的能力。我失去在乎任何事的能力。

看在老天的份上，我甚至無法出門去買他媽的沙發。如果不是因為超過三個小時不吃飯，我的心臟就會灼痛得不得了，我可能會連進食都停止。現在，連強迫自己每天洗一次澡，都成為極為嚴峻的挑戰。

不過我還是賺到錢。我一直很能賺錢的。很簡單。你所要做的就是賭災難會發生。經濟死亡。世界末日。它是連結我和人類世界的最後一條絲線，可是突然間，我連這條線都斷了。

我通常在早上八點進公司。每個人都是早上八點到，儘管根本沒有他媽的事情要做。市場上的所有活動都發生在倫敦和紐約的交易時間，也就是東京的下午和晚上。整個世界除了海裡的魚，沒有人在他媽的東京早上八點是醒著的。儘管如此，我們還是必須準時上班。

還是有一些超級小的交易要做。日圓換匯交易業務很少。本來可以在二十分鐘內完成的事，我會故意慢吞吞的進行，拖到上午十點才做完。在那之後，還能做什麼呢？什麼都沒有。我會和亞瑟和孝介一起談論經濟，和午餐鑑賞家們練習我的日語。事實上，他們看起來都和我一樣忙碌，只不過在假裝工作這一方面，他們真的很專業。

和他們相比，我差太多了。所以在早上十點之後，我就開始睡覺。我會直接把腳放在桌上打盹。我也會把腳放在地上打盹。等到胸口的灼痛感喚醒我時，我會跑出去買麵。我會從系統拉出倫敦小組的 PnL，看看蒂茲在接替我原來的工作後表現如何。我拿著蒐集來的三百枚一日圓硬幣的小袋子，到交易樓層的自助餐廳，隨意購買一些日本零食和綠茶。沒事可做。他媽的沒有任何事情可以做。

渡邊久很討厭我的所作所為。渡邊久很討厭我做的每一件事。

日本文化中有一個奇怪的現象，他們不會告訴你他們看你不順眼，至少絕對不會直接告訴你。相反的，他們常做的反應，是表現出一副自己很痛苦的樣子。

我來舉個例子。如果你正在學習初級日語，在教科書中，第一課的單字表裡必然有「いいえ」，也就是「不」。嚴格來說，根據字典，拒絕時就該使用這個單字，但是在現實生活裡，從來沒有人真正使用它。為什麼？因為在日本，沒有人會真的對你說「不」！人們只會發出一種顫抖的鼻音，在國際上這種聲音被公認為「拒絕」，但是只有和朋友、熟人在一起時，才能使用。對於那些關係和你並不親近的人，你再怎麼樣都不會說「不」。

那麼，如果有人約你星期六出去玩，可是你那天已經安排好要和性感女郎約會的話，你該怎麼做？你會說「不」嗎？當然不是。你要做的就是把頭偏向一邊，擠眉弄眼，然後像牙痛一樣，從齒縫中狂吸氣。對方看到你突然表現出的疼痛，就明白他的提議行不通，便會自行撤回邀約。

渡邊久開始不斷的這麼做。問題是，他的暗示我一點都不看懂。我一把腳放上桌面，渡邊久就會發出像我踩到他的腳似的嘶嘶聲。我轉過身來，困惑的看著他，然後繼續試著打瞌睡。渡邊久接下來會扭曲身體，發出緩慢且嘶啞的呼吸聲，好像他是什麼日本的殉道聖人，有人正在拔除他背上的箭似的。我會張開一隻眼睛，關切的看著他。渡邊久始終無法順利傳達自己的不滿，於是他一次又一次的加強力度，甚至到了令人懷疑他是否正在經歷器官衰竭的程度。這個過程慢慢把我逼瘋。我開始經常離開辦公桌到廁所刷牙，可惜一個人能刷牙的次數畢竟還是有限的。

沒有其他事情可做，最後我嘗試做其他人都在做的事，也許是每一扇摩天大樓窗戶後的人今天仍在做的事。我坐下來，假裝我忙著工作。

這對我來說並不是件好事。胸口的灼痛感日趨嚴重。我本來就沒剩多少的體重再度下降。為了拿到更多的PPI藥丸，我不得不去看私人醫生。

我試著在家烹飪來轉移注意力。在倫敦時我常自己煮飯，但在日本我總是買錯食材——當我想買牛肉時，會買到豬肉；當我想買豬肉時，會到買牛肉。去他的，為什麼日本牛肉看起來會那麼像豬肉？

做飯總以失敗收場，我每天晚上就像餓鬼一樣，在赤坂的小巷裡徘徊，尋找食物。赤坂是個高級區，有很多餐館，但沒有一家會說英語，也沒有一家有英文菜單。我最後總是飄進一家壽司店，聳聳肩，他們很無奈，但還是會讓我坐下來，給我食物。價格很貴，而且份量永遠不足以讓我吃飽。我只得在飄回家的路上，停在麥當勞買一個大麥克。

我老是在辦公室打瞌睡，後來也影響我在家的睡眠。我會在凌晨兩、三點全身冒冷汗醒來。當這種情況發生時，我就穿上運動鞋，跑到皇居外苑，然後一路繞著皇宮跑。跑一圈大約是五公里。之後，我可以睡上一小時左右。我住的大樓頂樓有健身房，如果它還在開放時間，我會去跑步機上跑個五公里。我成功的將跑五公里的時間縮短到十八分鐘。有一天早上，我試著少於十八分鐘，但我不得不停下來，回到房間嘔吐。我的牙齦開始流血，只好去看醫生，他告訴我不要再那麼用力刷牙。

人們開始擔心我。我現在只剩五十五公斤。迦勒很擔心，管理階層也很擔心。我不確定他們是否注意到我瘦得像具骷髏，但我缺乏職業道德的行為，卻讓所有人尷尬不已。迦勒之前向老闆們保證，我是那種能在午休時間運送一百個漢堡的孩子。結果被他送來東京的這個，大多數時間不是在打瞌睡，就是在刷牙。

迦勒邀請我去他位於東京代代木區的家。那個區域很靠近市內最大的神社——明治神宮，以及最大的公園——代代木公園。我見到美麗的妻子和可愛的孩子，和迦勒一起分享自動調溫器放錯地方的痛苦經驗。

他們很可愛，我們一起吃晚餐，一起喝酒。

可是少了一些什麼……有什麼重要的東西不見了。我日漸消瘦，卻沒有人注意到，沒有人看得出來我的靈魂逐漸潰散。

那天晚上我試著想抓住一些什麼，一些我可以在迦勒身上找到的、一些重要的東西。我伸出手，試著在他身上尋找任何可以留住我的東西——比如人性，比如能讓我產生情緒的感覺。

可是那裡什麼都沒有。他的靈魂也早就不在。

6

為了讓我振作起來，他們又嘗試了兩、三次。其中，弗洛倫特·勒博夫主導的活動最值得一提。弗洛倫特·勒博夫和我同時期在倫敦政經學院就讀，他表現出一副我們是老朋友的樣子，雖然事實上我之前從未見過他。

弗洛倫特又矮又胖，老是站不直，就像一隻不修邊幅的泰迪熊。他搬到日本的目的是想和大量女人發生性關係，愈多愈好（對於東京的「外人」來說，這種野心並不罕見），但卻深受自己的偏執妄想困擾，他認為日本妓女想竊取他的精子。我非常喜歡他用來平衡夢想和恐懼的詩意。

對於需要做什麼來提振我的精神，弗洛倫特顯然很有把握。他召集一群年輕的「外人」交易員，帶我去了六本木。

六本木位於赤坂以南，是東京幾個夜生活的重要據點之一。一條寬闊的高架公路橫誇六本木上方，高架橋下就是出售女人和烤肉串的地方。一座巨大的、亮橙色的鐵塔高聳入雲，站在道路的盡頭，俯瞰一切。

六本木因「外人」而聞名，也就是東京外國人的聚集地。當我住在東京時，或者說，即使是現在，大多數日本人都不太習慣說英語，而且事實上，許多日本人對外國人敬而遠之。但東京有三千八百萬人口，即使只有百分之一的百分之一是對外國人有特殊癖好的年輕女性，也還有三千八百個女人。這些女人幾乎全集中在六本木。

我們去的第一家是個小酒吧。這家酒吧的裝潢很奇怪，看起來宛如火車車廂內部。顧客都是典型混跡六本木的人：看似外國銀行家的人（當然，我就是其中之一），以及長相很有攻擊性的日本女性。我們在去那家店的路上，每個人都喝一罐從便利商店買來的酒（這種葡萄柚氣泡酒無處不在，名字取得頗為恰當，就叫 Strong）。弗洛倫特在酒吧點了我們的第二輪。在等酒的同時，弗洛倫特傳授我他的泡妞祕訣。

「你看到那邊兩個女孩了嗎？你可以拿下她們。嗯，其中一個，任何一個。你喜歡哪一個？

由你決定。總而言之，你走過去。和她們打招呼。你微笑，略微鞠躬，進行眼神交流。自我介紹，告訴她們你的名字。詢問她們是否可以買酒請她們，幫她們買飲料。選中其中一個，和她多說一點話，觸碰她的手臂，請她和你一起移動到那邊那個角落。然後帶她回家。賓果！」

我並沒有請他為我上這堂課，但他在講解時呈現出的點描風格*，讓我相當欣賞。離開酒吧後，我們去一家名為「氣體恐慌」的夜店。其中一位交易員彷彿故意要戳破弗洛倫特精心設計的策略，他走到一個從未見過的女孩面前，一句話都沒說，就直接開始和她親熱。

我的胃開始覺得不舒服，也許它反映在我的臉上。弗洛倫特伸出沉重的手臂摟住我。

「別擔心，夥計，你不需要那麼做。來吧！兄弟，我們去脫衣舞俱樂部吧！」

★★★★★

「你認為我們應該做點什麼嗎？」

既然孝介已經被任命為我的初級交易員，上級決定將亞瑟調回雪梨，拉大他與女友的距離，真是令人傷心。這是他在東京上班的倒數第二天，他正拿著一個透明塑膠盒，吃裡頭的壽司。

「關於什麼？」他滿嘴食物，大聲問我。

「我不知道……你知道的……關於經濟。」

---

*譯注：pointillistic，是一種以原色彩點堆砌，營造出遠觀時彷彿融為一體的油畫技巧。

「我們不是已經做好安排了嗎？我們買了綠色歐洲美元期貨。」

「是『你』買了綠色歐洲美元期貨，我本來就持有。以現在的價錢來看，再買更多沒有什麼意義。而且，我在說的不是這個。」

「那麼你在說的到底是什麼？」他用筷子將最後的米飯堆在一起。

「你知道的，我說的是經濟！你覺得我們應該對經濟做點什麼嗎？」

亞瑟已經吃完壽司，順手將筷子折成兩半，扔進塑膠垃圾桶裡，將蓋子闔上。

「我聽不懂你在說什麼。」我左邊的太陽穴開始出現刺痛感。

「亞瑟。我在說經濟。我們是不是應該做點什麼？關於經濟。你他媽的到底是哪裡聽不懂？」

亞瑟想了好久，然後將椅子移到離我更近的地方，彷彿我們正要做毒品交易似的靠過來。

「所以……我們現在討論的不是綠色歐洲美元期貨……我說的對嗎？」

「看在他媽的份上，亞瑟，這和他媽的綠色歐洲美元期貨沒關係！經濟將永遠他媽的一團糟！你認為我們應該為此做點什麼嗎？」

亞瑟將椅子退開一公尺，瞇著眼睛仔細打量我。有那麼一瞬，他試著擠出微笑。他的笑容是猶豫的，帶著一點沉思。亞瑟將雙臂靠在桌上。

「你是他媽的認真的，是不是？」

「是的，亞瑟，我是他媽的認真的，你認為我們他媽的應該為他媽的經濟做點什麼嗎!?去他的……」

亞瑟停頓一下，以便吸氣，發出音量更大的笑聲。

「你要做什麼，老兄？你他媽的要當下一任首相嗎？你想拯救整個他媽的世界嗎？」

「嗯，我他媽的不知道，你他媽的認為我們應該做什麼？只是坐在這裡，什麼都不做？」

「啊啊啊老兄。一切都很好，老兄。我們並沒有什麼都不做，我們買了綠色歐洲美元期貨！我們賺很多錢。你不用擔心，老兄，你做得很完美。你已經把這一切都搞清楚了！」

「是，但是……」是，但是，突然間，我腦子一片空白。我原先提出的問題丟下我，自行離開。我知道他是對的。「我不知道……我只是……我不知道，夥計。只是……？總覺得這樣不對。」

「你只是在鑽牛角尖，老兄。你他媽的在說什麼啊？他媽的還有什麼是你能做的呢？」

「我不知道。或許，我可以回去，回去大學……？試著讓那裡的人知道他們錯了。」

我想起大學生涯，想起被鎖在櫃子裡布滿灰塵的關鍵詞索引，在沒有窗戶的小房間裡推算可逆矩陣，以及我居然想利用它們改變世界？然後，輪到我發出笑聲。

之後，亞瑟就回家了。我很確定他現在還是一名交易員，尚未成為自由世界的領導人。不過，我相信，在他賺到一千萬或一千五百萬英鎊之後，他還是會成為我們的領袖。

7

亞瑟離開，然後冬天到來。天氣很冷，樹木光禿禿的，東京的冬天和倫敦的冬天不一樣，天空是藍的，整天都有陽光。

亞瑟走後，我就只剩孝介。孝介看起來是個不錯的男孩：認真、誠實、努力工作。他擁有日本青少年動漫主角那種平凡但頑強的意志力。無論他完成那個試算表多少次，我確信他永遠不會放棄。

我想認識這個人。他看起來不像個瘋子，這在當時的圈子裡相當少見。問題是他不太會說英語，但隨著我的日語愈來愈好，我們能夠聊的也愈來愈多。有一天，他告訴我，他每天都背五個新的英語單字，並且已經這麼做了十五年。我對此感到震驚，因為他的英語看起來實在不太好。我請他給我看看他當天要背的單字，他的單字清單上的第一個字是「notwithstanding」*。我這才意識到他的英語實際上相當好，只不過全被他的日本發音拖累。

一旦解決這個問題，我們的溝通能力便開始迅速升級。我漸漸適應他斷斷續續的片假名式英語，我自己也開始在說話時使用片假名式的發音。這不僅讓我倆的交流產生重大的突破，也使我與整個日本的溝通產生實質性的提升。

日本人會告訴你，他們聽不懂英語，但如果你用片假名式的發音，他們多半聽得懂。片假名是一種日語拼音字母，日本人生活中的外來語都是用片假名。片假名式的發音可以使英文單字聽起來就像日文一樣——不要唸「black pepper」，而要唸「bu-rak-ku-pep-paa」。不要唸「table」（桌子），要唸「te-e-bu-ru」。如果你向飯店櫃檯要一個「iron」（熨斗），他們只會困惑的看著你；可是如果你向他們要「a-i-ro-n」，熨斗馬上就會被送到你的房門口。

能夠和孝介順暢交談，真是讓我鬆了一大口氣。除非你也有好長一段時間都沒和正常人交流過，否則你不會意識到，和那些不瘋狂的人交談有多麼必要。我邀請孝介一起吃晚餐。

孝介在東京的東區出生長大。那一帶是老城區，人們稱之為「下町」，他帶我去那裡吃御好燒。御好燒是一種日本風味的煎餅，我猜主要食材是高麗菜。它的尺寸很大，很好吃，而且相當便宜。在倫敦，同樣的東西要賣二十五英鎊。

我們離開街道，爬一段又小又窄的木樓梯。推開一扇滑動木門，聽到銀鈴叮噹作響，店員響亮的呼喊「いらっしゃい！」表示歡迎。我可以看到他們在布簾後面彎腰鞠躬。

室內全是木頭裝潢，溫暖的照明燈光，每一面牆都貼滿日本老電影的海報，看起來像是，嗯，我不知道，一九五〇年代的裝潢？顧客們靠著矮桌坐下，巨大的煎餅在桌面的鐵板上冒著熱氣。

孝介在辦公室裡向來表現得很安靜自持。可是當我們在餐廳坐下時，他卻無緣無故的發出一聲刺耳的尖叫，嚇我一大跳。一位女服務生像一隻貓似的悄然無聲的出現。「とりあえず　ビール」嗯，這句話意思我知道，總之先來杯啤酒。

我有很多事想說。我向孝介解釋，我在家鄉有個女朋友，她會來日本，但還要過一段時間才會來。我很確定我沒有向任何人隱瞞這個事實，但東京辦公室裡不知道為什麼似乎人人都想將奇怪的女人推給我。孝介開心的喝著啤酒，不時若有所思的哼兩聲，表示他在聽。

我告訴他，我無法忍受渡邊久不停的扭動身體、擠眉弄眼和持續監視。康介對這一點深表同感。任何人都看得出來，渡邊久是「一個心胸狹窄的人」。

＊譯注：「儘管」之意。

我進一步告訴他，我曾經一度將迦勒視為導師兼偶像，我一直希望能重建我們的關係，可是他的心並不在這裡。

我猜我的話可能在翻譯中遺漏什麼，但無論如何，孝介表達他的同情。他的同情如此真誠、深刻，讓我覺得也許我應該振作起來。

我要求他來陪我吃這頓飯，原因是我需要告訴一個人，任何人都好，我想辭職。這一次，我真的要離開。我會等到一月份的分紅獎金日，然後，在獎金存進銀行時，我要去找迦勒，告訴他我已經受夠了，我要走了。我要去慈善機構工作，如此一來，我就能保留我所有的遞延股票。迦勒自己過去也做過同樣的事，因此，他一定會允許我這麼做的。

你通常很難看出日本人在想什麼，他們不會在臉上表達出自己的情緒。可是當孝介看我，掙扎著找不到合適的話回應我時，我可以看得出來他很為我擔心。

那時，我的自行車已經抵達日本。它被從倫敦一路空運過來。我經常整個週末都在騎車。

我會往南騎至比艾菲爾鐵塔還高九公尺的亮橘色東京鐵塔。它就在我的醫生診所旁邊，一樓有一家全家便利商店。你可以到那裡買盒牛奶，休息一下。它的下方有一座公園，裡頭還有座名為增上寺的古廟。我曾好幾次聽見和尚在廟裡唸經。到了晚上，東京鐵塔會點燈，在橙色燈光的映照下，增上寺的屋瓦散發著烏黑的幽光。

我會往西騎去明治神宮的巨大鳥居，或熙熙攘攘的竹下通。如果是週日，我也可能會騎去代代木公園入口處的開闊廣場，觀看留著貓王髮型的中年男子聚集在老式大型手提式喇叭周圍，使出渾身解數，互別苗頭的跳舞。

我會往東騎去人工填入大海所造出的汐留，看看那裡廢棄的摩天大樓，再往前到築地市場，看堆放在桶子裡、臉頰已經被刮掉的巨大鮪魚頭。然後到濱離宮恩賜庭園的小茶館，只要五百日圓，一個日本老太太就會為你奉上漂亮的小糖果和綠茶。

我會往北騎去上野公園，看看池塘裡可餵食的烏龜和鯉魚；或者去淺草寺，欣賞冒煙的巨大香爐，以及經過香爐時，看到在搖晃算命小木箱的灰色、乾癟、駝背的男人和女人。

有時，我會一路騎到台場。它是位於東京灣的一座巨大假島。因為不能騎自行車過橋，所以得花很長的時間繞路。那裡有一片禁止游泳的假海灘，還有一個假的自由女神像，我會坐在假海灘旁邊的一根小木桿上，看著太陽越過城市，從海平面落下，然後我會等待彩虹橋上的燈亮起。

十二月底，我飛回倫敦過耶誕節。我在斯特拉特福的韋斯特菲爾德購物中心的一家旅館住兩週。那真是全世界最糟糕的地方。巫師來了，她擁抱我，當她這麼做時，我的兩條腿不禁開始顫抖。

8

終於進入二〇一三年。算總帳的時間到了。我知道決戰日即將來臨。

關於分紅獎金日，我唯一記得的是青蛙出現在大螢幕上，將它發給我，迦勒也和我待在同一個辦公室。分紅數目以日圓為單位，所以看起來非常非常大。我完全不記得那數字是多少，但我當然記得我的 PnL。在停止交易之前我已經賺了一千八百萬美元，所以我應該得到多少？一千八百萬乘以百分之七，一百二十六萬美元……之類的。

那天是一月下旬，一旦收到金額通知，剩下的便是倒數計時，等著錢存入銀行，通常會是二月初的某一天。我每天登入帳戶查看餘額。錢是在星期四進去的，所以隔天是星期五，我應該在那天去找迦勒談一談——但我沒有。能說什麼呢？我猜，我是個膽小鬼。

我度過一個很艱難的週末，無時無刻不覺得戰戰兢兢，彷彿有什麼東西在我的皮膚下移動。巫師當時已經來到日本，可是她不在東京，她搬到大阪東邊、靠近奈良的地方，也就是在我的西方三百英里之處。我不清楚她為什麼要這麼做。我透過 Skype 電話告訴她我打算辭職，她很高興，她一直希望我不要再做。

週一，迦勒同意與我在他的轉角大辦公室會談。迦勒重返銀行時，堅持要求一間轉角辦公室。我知道這一點，因為去年夏天我們在泰晤士河邊喝酒的那個晚上，他告訴過我、JB和比爾。西方和南方幾英里外的風景從他的辦公室一覽無遺。一張堅固的木頭桌子，兩個僵硬如木頭的肩膀。在我們身後的遠處，隱隱約約還能見到被高大樹木遮掩的皇宮。

我一進房間就注意到迦勒的態度很嚴肅，身上明顯透露出一種警戒感，讓我相當不習慣。事後回想，考慮到我約談他的時間，他一定已經曉得我打算做什麼。荒謬的是，我當時居然從未想過他可能已經知曉。我將所有的注意力放在眼睛和嘴巴的控制上，努力讓它們不抽搐，將肌肉維持在適當的中速運動。像一位西洋棋棋手，一位撲克選手，一匹狼。

我坐下。一如往常，他低頭看我，我抬頭看他。

他知道我要說什麼嗎？

我當然說了。

我從來不擅長做計畫，我的演講也沒有經過精密的排練。我告訴自己我一定要提到的幾個重點：我要離開、我很抱歉、我會換到慈善機構工作（我想找一個致力於改善貧富不均的機構）、為了感謝他和花旗為我做的一切，我會做滿這一年，並且不拿這一年的分紅獎金，可是在那之後我真的非走不可。這一次，我是認真的。我最後加上的條件，也就是不拿分紅再做一年，是一種錦上添花的藝術手法——這正是迦勒在二〇〇九年時提供鼻涕蟲的。

這些是我必須強調的重點，可是我無法掌握節奏，敘述時一直磕磕絆絆。我不該談到我的病，不該滔滔不絕的告訴他，我的胃和心臟出問題。我提到一些絕對不該提及的事：我的運動鞋（為什麼我每次都要提起它？）、名為「氣體恐慌」的夜店，還有昆汀．本廷。我想我的精神狀態看起來已經不是很正常。

當我在迦勒面前崩潰時，他軟化了嗎？當我告訴他我生病了，他的眼裡可曾閃過關心的光芒嗎？真相是，說實話，我不知道，彷彿我根本不在場。我對我說了什麼，記憶相當模糊；對他聽到什麼，一樣不清楚。我不記得自己是怎麼說的，我只是很吃力的把字和字串連在一起。

但是我清楚的記得，在我說完後，他在椅子上挪動身體的方式。他拿出一張通知，空氣中隱約流動同情的氣氛，可是我立刻知道他不過是在演戲。同情是一種願意伸手去拉別人一把的美德，這個男人身上顯然沒有任何這類的東西。

迦勒說很抱歉，他非常、非常的抱歉。他知道這對我來說很艱難。當他以前年輕時，也曾經隻身一人搬到東京。他知道這個地方可以多麼不友善，讓你感到既孤獨又寒冷。可是，銀行不希望我離開，他們重視我的努力和工作成就。放輕鬆一點，多花點時間。別急著做決定，兩週以後再回來，我們到時再好好談一談。

我感覺自己就像一個卡通人物，從建築物跳下來，落在彈跳床上，又被彈回原來的位置。於是，我又回到STIRT的辦公區。

不過我並沒有被彈回原處。不。有什麼東西改變。

沙漏被一百八十度翻轉，有些事開始啟動。在那個時候，我的腦袋還不知道，但我的內心深處卻已經知曉。

我本能的感覺到事情不太對勁，卻又不清楚到底是哪裡出問題。我寫了一封電子郵件給人力資源部，要求諮詢。我想確定迦勒不能對我做任何事，像是取消我的遞延股票，封鎖我的離職之路等。

我只能偷偷的去找人力資源部。我不能將我的不信任顯露出來。

在沒有窗戶的房間裡，一根冰柱模仿椅子的形態坐在我面前。她是高䠷的金髮女郎，看起來像瑞士人？還是瑞典人？她的手指又細又長。不管在舉止或儀容上，她都無懈可擊。她一邊翻閱文件，一邊打量我的眼神。

管理階層可以取消你的遞延股票嗎？不，他們當然不能。有沒有可能我從銀行辭職，改為慈善機構工作，並保留所有的遞延股票？我從未聽過這種事，讓我回去再查一查。但是蓋瑞，你還好嗎？你好像很緊張、很不安的樣子。有什麼問題都可以告訴我，你看起來似乎不太好。沒事的，我們的工作就是要保護你們。

我並不是很相信她說的話。

9

接下來的兩週伴隨凜冽的冬風猛烈來襲。我搭上西行的火車，前往東大阪的瓢簞山探望巫師。先搭新幹線在京都站下車，在大和西大寺站再換一次車。

巫師住在奈良附近。當時那裡正在舉行「燒山祭」。巫師在當地中學擔任英語老師。那天她要上課，所以我便一個人去了。他們點燃整座若草山，猛烈的火燄極為明亮，使得奈良古廟在橙色的映照下散發烏黑的幽光。

畫面令人震撼，整座山都著火了。煙火。人山人海。不斷升起的黑煙。放火燒整座山一定很危險，但消防車全部在旁邊待命。山周圍的乾草已經全部被砍掉，以確保火勢不會蔓延。

那麼我呢？我把我的乾草都清理乾淨了嗎？會有消防車來救我嗎？

兩個星期轉瞬即逝，我又回東京上班。進行第二次會談的時間也到了。

迦勒並沒有在他的辦公室和我談。大概是不想讓天皇看到吧？他領我走進大樓內部一間沒有窗戶的白色房間。

「經過兩週的考慮後，你現在還是想走？你確定你要離開？」

有什麼可能改變？有什麼可能在兩週內就改變？

「是。我確定。」

「好。嗯……我徹底研究離開銀行去為慈善機構工作的細節。我很遺憾的告訴你，只有在銀行高層批准的情況下，你才有這個選項。可是銀行高層不會批准的。」

他笑了。又大又白的鋼琴鍵牙齒閃閃發光。此時，我想，銀行欠我的錢，已經超過一百五十萬英鎊，可能更接近兩百萬一些。當時的我無法像以前那般輕易的記住數字，即使如此，我也明白，它已經超出我「比很多還要多」的門檻。

他的意思很清楚。你可以走，但是錢要留下。

我不喜歡那樣。不，我不喜歡那樣。這不是搶劫銀行該有的方式。

之前我內心深處已經意識到的事，終於在這一刻湧進我的大腦。

所以，宣戰了。他們想要開戰。

我對自己說，沒問題。反正，這也不是你一生中遇到的第一次戰爭。

之後發生的事情，很快的將整個生活變成一場鬧劇。我進入我後來將其命名為「會議時期」的階段。在人生中那段時間，除了開會，再也沒有其他的事。

突然間，我每天都會被叫去參加三到四次會議。不一定總是三到四次，有時可能兩次，有時可能五次，但開會取代交易，成為我生活裡的主軸。

所有會議都是和資深主管一起開的，但參加的組合變化很大。例如，我早上可能與渡邊久進行一對一的面談：他會微笑，拍拍我的背。吃過午飯，我會與魯伯特．霍布豪斯和青蛙開視訊會議，他們會以嚴肅的語氣苛刻的指責我，說我不該拒絕；我會盯著自己的鞋子，不時跟著點頭。傍晚時分，迦勒和我待在同一房間裡，鼻涕蟲則出現在螢幕上對我信心喊話：我們相信你可以的！你絕對做得到！

渡邊久、魯伯特、迦勒、青蛙、鼻涕蟲，以及許許多多我以前從未見過、但突然非常熱中於參與其中的經理，排列出無窮無盡的組合，而且還發明各式各樣的玩法。魯伯特和青蛙喜歡傳遞智慧，總括來說，就是喜歡談論自己；渡邊久和鼻涕蟲熱中於支持和鼓勵，態度總是表現得非常友善。令人驚訝的是，迦勒居然是會發怒尖叫且喋喋不休的類型，還喜歡找人唱雙簧，一人扮白臉、一人扮黑臉的聯手對付我。

其中我最喜歡的是「喊叫會議」，喊叫會議總是非常有趣。迦勒開很多次這樣的會，他總在裡頭大喊大叫：「我們就是對你太好了！」「你怎麼敢！」等等。開會的人處在同一個空間裡，可以將手指戳到對方臉上時，效果最好。如果是視訊會議，人們可能不小心將麥克風關成靜音，影響力就大打折扣，遇上這種情況，我會特別努力幫忙提升效果。是的，我很喜歡喊叫會議，它們讓我想起小時候的事；在成年之後，那些事就幾乎絕跡。我在想，它們真的產生過任何實際效果嗎？人們若因此改變想法，豈不是很奇怪？只因為有人當你的面大喊大叫？我不禁懷疑，真的有人因此改變過嗎？

所有會議的主題都是我需要提振精神，做出選擇。我能夠當個真男人並做好這份工作嗎？還是我要一蹶不振，認輸滾蛋？

嗯，真是棘手的選擇。

這種氛圍的好處在於傳遞智慧，因為你可藉此看到其他人的些許想法。在和倫敦的視訊會議裡，青蛙讓我坐下，試圖以事實說服我，即使我能保留所有的錢（當然，我絕對不可能拿得到的），那個數量的錢絕對不夠。在交了稅後，我能剩下多少？本來可以拿多少？兩百萬英鎊？他看著這個數字，大笑起來。這還不夠維持我五年的花費！我在不久後便會跪下求銀行再讓我回來！我們兩個都笑了，我低頭看著我的運動鞋。

魯伯特也很有趣。我喜歡和他開會。他花很多時間談論他職業軍人退役的父親。他曾經告訴他爸爸，他對自己的分紅獎金不滿，他爸爸則告訴他要「像個男人」。我不確定這兩件事有什麼關聯性。我猜意思是，我也應該要像個男人？

不過毫無疑問的，所有會議的最大特點是「角色明顯不一致」。這不是花旗銀行的官方策略，所以我其實不該過度強調，但它確實給我活下去的期待。如此多彩多姿！如此戲劇化！如此唱作俱佳！你永遠不知道下一次你會遇到誰！迦勒唱完黑臉的表演之後，鼻涕蟲的白臉往往緊隨而至，甚至在為數不多的愉悅時刻裡，兩場會議都幸運的有迦勒出席。這種情況提供的強烈戲劇化反差，堪稱精妙絕倫。看迦勒從咆哮的狼瞬間變成溫順的泰迪熊，真的會讓你覺得人性還是有希望的。沒有人關心這些矛盾之處。攻擊若是有效，誠實與否又有什麼關係呢？況且唯一會注意到的，不過只有我一人而已，自然更無所謂。那麼，對我來說呢？嗯，我只能說，我真的很喜歡他們的表演。

為了應對這些多樣化的戰略，我為自己創造出一種叫「盡可能什麼都不說」的遊戲，我小時候非常擅長這種遊戲。遊戲名稱已經將它的目的解釋得很清楚——不說話，只能發出咕噥聲。為自己設下的規則激起我的挑戰欲，不過，有時候，像是與青蛙或魯伯特的一對一會議實在太容易獲勝，我反而會覺得乏味。我最喜歡的，是和迦勒的對抗性會議，因為你必須用眉毛表達許多情緒，挑戰性最高。

在這些會議中，我從未以任何方式參與過他們強加在我身上的「離開／留下」二分法。想都別想。去他們的。我絕不可能不拿錢就離開，也不會再為那些混蛋工作。事實上，對我來說最好的結果就是被解雇。若是非自願離職，我不但可以離開，還能拿走銀行欠我的錢。所以他們到底打算怎麼做？不，不，不行。沒辦法。去他們的。

去他們的。去他們的。去他們的。去他們的。

那些混蛋再怎麼對我大喊大叫，我都不會屈服。

最後，因為我一直不肯做選擇，也可能是因為我幾乎什麼話都沒說，引發一場每位資深經理要麼親自出席，要麼視訊出席的最終巨型會議。

鼻涕蟲主導這場會議，這意味著過程將會非常溫和愉快。

鼻涕蟲叫齊所有人，然後提出他最大的懇求。他說他了解我，也知道我生病了。他相信我。他也認為我是真的病了。銀行會盡一切努力做我的後盾，幫助我，改善我的狀況。醫療支援、物質支援、情感支援等。無論需要什麼，他們都會提供給我。他所需要的只是我的承諾。我還會回來。交易。賺錢。

慢慢來，他說，放輕鬆，順其自然。不要給自己壓力，你需要多長的時間都沒關係。別擔心，他說，沒事的。我們所有人都會站在你身後。

之後，他又點了每一位資深經理的名字，他們一個接一個的告訴我他們對我的看重。太棒了，充實我的心靈，溫暖我的心。輪到迦勒說話時，他的眼睛裡甚至含著淚水。

之後，我決定嘗試一個新遊戲。我對鼻涕蟲的信任到目前為止並無瑕疵，尚稱完整，因此，我決定相信他的話。既然需要多長的時間都沒關係，我就放手去做吧！花所有我需要的時間來改善我的狀況，好好照顧自己。

我開始按照我簽的合約上所規定的時間工作。

合約上，我的工作時間是朝九晚五。我想，很可能每個日本人合約上的工作時間都是朝九晚五。

然而，沒有人朝九晚五的工作。

有了每一位資深經理在背後全力且堅定的支持我，我全面改採輕鬆愜意的工作方式。我每天午休都離開辦公室一小時，有時甚至一個半小時！我在東京冷冽的冬季裡去皇居外苑散步，數著一棵又一棵的樹。有時我覺得累了，想要靠著休息一下，我便拉上兜帽，開始睡覺。

很美妙，真的很放鬆。那一週的 PnL 是我搬到東京後賺得最多的一週，也是我職業生涯裡上滿五天班的最後一週。

再下一週。週一上午剛過九點，迦勒走到我身邊，輕輕碰一下我的肩膀，問我明天能否和他一起吃晚餐。

然後，當然，就在那個時候出事了。

10

二〇一三年二月中旬，一個寒冷且漆黑的週二夜晚，在丸之內購物中心六樓的匿名拉麵餐廳裡，一位身材高大、非常富有、手指粗壯的男人，懷著對於自動調溫器位置不當的仇恨，為我描繪出我可能面臨的未來人生。

在他的敘述中，我的未來只剩法院和貧窮，多年來從銀行搶到的錢全部打水漂。很殘酷。可是支撐它的權力來自全世界最大的企業之一。

你會怎麼想？當你從一無所有，每週騎腳踏車送報賺取十二英鎊，直到成為世界上最賺錢的交易員之一，為世界上最大的銀行之一工作，一位二十六歲的成年男子，看著曾經是你的偶像的男人，隔著桌子坐在你的對面，吃了兩碗拉麵，直視你的眼睛，說：「有時候，壞事同樣會發生在好人身上。我們可以讓你的生活變得異常艱難。」你會怎麼想？

彷彿他是個幫派份子。彷彿他是混黑社會的。

你會怎麼想？

你知道嗎？那時距離我被高中開除剛好整整十年。我不是毒販，和毒品交易也扯不上任何關係，但在一流的明星高中，就讀的學生幾乎都來自上流社會，他們知道我拿得到毒品。

我確實拿得到毒品。他們沒說錯，這是真的，我可以拿得到毒品，因為我住的社區馬路上就有人在販毒。事實上，還不只一個人。他們住的社區沒有毒販，可是我的社區有。這就是為什麼那些有錢的孩子會要求我為他們購買毒品，這就是為什麼被開除的人會是我。

你知道嗎？那些毒販，他們沒有我所擁有的選擇，也沒有那些有錢孩子所擁有的選擇。他們不能上倫敦政經學院。他們無法靠紙牌遊戲贏得投資銀行的實習機會。他們沒有擺脫貧窮的可靠途徑，他們只能販賣毒品。有時他們也會走上其他的歧路——詐欺、入室偷竊。其中有些人賺錢，有些人不賺錢；其中有些人進監獄，有些人沒有進監獄。有時，像這樣的孩子，會遇到非常糟糕的事情。有時他們會被刺傷，有時他們會被殺，有時遇到有人坐在夜店外的車裡埋伏，等他們過馬路，就開車從他們身上碾過去，然後看著他們的身體在地上抽搐。

在那一刻，我意識到我們是一樣的人。我們都一樣。毒販、銀行家、交易員、現在的我、過去的我、迦勒、薩拉萬、布拉塔普、魯伯特．霍布豪斯、傑米、伊布蘭、ＪＢ，我們都一樣。唯一的區別只是每個人父親的財力。如果那些毒販去了伊頓公學，或者聖保羅學院，或者魯伯特去過的任何他媽的寄宿學校，他們可能就會和我一起出現在交易大廳裡，坐在亞瑟旁邊，坐在ＪＢ旁邊，買他媽的綠色歐洲美元期貨。如果那些交易員出生在我出生的東倫敦巴金醫院，也是足球明星博比．

摩爾、約翰．泰利，以及其他一百萬個在下課時賣便宜糖果給同學的小騙子出生的地方，他們也會在街角販售毒品。我們是一樣的人。我們都是一樣的，愚蠢、聰明、年輕、野心勃勃。想要闖出一點名堂，卻不太確定該做什麼。追逐目標，卻不知道自己在追求什麼。盡全力跑向目標，最後卻又倉皇的轉身逃開。

對渴望成功的年輕孩子來說，不同的只是走上的路，是販賣毒品，還是販賣該死的債券，不是嗎？我們都一樣。我們他媽的沒什麼不同。只是有時候在不知何處的錯誤寺廟裡，神明搖動錯誤的盒子，於是像我或比爾這樣的人，便從盒子裡向後摔出來，臉朝地面的落入錯誤的遊戲中，落在錯誤的棋盤上。

我們是一樣的。你們沒有比我們好，你們一點都不比我們好。從一開始，這就是兩個不同的遊戲。從非常早的開始。從誕生的那一刻開始。但是你當下並不會想到這一切，這些東西全部只會在你的夢裡反覆流過你的心。

當你盯著那張胖臉的時候，你會想：

「兄弟，如果你不是混黑社會的，就不要模仿幫派份子說話。」

我立刻知道我會迎戰。

它不是一個決定，從來不是一個決定。有時候，你就是必須直接與魔鬼對峙。這麼做聰明嗎？和花旗銀行對抗是否明智？畢竟它可是世界上最大的公司之一。

嗯，我不知道。去他的。我從來沒有聲稱自己是個智者。

那天晚上我一夜沒睡，連一秒鐘也沒睡。我直接回家，嘔吐。我吐不出任何他媽的食物，只吐出一些膽汁，看起來像淺色的尿。因為吃了藥，吐出來的東西甚至沒有酸味。我擦一擦嘴，開始踱步。然後踱步，踱步，來回踱步。

我要對抗它。我真的要他媽的對抗它。目前為止，我一點計畫都沒有。現在的狀況，他媽的還能採取什麼行動？

我已經和人力資源部確認過，他說的那些都是合法的。除非他們簽字同意，否則我不能去為慈善機構工作。

我一定要拿到他媽的錢才走。

情況變了，遊戲甚至已經不是原本的遊戲，牽涉的事情比之前多很多。局勢發生大逆轉，現在輪到我來防守。

所以，他們打算要告我嗎？以什麼理由？

他不可能有我的任何把柄。如果他手上真的有，今晚就會拿出來。光是為了讓我更清楚的看出自己已經毀了，他就會拿出來。

但他需要把柄嗎？他可能還真的不需要。就像二〇〇九年政客們說要對銀行徵稅一樣，大家都將它當成笑話。他們知道權力握在誰的手中，他們可能會對法院也使用相同的手段。我們談論的可是花旗銀行，他們大概想起訴誰，就起訴誰。

但是話說回來，他們不能兩手空空的去告我，他們還是必須找出點東西。我有留下什麼嗎？會不會被找出什麼？他們有什麼事情瞞我嗎？

謝謝他媽的比爾，謝謝他媽的忠告。把你的．屁股．擦乾淨。我已經掩藏我的痕跡好一段時間。我沒有破綻，我很確定，什麼都沒有。我一直交易得很乾淨。從最初開始。

不是嗎？

會有什麼嗎？可能有什麼嗎？我做過多少筆交易？他媽的，一定超過百萬筆吧？有多少聊天紀錄？與經紀人打過多少電話？全部都被記錄下來。經過公證、製成表格、歸檔。他們擁有每一個檔案。全部的檔案。我有什麼？我什麼屁都沒有。

有了這些多的證據，他們總是可以扒出一些東西。

怎麼辦呢？

我突然想到，也許他們玩得太過頭；也許他們認為可以從我身上找到更多把柄；也許這就是為什麼從來沒有管理階層問過我如何賺到這麼多錢；也許他們認為這一切的背後隱藏某些見不得光的祕密，他們不想讓自己的手沾上鮮血；也許他們認為像我這樣不老實的孩子，除了去販毒，或者做一些雞鳴狗盜的事之外，這是可以賺錢的唯一途徑；也許這就是他們自己私下會做的；也許他們的生活就是如此。互相陷害，互相汙蔑，毫無底線的操弄，在別人身上拉屎。

不，不，蓋瑞。這樣太沒效率。我需要擬定一個他媽的計畫。

好，就這樣。我需要先採取行動。我需要現在就迅速的採取行動。

離東京鐵塔很近的那一家診所幾點開門？立刻去 Google 查一查。早上九點。好的，等到九點，就給那家該死的診所打電話，為自己預約掛號，告訴他們你快瘋了。說得誇張一點。告訴他們你吃不下，睡不著，體重直線下降。嗯，這不算誇大其詞，這些全是事實，但還可以在上面加點什麼，什麼都行。最重要的是，一定要請到他媽的病假，如果沒有拿到醫生開的請假證明，千萬不要離開那家他媽的診所。之後立刻將電子郵件發送給每個人：給迦勒、給人力資源部、給鼻涕蟲，通知他們。一旦做到這一點，就為他們提高難度，銀行捏造證據去法院告我是一回事，但是銀行控告一個剛因壓力而請病假的人則完全是另外一回事，它看起來會像是對員工請病假的懲罰。我會受到保護，殘障法之類的？他媽的，我對殘障法又有多少了解？沒有，他媽的沒有。聽著，別在這裡生我的氣，你還能想到任何其他的辦法嗎？

沒有。我什麼都想不出來。所以，這就是我們的計畫，我們接下來就要這麼做。

我們應該向別人尋求建議嗎？現在幾點？凌晨兩點，那就是倫敦下午五點。每個人都還醒著。可以向誰尋求忠告呢？比爾？史努比？

不吧？這是屬於我自己的破事。我自己的。我會他媽的奮戰到底。我會他媽的戰鬥，而且我會贏。

最後，在凌晨兩點半，我只發簡訊給孝介一個人。

「孝介，發生一些該死的事，不要告訴任何人我傳簡訊給你。你可以盡快和我碰面嗎？」

我決定等到五點再給老闆們發簡訊，告訴他們，我吐一整夜，所以今天無法進辦公室。換句話說，我還有三小時的時間要打發，於是我在深夜繞皇居跑一整圈。

我繞著皇居跑得飛快，冬天他媽的冷空氣刮在我的手指和臉上。我不斷回想起晚餐的情景。在我們離開前，迦勒想和我握手，我已經完全不記得我最後是否回握他的手。

我猜這代表我他媽的還是握了。

凌晨五點發送簡訊。沒有人回覆，非常好。

早上五點到九點之間還有很多時間。也許還能睡一會兒？設鬧鐘。不，你不能睡。再去跑步好了。最後一次吃東西是什麼時候？

早上九點，打電話給診所。這位醫生是專門為外國人看診的，櫃台人員會說英語。現在最快可以預約到什麼時候？十點半。

十點二十分，藍天之下，又大又橘的東京鐵塔；十點二十八分，櫃台人員說，請坐；十點三十分，醫生診療室。真是準時。坐下來，看起來像個瘋子。好吧！你本來就已經像個瘋子，你還能裝得更像點嗎？

告訴他所有的事。

「我的老闆威脅要殺了我。」

不，這太過頭了，倒帶，收回去。

「抱歉，我的意思是我老闆威脅要起訴我。我真的好害怕。我的體重掉很多。」

日本男人，禿頭，高個子，穿著白色醫師袍。他凝視我相當長一段時間，只用他的左眼，彷彿那是他唯一正常的眼睛。

他開了兩週的抗焦慮劑，要我請一個月的病假。他用漂亮的藍色原子筆，潦草的將這些全寫在一小張白色紙條上。這樣就可以了。

先回家，送出電子郵件。我去看醫生，他很擔心我的狀態，開給我抗焦慮藥物和一個月的病假。告訴他們，在本週剩下的時間還是無法上班，因為你他媽的精神崩潰，所以需要休息。然後，關掉該死的黑莓手機。

現在去睡覺吧！蓋瑞，上床睡覺。

我醒來時，已經半夜。嗯，說實話，我不知道現在幾點，但我的房間裡一片漆黑，雖然我穿著外出服，而且窗簾大開就睡著。

我沒有打開黑莓機。不，他媽的。我不再需要那個狗屁工具。不過我有看自己的私人手機。大約十一點時，我收到孝介的簡訊。

「發生什麼事？出事了嗎？今晚或明天我都可以和你碰面。」

他的簡訊是在中午發出的。嗯，今晚這個選項大概是不成了。我請他隔天來見我。

我在那家御好燒店外見到孝介。天知道我變成什麼樣子。從孝介看到我的表情判斷，我看起來大概非常的委靡不振。

我想，在我一邊喝啤酒，一邊告訴孝介發生什麼事時，我應該有一點發抖。

孝介吃驚的張大嘴巴，他簡直不敢相信。關於迦勒的問題是，他是一個非常友善的人。他真的是，你知道的，他確實是！如果你認識他，你會不由得喜歡他。我保證。現在的每個人都喜歡他，過去的每個人也都喜歡他。

我說完後，孝介不曉得該如何回應。他只是坐在那裡，張嘴像在等待蒼蠅飛進去。

過了好久，他意識到他應該說點什麼。

「那是違法的！」

同一句話他喊了三次。

「孝介，我知道是違法的，但這他媽的並不重要，沒人在乎。這裡是花旗銀行，是他媽的全世界最大的銀行。他們可以想做什麼就做什麼。」

「不！不行！這裡是日本！是一個法治國家！任何違法行為都是不被允許的。」

「孝介，我相信不違反法律是全世界都他媽接受的通則，但這並沒有阻止他們，不是嗎？」

孝介很生氣，氣得不得了。他將怒氣壓在心底，以不外露的方式隱藏，這種形式剛好日本人和英國人都相當擅長。

「你必須把這些話錄下來，你必須錄下來。買支錄音筆。設計他，讓他再說一次。」

他特地為我跑了一趟友都八喜（Yodobashi Camera，大型電器量販店）。隔天晚上，他騎著他的藍色小自行車出現在我家門外，遞給我一個他剛買的手持錄音筆，他又說了一次：

「把一切錄下來。設計他，讓他再說一次。」

嗯，面對這樣的孝介，你能說什麼呢？

真是個好孩子。

★★★★★

接下來的幾天我做些什麼？我裝死。然後，又到了週一，我又回到辦公室。

他們將我從日圓帳本剔除。非常明智。它再一次回到渡邊久手上。幹得好。因此我來辦公室的唯一理由，就是直接走進迦勒選定的房間，和他開會。

這將是一次有趣的會議，因為我打算採取一種新戰略。我將它命名為「讓迦勒愈生氣愈好，這樣他就會說出他心裡所想的，你就可以把它錄下來」作戰。不曉得該怎麼解釋，老實說我對這件事還滿期待的。它將會是我應對風格上的重大轉變。

我在週末練習怎麼使用手持錄音筆。它是一個小圓柱體，長度不超過十公分，上面有一個紅色的錄音按鈕。很顯然的，我無法在會議進行到一半時才把它拿出來按下錄音鍵，所以我先去洗手間，壓好按鈕，再將它放回口袋。我在家裡試過幾次，但我還是很擔心自己的大腿會不小心壓到按鈕，把錄音功能關掉。

進入交易大廳，走入他選的房間。要開始了，我們兩人之間的角力即將上場。

迦勒從一開始就表現得很內斂、很平靜。他講故事威脅我的氣勢蕩然無存。太可惜了。彷彿餐廳裡口出惡言的人是另一個人，我需要原來的迦勒回來。

不要放棄！故意戳他一下。沒有反應。簡直像從石頭裡抽血一樣困難。他媽的！我為什麼在餐廳吃拉麵前沒想過這麼做？我為什麼不在當時就把它錄下來？

也許他猜到了。也許你突然變得多話，將他的目光引到你口袋凸出的部分。

別管這些，繼續試。該死的，你還能有什麼損失？

「對事情發展成現在這樣，我們感到非常抱歉。對你做出這樣的選擇，我們很遺憾。」

「你才不遺憾！你他媽的從來沒有真的關心過我！你他媽的從來沒有給過我機會！你一開始就讓渡邊久他媽的釘在我的屁股上！他就這樣坐在我身後，你叫我怎麼進行交易!?他甚至記下我每次上廁所去多久！你他媽的到底在想什麼，居然留下他!?每個人都知道他早就該被開除！」

「喔，算了吧！」他提高音量，開始大喊大叫。他即將崩潰，我抓到他的痛處了！「從來沒給過機會的人是你。從你來這裡的第一天，你就沒認真工作過。你一直都知道你想走！拿到分紅的第二天就來找我說你想辭職。你來日本時就是這麼打算的吧？你沒有一絲猶豫，甚至連想都不願意去想，不是嗎？你走出我的辦公室直接去了人力資源部。你知道你來東京卻什麼事都不做，讓我看起來像什麼樣子嗎？我不辭辛勞的你帶到這裡！你知道你讓我看起來像個十足的傻子！在我為你做了這麼多之後!?我雇用你！我造就你！你本來什麼都不是！想想看我們付給你多少錢！」

我不應該回嘴的。我應該放任他再多說一點。可是我沒有。

「錢!?喔，你認為我欠你們錢，是吧？聽好！我從花旗銀行賺到的每一分錢，花旗銀行至少藉此賺到十倍以上。你他媽的心知肚明，你知道事實就是如此。如果沒有我，你永遠不可能像現在這麼成功。」

我的話讓他閉嘴，也讓他坐了下來，我有那麼一刻真為自己感到驕傲。然後，我突然想起整個計畫的目的是讓他盡可能的多說話，於是我們雙雙陷入沉默。

「所以，我可以請病假嗎？」

他立刻恢復成一開始進來參加會議的模樣。冷淡、專業、漠不關心。糟糕，我搞砸了。

「我們無權批准你的病假。銀行的專業醫生評估後才會做出決定。」

11

搞笑的是，我又再次回到STIRT小組。夾在渡邊久和孝介之間，根本沒有工作可做。我拿出日文課本，開始學習漢字。

我很氣自己沒從會議中得到任何好處。我對銀行的醫生不抱希望。從迦勒的言論可以明顯看出，他已經和整個人力資源部達成協議。他一定也會想辦法讓銀行醫生站在他那邊。如果銀行醫生不讓我請病假，我就完蛋了；如果繼續留在交易部，我只有死路一條。

等一下。等一下等一下等一下等一下——也許我能從這裡挖出點什麼。他是怎麼說的？「你走出我的辦公室直接去了人力資源部。」人力資源部不應該和他勾結在一起的，不是嗎——這肯定是不被允許的吧？他不應該知道你在第一次和他見面討論離職事宜後，便直接去找人力資源部。他不應該知道這件事的……是吧？這種事應該被保密……不是嗎？幹！也許我找到突破口。

以安排與銀行醫生會面為掩護，我發了一封電子郵件給人力資源部。

親愛的冰柱，

我能和您開個會討論我的病假申請嗎？

致上親切的問候。

蓋瑞．史蒂文森

我又一次來到沒有窗戶的房間，親愛的朋友。這次請確保你按下了錄音鍵。

一如既往，她冷漠無情，直挺到極致的儀態。面對如此驚人的氣勢，我更覺得自己像陰溝裡的老鼠。

可是誰在乎呢？又沒人看。至少這一次，我是有計畫的。

「我可以問妳一個問題嗎？」

我的開場策略。

「當然，蓋瑞，你想問什麼？」

「妳會對我們的談話內容保密嗎？」

她沒想到我會這麼問。她是不是有點動搖？如果是，她至少在一秒內就恢復正常。

「不一定。」

「不一定？妳說不一定是什麼意思？」

「就不一定。」

「那要怎樣才能他媽的確定!?」

她把完美的雙手放在完美的義大利 Moleskine 高級筆記本的背面。我真不應該對人力資源部的員工說髒話。

「有些對話會保密，有些不會。所以，你看，蓋瑞，真的是視情況而定。」

「好，那麼，」我有點生氣：「哪些會保密，哪些不會？」

「嗯，舉例來說，如果你表現出任何想傷害自己的念頭，我沒有選擇，就只能往上通報。」

「喔，拜託，我在講的事和傷害自己一點關係都沒有。聽著，當我二月初來找妳談話時，詢問妳關於我辭職去慈善機構工作的事。妳是不是將這件事告訴迦勒？」

「不，我沒有。」

她回答得很快，太快了。

「妳確定嗎？」

「我沒有和迦勒談過那次會議。」

兩人的對話稍微暫停。我們要這麼做嗎？是的，我們要這麼做。

「好，那為什麼迦勒剛才和我開會，告訴我妳有這麼做？」

當下，暫停許久。事實上，我很清楚停頓的時間有多長，因為我反覆聽過這段錄音好幾次。四十七秒。在一對一的會議中，這麼長時間不說話顯然很反常。

在整個暫停的過程中，冰柱一動也不動。完全一動不動，就像一尊雕像。她修長的手指沒在筆記本背面敲過一次，嘴巴亦沒有絲毫顫抖，眼睛也沒轉動。她在思考嗎？我相當確定她連眨眼都沒眨一下。

至於我，我不可控制的微微發抖。我看著她，心裡在想：如果一陣風吹過，她的頭髮會飄嗎？還是一樣動也不動？

最後，她終於開口：

「我研究過你的遞延薪酬，以及你辭職去慈善機構工作的細節。如果你想這麼做，沒有人可以阻止你。這超出銀行的權力範圍。」

嗯。對於這發展，你又能說什麼呢？老鼠的未來顯然仍需戰鬥。

離開之後，我直接去銀行醫生的辦公室，位於我們下面三層樓，離交易大廳很遠。在一間燈火通明的小辦公室裡，一位頭髮花白、看起來很友善的日本中年男子坐在一張低矮的小塑膠椅上，雙臂放在他的大肚子上。他身後站著一位穿著護理師服、年輕漂亮的日本女子。

醫生讓我坐下。他問我怎麼了。不知怎的，我感覺他好像真的很關心。

嗯。我想我應該告訴你發生什麼事。我講述好一會兒，然後我崩潰了。他們是我唯一可以泣訴的人，兩個我從未見過的陌生人。

直到那一刻，我才真正意識到，自己的情況到底有多糟。我想我在那段時間裡會不時告訴自己，這些不過是一種戰略，一場遊戲。然而，也許它不是遊戲，也許那就是我的人生。

他寫好假條，給我三個月的帶薪病假。

在那之後，我克制不住的顫抖好久。我的身體微微搖晃，但我沒有動。

我又一次發現自己站在中庭邊緣。我低頭看，但沒有往下跳。

我拿到了。我手上有病假核准單，不過我沒有立刻請假。

從醫生辦公室出來後，我回到交易大廳，拿起我的抽繩後背包，直接回家。祕密肯定在那天被洩漏，我的情況不再只有高階管理層知道。我確信這一點，是因為我開始收到來自倫敦的簡訊。

史努比的簡訊寫：「不要放棄！你可以打敗他們的！你比那些混蛋聰明多了！」蒂茲的簡訊說：「如果你離開真的就太可惜了，兄弟，我還以為你將來會成為這個地方的頭兒呢！」

我以為比爾的簡訊會跟著傳來，卻一直等到很晚的夜裡才收到。他寫：「你還好吧？蓋爾？管理階層說你想離開，他們一直要求我說服你留下。他們說你因為壓力太大，想請病假。出了什麼事？蓋爾。你還好嗎？」

這是我唯一回覆的訊息。

「不用擔心我，老大，我一直很好。」

那也許是謊言。

所以，我為什麼沒有立刻去請病假？

我當時告訴自己，這麼做是有風險的。我擔心如果我請病假，可能會引發銀行的法律訴訟。不過，是真的嗎？這種危險真的存在嗎？你不會因為請病假就被起訴吧……會嗎？

如今回想起來，我想原因不止於此。我猜在某種程度上，我知道這表示什麼。不再有 PnL，不再有清算權，不再有野心勃勃的年輕人投射過來的羨慕目光。

永無止境的會議尚未結束。這一次輪到我和魯伯特開會。會議上沒有其他人，只有魯伯特和我。他以視訊的方式出現在迦勒明亮的高空辦公室的螢幕上。

我坐下來，看著我的鞋子。

「你知道嗎？蓋瑞，沒有人相信你，沒有人相信你真的生病了。他們認為整件事都是你的戰術，為了拿到更多錢，或是離開銀行並拿走你的遞延股票，然後轉到高盛工作。」

我什麼也沒做，我瞪著鞋，點點頭。有時候，我會在腦子裡做長除法。

「但我相信你。」

這句話引起我的注意。我抬起頭，看著螢幕。「蓋瑞，如果你可以選擇任何地方，你現在想去哪裡？」

我想了好久，然後誠實的回答他的問題。

「哪裡都不想。任何地方我都不想去。說實話，霍布豪斯，我一點都不在乎。」

「哈利最近如何？」

「哈利最近如何!?他還好……對，他很好。」

當然，魯伯特不知道我們鬧翻，也不知道我已經將近一年沒和哈利說過話。

「回去伊爾福德你長大的街上和哈利一起踢足球如何？你會想回去那個地方嗎？」

當我們開始一起踢足球時，哈利多大？他當時肯定只有五、六歲。那樣的話，我就是九歲或十歲。後來他踢得比我更好時，他那時幾歲？

「會。會，我想應該會。是的，我會的。」

在街上踢足球的日子已經是很久很久以前的事。燈柱、電線桿、回收中心的凹牆，如此遙不可及。我們經常把球踢到回收中心裡，只能從它的側邊爬進去，才能把球拿回來。你必須越過一座大鐵橋，穿過一位老人的花園，聽到他從窗戶裡對你大喊大叫，然後才能進到立著許多由舊報紙堆成的六公尺高牆的回收中心。你奮力一踢，將球踢回街道，然後循原路爬回去，再次開始踢球。冬天時，我們會一直玩到太陽下山，直到有人的媽媽出來叫孩子回家吃飯，才會停止。有時是我媽媽，有時是哈利的媽媽。有時我們會一起吃飯，有時我們各自回家吃飯。

「你可以回去那裡。你可以回到那個地方。」

不，我他媽的不能，我再也不願意和那孩子說話。

「沒關係的。一切都會好起來的。你只需要振作起來，度過難關。你會沒事的。」

他為什麼要這麼做？魯伯特為什麼要這麼做？

「謝謝霍布豪斯。我很感激。謝謝。」

「沒關係的，你會沒事的。」

視訊結束。

我獨自坐在辦公室裡，凝視天皇的宮殿。我的私人手機收到一則簡訊，來自魯伯特。

「請病假吧！銀行不能做什麼的。他們沒找到你的任何把柄。」

於是我遞出假條，請了病假。

12

三個月。

三個月的時間並不長，但是我卻覺得像是永遠。

自十九歲以來，我從未享受過三個月的空閒。我大部分的時間都忙著拍鬆靠枕。

感覺像從水底浮上來，呼吸到新鮮空氣。

我做的第一件事就是去瓢簞山。在京都換車，在大和西大寺換車。

巫師住在學校分配的制式小公寓。睡覺的地方在木梯頂部的架子上，鼻子幾乎可以碰到天花板。很多日本年輕人都是這麼生活的，沒有真正的廚房，窗戶鑲嵌磨砂玻璃，所以沒人看得到裡頭。

唯一的熱源來自一台小暖氣機，冬天時房間裡總是很冷。但是它屬於我們。我們不必和任何人分享。

我去找她，我想我甚至沒有事先告訴她我要過來，所以她有些驚訝，但沒被嚇到。

我們爬上梯子，將日式床墊丟下去。有很長的時間，我都待在下面的地板上，她會在周圍走來走去，煮水泡一杯拉麵，然後問我最近有沒有看過什麼好電影。

天氣很冷，但我們會穿上很多衣服，跑去瓢簞山的一個小公園。她鋪好一張小野餐毯，然後俯臥著，我把頭靠在她單薄的背上，我們兩個就躺在那裡看書。有時我們也會去奈良的大公園，看看宏偉而古老的木造寺廟。順便餵一餵四處亂走的鹿。

但是除了這些，我還是得開會。儘管我已經請病假，可是會議沒有停止，只是現在的開會形式變成手機通訊。我會把免持功能打開，將手機放在地板的日式床墊上，然後在它旁邊躺下。我會像海星一樣伸展手腳，然後越過自己的頭頂從下往上看，這樣在管理階層喋喋不休的背景音效中，我就能從磨砂窗戶看出去，看著扭曲的藍天慢慢變黑。

巫師有時會過來，坐在我身邊。當她這麼做時，她會拿起手機，直接掛斷電話，然後她會說：「可以了，蓋瑞，已經夠了。」

我飛回英國探望媽媽。我不知道為什麼，但我們母子關係從來都不親密。我騎著用第一筆分紅獎金買的偉士牌黑色小摩托車載她兜風，一路穿過倫敦市中心抵達攝政公園。我們在花園裡散步，繞湖走一圈。我問她為什麼從沒學過彈吉他。

她用奇怪的眼光打量我。那時候，所有人都用奇怪的眼光打量我。然後她問我：「蓋瑞，你還好嗎？」

我回答：「好，好，好。是的，我很好。妳知道我的，我一直都很好。」

我在回東京的飛機上第一次看了全世界最帥的男人保羅．紐曼主演的《鐵窗喋血》（*Cool Hand Luke*）。他在劇中被送進監獄，我不知道為什麼，好像是因為他破壞公物？最後他被和其他犯人鍊在一起做工。

犯人們的老大個性霸道，他挑戰保羅．紐曼，要和他比一場拳擊。保羅的體型小很多，看起來似乎一點機會都沒有。惡霸一次又一次的打他，只是他每次倒下，都會再站起來，一百次、一千次、無數次，直到他被打得鼻青臉腫。最後惡霸終於放棄。

我在心裡想，保羅．紐曼真是個男子漢啊！實在是太棒了。太帥了。

我允許自己在那段時間稍微放縱一些，睡眠和飲食都不正常。我在白天睡覺，晚上便四處遊蕩，尋找食物。

沒有比這裡更棒的地方。我說真的。我確確實實這麼認為。

對一個孤單的人來說，東京可以吃的東西太多。而且隨著春季到來，溫暖的天氣也重回人間。

我住的大樓附近有一家小拉麵店。他們賣豬肉拉麵，也賣雞肉拉麵。高湯清澈細緻，帶著明顯的醋味。非常好吃。可惜它後來關門了。

那家拉麵店的營業時間不長。在它開門的時候，我通常還未醒來，可是我還有吉野家。可愛的吉野家，我的夜晚女王，你明亮的橙色窗戶永遠不會讓我失望。吉野家是二十四小時營業的牛肉蓋飯餐廳。一直是這麼的美味、快速、便宜。不限量的醃製紅薑。有時候，他們也會提供鰻魚飯。

有些東西你在日本找不到，像是豌豆。我有時候會很想念它。最後，我終於在世界上最日本化的義大利連鎖餐廳薩莉亞找到了。價格便宜，份量十足，深受學生喜愛。他們把豌豆和培根混在一起，加上一個溫泉蛋，做成沙拉。

我不一定都在速食店用餐。有時我會在正常時間起床，然後我就能吃到一些精緻美食，比如去虎之門的法國餐廳吃牛排、炸薯條。你知道，花旗銀行還在付薪水給我。

雖然在東京並不需要花大錢才能吃得像個國王，就算是壽司也可能非常便宜。我每週至少去神谷町「壽司三味」三次。醃鮪魚蓋飯，加量不加價，還附味噌湯和綠茶，只要五百日圓。每次去他們都會給我一張一百圓的折價券，所以下次就只要四百日圓，相當於才二．五英鎊！我喜歡坐在櫃檯，和壽司師傅說笑。

給自己一個機會，去居酒屋點梅乾茶泡飯。用不著謝我，你好好享受就行了。

新鮮現做的漢堡。味噌／鹽味／醬油／豚骨拉麵，以上排列便是我的喜好順序。神田的鬼金棒拉麵無人能敵。高田馬場小巷子裡的法式越南三明治。冷蕎麥麵配上7－11便利商店的棕色醬汁。7－11便利商店的鮪魚蛋黃醬飯糰。全家便利商店的炸雞排。麻布十番那家店的餃子。每天早餐吃鮪魚蓋飯（不管幾點起床，只要剛起來的第一餐就是早餐）。風雲兒的沾麵。彌生軒的烤鯖魚定食。

這些地方都開著，裡頭滿是一個人用餐的孤獨者。拉麵店尤其如此。深夜的吉野家，孤獨的人們一個挨著一個的坐下，狼吞虎嚥吃著美味的食物。在他們拿著筷子大快朵頤時，他們的肩膀和手肘相互碰觸摩擦。然後他們站起來，付六百日圓，轉身離開。

當你沮喪時，全世界找不到比這裡更好的地方吧？

有一天，我穿著整套外出服在中午醒來。我看看手機，中午十二點三十七分。我有一百二十七通未接電話，全是哈利打來的。

我在床上坐起，想了好久，才想起前一天是他的生日。

13

好，我想，差不多是時候採取行動。一個人不該拖到等報復上門。

對，對。我已經吃夠拉麵了。是時候去請律師了。

我發訊息給薩加爾・馬爾德。還記得他嗎？我在倫敦政經學院的肯亞同學。他在二〇〇八年雷曼兄弟倒閉前在那裡工作兩個月，他認識那些起訴銀行的人。我需要一個了解這類事務的人，所以我請他幫我搭線。

最後，我請了三位律師，一位在英國，一位在美國，一位在日本。雖然很貴，但花旗銀行在我調到日本時，將我的薪水調高到十二萬英鎊，所以在某種程度上，花旗支付所有的錢：律師、壽司、拉麵。我猜，我確實應該謝謝他們。

律師們並沒有告訴我任何我沒有弄清楚的事。

銀行可以因為你什麼都不做而起訴你嗎？

嗯，顯然，從法律上講，他們不應該這麼做。但你絕對不會是第一個。

我可以去為慈善機構工作，並保留我的遞延股票嗎？

嚴格來說，根據文件，是的。但是可以對抗花旗銀行的文件又是什麼？

我應該起訴銀行嗎？

你可以這麼做，但大概會纏訟好幾年，而且他們還欠你兩百萬英鎊。

嗯，必須一直進出法院。你對一直進出法院有什麼看法？那不是我們該盡量避免的嗎？

但在這種情況下，你還有什麼選擇呢？除了等，其實也沒什麼可以做。三個月病假剩下的時間你什麼也不做，白天睡覺，嘗試恢復一些體重。等三個月病假結束後，你回去向銀行申請轉到慈善機構（你必須先找到一家慈善機構）工作，希望事情能夠被順利解決。

這並不是一個萬無一失的計畫。

我在網路上找到一段討論貧富不均的影片，那時幾乎沒有人注意到貧富不均的問題。它是一位在倫敦政經學院教人類學的南非教授錄製的。我發了電子郵件給他，告訴他我正在尋找致力於解決貧富不均問題的慈善機構工作的機會。他幫我牽線，請我聯絡一個人，我們一起開了一場會，他們說他們會幫助我離開花旗。

那是我手上唯一的工作機會。我等著三個月的病假耗盡。

在律師、慈善機構，以及我增加的體重的幫助下，我的信心程度稍微獲得提升。我現在有計畫。我能和他們較量。可是，不舒服的感覺並沒有消失，我的胃和心臟仍然在劇烈跳動。我猜我當時的感受應該是恐懼。我感覺大腿隱隱作痛。

我那時經常躺在地板上。在窗邊的陽光照拂中，肚子朝下的俯臥。就像小時候一樣，就像我被開除，沒有學校可去時一樣。趴在靠窗的地板上，在一塊小木板上寫數學作業。

承認這一點並不讓我感到自豪，但想到要回去，我很害怕。我很怕這三個月即將結束，也很怕我必須回銀行上班。

很快的，三個月的時間過去。回到銀行後，第一個和我碰面的是銀行的醫生。我走進他的辦公室，誠實的告訴他，我的心裡有多害怕。我有多害怕回銀行工作。他看著我的眼睛，點點頭，又寫了三個月的假條給我。

那時已是五月下旬，正是東京最美好的季節。許多日本人不喜歡它，因為這是雨季的開始。這座城市很快的就會變得非常炎熱。太陽熾熱的火力讓你無處可逃，空氣變得極為潮溼。你一走出戶外，踏進這個世界，就會立刻感覺彷彿有條熱毛巾落在肩膀上。

可是我喜歡。我真的非常喜歡。

日文的雨季唸成「つゆ（tsuyu）」，以他們使用的漢字來寫就是「梅雨」，翻譯回英文便是「plum rain」。我在英國從未見過這樣的雨，雨滴如溫熱的梅子般落下。炎熱的大雨猶如來自大海的波浪，密密實實的傾瀉而下。

雨勢實在太大，如果我在騎車時遇上暴雨，只要十秒鐘就會渾身溼透。為了應付這種狀況，我會用塑膠袋緊緊包住一整套備用衣物，放在背包內。等我到達目的地時，再徹底換一身衣服。我最喜歡的是既下大雨又吹強風的時候，溫熱的雨打在臉上，感覺真是棒極了。

我在拿到接下來三個月的病假核准單時，當然會想，「可以就這麼一直下去嗎？」我難道就這樣生活，一年又一年，一季又一季，一直生病？只要我永遠在生病，我就永遠不需要回去工作。世界會像季節交替一樣流過我身邊，我則在雨中騎自行車度過一生。

若是如此，又會如何？會是一件好事嗎？若是如此，我算是贏了這場較量嗎？那樣的生活算得上美好嗎？

我更頻繁的在夜間騎車，藉以避開白天炙熱的陽光。新宿和澀谷是我最喜歡的騎車路線，這兩個區域簡直像霓虹燈組成的大皇宮。在雨中，你的眼睛根本來不及辨認，放眼看去只剩模糊一片。有一次我騎自行車去新宿的歌舞伎町，那裡有許多小酒吧，裡面全是喝醉的日本人，是練習日語的最佳場所。

我把自行車停在那區域的最南端，靠近王子大飯店，距離小酒吧滿遠的地方。我想走過人潮洶湧、霓虹閃爍的小巷，享受和更多孤獨的人摩肩擦踵的接觸。

我把自行車鎖在面向飯店的寬闊廣場邊緣的欄桿上。在它前面是一條擠滿計程車的寬闊馬路，它們分成三列停靠，引擎轟隆隆的響著。山手線的綠色車身在它側邊的鐵橋上緩緩駛過。到處都是高聳的大樓，到處都是巨大的霓虹燈。我站在馬路旁看向西方，也就是我的右邊，摩天大樓區在高空中若隱若現，一棟黑色的塔樓整個被白色的金屬蜘蛛網包裹在裡面。隔著馬路，吉野家的招牌散發著溫暖的橘光，廚師正將更多的牛肉放在米飯上。一個有五棟房子那麼大的巨型LED螢幕豎立在它的上方，不停的滾動發光。卡莉怪妞頭上戴著巨大的紅色蝴蝶結，在螢幕上快樂的跳舞。

另一列火車駛過時，帶來一陣熱風吹拂我的臉。

我想我應該把這裡當成另一個家。

之後，我嘗試做更多事。多學一些日語，多交一些朋友。

我為自己找了一位可愛的中年日語家教，名叫上野洋子。不管什麼季節，她都戴著口罩：夏天是為了防溼氣，秋天是防感冒和流感，冬天是因為太過乾冷，春天則是為了阻擋花粉。

然後，我發現「英語會話喫茶屋」的存在。那裡是東京的瘋子練習外語的場所。你點一杯茶，和瘋子聊天，這樣的安排對當時的我來說再完美不過。

我最喜歡的英語會話喫茶屋位於新宿北邊學生聚集的高田馬場。我很喜歡觀察學生。他們在夏天時會成群結隊的喝得爛醉，搖搖晃晃的一起走在街上，然後總會有人直接倒地。當這種情況發生時，他們的朋友必須把他們拉起來，但他們會躺在那裡大喊：「我沒事！」遊戲規則就是盡全力的賴在地上，留在原地。通常，你的朋友會設法把你拉起來；如果他們不這麼做，你就只好整夜睡在馬路上。

我的情況愈來愈好。我以為我正在好轉。但是我已經五個月沒去上班。

我離開辦公室的時間愈長，回去工作似乎就變得愈不可能。當我和巫師說到我的病假即將結束時，心裡有些不知所措。我的左眼眼角開始感覺到非常輕微的刺痛，手臂也會不由自主的顫抖。

當這種情況發生時，巫師會握住我的手。她從來不問它怎麼在顫抖，但她會說：「你為什麼還要和他們鬥呢？蓋瑞？你不需要和他們鬥啊！你得到的已經夠多了。為什麼你不乾脆就離開呢？」

她錯了，永遠不夠多。我絕對不會離開的。如果這意味著我要讓他們贏，那就不離開。

14

我的第二回三個月病假即將結束，我相當肯定可以再次延長。我確實還好，但是也真的還生病。可是在我打算回去看銀行醫生的前一週，我收到一封來自凱爾·齊默爾曼的電子郵件。

凱爾·齊默爾曼是美國人。他是東京分公司的人力資源主管，也是冰柱的老闆。他個子很小，看起來像一隻老鼠，這讓我想起在那段時期的自己。這個念頭讓我覺得事情似乎變得公平一點。

他的電子郵件對於銀行欠我的錢非常詳細的解釋相關法律細節。電郵夾帶大量的文件，但他將結論說得非常清楚。

帶薪休假一旦超過六個月，銀行欠我的錢將從此一筆勾銷，一毛錢都不剩。

我真的不認為它是「帶薪休假」，但我想沒有任何人在乎。

我進公司，找銀行醫生複診。他說明得相當清楚：我不應該回去工作。我告訴他這並不取決於我。我必須回去，我別無選擇。

他對我說話時，將手輕輕放在我的肩膀上。這樣的動作對日本人來說是非常罕見的。他看著我好一會兒，才開口。

「那麼，我想，這也是沒有辦法的事。」

巫師來到東京。我告訴她我必須回去上班。

我看得出來她看得出我很害怕，我也看得出來她很傷心。

「別回去，」她說：「千萬別這麼做。」

從她綠色的眼睛裡，我們都能看出我的狀況並不好。我長期失眠，體重愈來愈輕。

「這和那無關，巫師，這不是一個選擇題，而是我非做不可的事。」

「它不是你非做不可的事，是你選擇要這麼做！這些事沒有一件是你非做不可的！你得到的已經夠多！你隨時都可以離開！為什麼你要這樣虐待自己!?」

「無所謂。我對自己做了什麼並不重要。重點是，這件事我非做不可。」

她看我，一臉快哭出來的表情，可是她沒有哭，她只是緊抿嘴唇，沒有將她想說的話說出來。我猜我這輩子可能都會一直在想，她那時想說的到底是什麼。

我在那天主動和她分手。一週後，我回花旗銀行上班。

就在我回辦公室的前一天，發生一件怪事。我在居住的大樓頂樓餐廳吃飯，那時我已經從保誠大廈的高樓公寓搬出來，換到另一個叫愛宕的地方。那裡的山頂有一座要爬上一大段非常陡峭的台階才會抵達的小神社。聽說曾經有位武士騎馬爬上去送梅花，結果花了四十五分鐘才下完台階。

我的新住處不再位於三十樓，而在八樓，仍然很高，它在一片墓地的正上方，面對一座小山。這意味著，我可以從窗戶看到樹頂。我非常喜歡這樣的景色。

我住的是專門出租給企業的高級公寓，頂樓有一家私人餐廳，價格卻出奇的合理。只要在它的營業時間內我還醒著，我就經常在那裡吃飯。我每次都點同樣的東西：一點鮭魚、酪梨，以及配上梅干的丼飯。梅干是全世界最酸、最美味的圓形食物了。可是它實在太酸了，每次吃的時候我的臉都會不由自主的扭曲。餐廳裡有個二十多歲或三十出頭的日本女服務生，總覺得我的表情很有趣。

在我回去上班的前一天，在餐廳吃完飯後的夜裡，我注意到一封手寫的小信放在我門下。它只寫了短短幾句話：

「在餐廳裡，你看起來很悲傷。我希望你一切都好。如果你需要找人談談，可以發訊息給我的帳號。真希。」

隔天，我依照原訂計畫，回去上班。

15

我請病假已經將近六個月。到了此時，再也沒有人會打電話煩我。迦勒沒有和我聯絡，鼻涕蟲也沒有。和管理階層的會議更是徹底消失。

我現在完全歸屬於人力資源部管轄。人力資源部的超級老鼠凱爾·齊默爾曼成了我的上司。冰柱似乎已經被從棋盤上移除。就我來看，這步棋倒是走得頗為巧妙。

比爾最早給我的忠告之一是：「找人力資源部介入絕對沒有好處。」我沒聽他的話，顯然把事情搞砸。

東京分公司的人力資源部規模很小。凱爾．齊默爾曼的辦公室位於它的角落。我必須穿過整個部門才能走到他的辦公室；我想和冰柱建立眼神交流，但她卻自始至終低著頭。

辦公室雖小，卻有扇窗戶，一切收拾得井然有序。文件櫃橫跨一整面牆。桌子很簡陋，什麼裝飾品都沒有。一本記事本，一枝昂貴的筆。我走進門時，凱爾的眼裡充滿活力，他微笑歡迎我。

當然，我的錄音筆全程開啟。我想過在進他的辦公室後大喊大叫，高聲指責，希望能逼得他失言承認，就像當初我試著對迦勒做的那樣。但是我太想知道他們對我的計畫是什麼，所以我決定先坐下來聽聽看。他們肯定不會叫我回 STIRT 小組的，對吧？

凱爾說話時語氣流暢，既有效率，又有活力。他很高興看到我已經康復。這句話很有趣，我差點笑出聲。他很愉快的說，他們為我找到一個新職位。這也非常有趣。我喜歡凱爾．齊默爾曼的黑色幽默，我真希望之前他參與我的會議次數多一點。

凱爾帶我上樓，引領我走到交易大廳。我不能撒謊，我的心臟當時漏了一拍。我可以看到每一個人，尤其是在遠處角落迦勒巨大的身軀。

STIRT 小組的辦公區就在我的正前方，但我們沒有去那裡。相反的，凱爾領著我右轉，然後再右轉。繞過放印表機的角落，轉進一個隱蔽的空間。我就是在這裡認識傑拉德．岡特。

毫無疑問的，傑拉德．岡特是我在交易大廳或其他任何地方所見過最無聊的人。他臉上戴的眼鏡都比他的眼睛更具生命力，他的靈魂似乎很渴望死亡的來臨。

真的嗎？我心想，我知道我還沒有恢復到最佳狀態，但真的嗎？現在……他們為我找的一個像他這樣的對手!?我感覺血液再次回到我的手指。我想，這場比賽我絕對能贏。

在那時，我已經有一段時間沒贏過，所以這個念頭讓我不禁從心底感到愉悅。我伸出手，緊緊和他的手相握：「你好，傑拉德，我叫蓋瑞。」

他們決定將我轉入「行政管理」部門。不要問我什麼是行政管理；我當時不知道，現在還是不知道。我只知道傑拉德就在這個部門。他們做試算表，也處理文書工作。

傑拉德沒有對我報以微笑。事實上，我從來沒有見過傑拉德笑過。他看著地面，把眼鏡推到鼻樑上。他慢慢將身體從椅子上撐起來，彷彿用盡他最後一絲的意志力。他開始往前走，我跟著他，來到全世界最令人沮喪的辦公室。

傑拉德．岡特辦公室裡唯一的光源，來自一顆病態的藍色鹵素燈泡。它嗡嗡作響，清楚表達它在牆上垂死掙扎的痛苦。天花板的吸頂燈壞了。其實我們不都也是如此？

傑拉德．岡特說話的語氣既長又寬，而且單調。他的聲音令人感到無聊至極，帶著迴聲般深沉的悲傷；宛如一頭迷路的孤獨鯨魚發出的絕望呻吟。

他向我解釋我接下來要負責的工作。我根本沒在聽，我打量房間四周。你在下地獄之前，如果遇上某種作業疏失，他們叫你稍候的房間，應該就長這樣吧？完全沒有裝飾，唯一的例外是，桌上擺了一個傑拉德和他妻子合照的相框。

照片中他的妻子很年輕，也許二十四、五歲。非常漂亮的日本女性。她微笑，他也在微笑。他在照片中看起來和太太年齡差不多。天哪！他現在幾歲了？很難說。發生了什麼？傑拉德？到底出了什麼事？你去了哪裡？你是不是走錯什麼路？

我不知道我在他的辦公室裡凝視那張照片多久，但肯定是很長一段時間，因為傑拉德已經將話講完。我對他微笑，真誠且深沉的，然後我使盡全力想捏碎他的手。

我並未從傑拉德向我解釋的新工作內容的獨白中，了解任何我應該負起的責任。即使，事實上，整個過程都被我錄音，但我這輩子從沒再聽過一次，因為我非常害怕再聽一次，可能會讓我老上好幾歲。

因此，至少從方便辦事的角度，我看到傑拉德在我們會面後發送一封電子郵件給我。他明白列出我要負責的項目時，我確實鬆了一大口氣。

他要我創造出一個冗長、艱難、滿是細節的試算表檔案。嗯，非常合理，因為傑拉德本身就是一個冗長、艱難、注重細節的試算表擁護者。我很快瀏覽完他的電子郵件，發現他分配給我的工作量極大，需要至少六、七週，甚至好幾個月才有可能完成。

就這樣嗎？在我對回來工作那麼恐懼，承受那麼久的惴惴不安之後，他們就打算這麼對付我？他們只能想出他媽的這樣水準的把戲？強迫我坐在回收箱附近的角落，叫我在 Excel 上寫下一行又一行的指令，彷彿我被判了一輩子的課後輔導似的，他們卻要為此付我一年十二萬英鎊的薪水？嗯，他媽的。我這輩子被學校留下來的次數可不少，但它們從來沒能強迫我真心反省，阻止我不變成一個混蛋。

我打開 Microsoft Excel 建立一個新檔案，在十五分鐘內做完整個試算表。

兩週後，傑拉德把我叫進他的辦公室，要求檢查我的試算表。我一直在等這一刻，老實說，我相當期待。

我在碰面前，就先將檔案附在電子郵件上寄給他。

他打開一看，瞬間愣住。

「這是什麼？我要的東西在哪裡？你就只做這些嗎？」

我看著他眼裡黯淡的灰黑色，露出微笑。

「是的，傑拉德，我就只做這些。」

「可是這裡面什麼都沒有啊！該做的完全都沒有做到！」

我皺起眉頭，抓抓頭髮，表現出一副憂心忡忡的樣子。

「我很抱歉，傑拉德……你確定檔案有問題嗎？我相信你要求我做的都在上面了！」

我再次微笑，傑拉德只能承認他輸了。《馬太福音》上不是說嗎？「溫柔的人有福了，因為他們必承受地土。」

從那之後，傑拉德再也沒有指派任何工作給我。其他人也沒有。

事實上，銀行裡再也沒有任何人與我交談。我完全無事可做。只有孝介會在確定沒人看見的時候，偷偷溜過來，在我的桌上留下飯糰之類的東西，但其實也沒有幾次。從交易大廳要到廁所，必須經過一條長長的走道，有時在我去刷牙或刷完牙回來的路上，會看到迦勒從相反的方向走來，他一見到我，總會突然假裝他忘了拿識別證或別的東西，轉身往回走。

一旦了解目前的情況，我發一封電子郵件給凱爾，問他，我已經累積多少天的特休。

在我擔任交易員期間，我不常休假，真的不常。當然，之前的六個月都是病假，並不算在特休裡。他告訴我，我已經累積五十多天，於是我便為接下來的六週請特休。

時序進入秋天，我決定去旅行。我和巫師一起去過京都很多次，所以這次我想去更遠的地方。我想去廣島，聽說那裡的御好燒會放麵條。

我沒有料到回銀行工作這麼容易。我還以為我一回來就會有警察之類的人，帶著律師，直接將我扭送監獄。沒想到我還能拿高薪，但完全不需要工作，並且可以自由使用印表機。到底代表什麼？是否代表他們真的找不到我的任何把柄？是不是他們已經搜查過一遍，卻什麼都沒有發現呢？

我經常去高田馬場的英語會話喫茶屋，和各式各樣、許許多多的人交談。和我對話的通常是日本人，但那家喫茶屋也是來自世界各角落的怪人聚集地。有一次，我發現自己和一位有沙棕色頭髮、高聳鼻子的中年荷蘭人喝了好幾個小時的茶。他年輕時認識一位日本女孩，他們後來結婚，又離婚，他成為牧師，決定留在日本。

我發現自己一直說個不停，將我的整個故事都說出來。在這之前，我從未告訴過任何人完整的故事，我從未告訴過任何人我是百萬富翁。我向他傾訴一個多小時，荷蘭神父點點頭，喝了幾杯啤酒。最後，我終於說完，我等待他的回應。他說：「真是他媽的，兄弟。這實在是太糟糕了。」

我姐姐來日本看我。因為我真的很喜歡廣島，所以我帶她去那裡，去神聖的宮島。宮島又叫做嚴島，以矗立在海裡的巨大紅色鳥居聞名於世。我脫掉衣服，游過鳥居下方。太陽下山後，我們拿著仙貝餵鹿。

我姐姐問我，工作進行得如何，我給她看一些我在上班時間畫的畫。一幅是約翰．藍儂，另一幅是保羅．麥卡尼。

我沒有向姐姐解釋我真正面對的狀況，她瞇著眼睛看著我的畫，又瞇著眼睛看著我。然後她問我，我還好嗎？我笑著回答：「是的，黛比茲，我一直都很好。」

她笑了，因為她知道這是真的。

★★★★★

我在秋末初冬時休完假，回到辦公室。之後，我便全心投入在學習日語、學習漢字，以及畫披頭四團員的肖像畫上。

我其實還滿會畫畫的。有一次，一個應該不知道我被為什麼被留校查看的新進職員經過我的辦公桌，注意到我的畫。

「嘿！你畫得真好！這是林哥．史達*，對吧？」

「謝謝。對，就是他。」

「畫得真好！你太厲害了，老兄！這畫是要拿來做什麼的？」

「老實說，我不太確定……我猜也許是像……創意開發之類的？我正在努力讓它看起來像這張照片。」

我給他看我用來做為參考的原始照片。他露出困惑的表情。

「是的……但……這是做什麼用的？你知道嗎？銀行要怎麼使用它？」

我沒有回話。我對這個問題也感到困惑，於是我們短暫的分享一段親密且共同的困惑期。過了一會，他點點頭，慢慢後退，然後離開。

幾週後，我開始意識到，由於沒有實際工作，我有很多空閒時間。因此，在與辦公室裡所有還和我交談的人（並沒有這樣的人存在）開會討論後，我們一致同意我應該把工作時間縮減至每日一至二小時即可。

之後，我每天十點左右進辦公室，開始學習日語或畫畫。有時律師會發文件給我，我就用近在咫尺的印表機列印出來，真是太方便了！到了十二點，我就離開去吃午餐，然後直接回家。我最喜歡去神田區的鬼金棒吃辣麻味噌拉麵。在煙霧繚繞、光線昏暗、牆上掛著紅色惡魔面具的小餐館裡，坐滿一邊揮汗如雨，一邊吃著辣得不得了的拉麵的白襯衫上班族。辛辣的拉麵會讓我的身體感到疲倦，剛好讓我回家就能爬上床好好睡個午覺。

＊編注：披頭四樂團的鼓手。

我這麼度過好幾個星期。到了晚上，我會去會話喫茶屋，週末我則會和一個在六本木披頭四酒吧當服務生的日本女孩見面。她長得很可愛，而且不會說英語，不過我的日語卻進步許多。她常常來公司幫我付錢的大公寓，總喜歡坐在地板而非沙發上。有一天，她轉過身來問我：「嘿，你幾乎沒怎麼在工作，怎麼負擔得起這個地方？」

漸漸的，我開始懷疑我是不是找到世界上最棒的工作。

16

二〇一三年十二月的某一天，凱爾把我叫進他的辦公室。我希望他能通知我已經被解雇了，那將會是我贏得的最終勝利。

凱爾請我坐下，露出他一貫的微笑。以一隻老鼠的標準來說，笑得相當美觀。

「你的工作情況如何？」他問。

「嗯，相當好。我的工作真的很不錯。你呢？」

「是，很好。是的，這樣很好。」他收起微笑。「我想問你，你為什麼到現在都還沒有申請慈善路線呢？」

「慈善路線？」

「是的，慈善路線。冰柱說你想申請。」

「喔！那個慈善路線！是的，確實如此。我非常想申請。」

「太好了，那麼你為何到現在還不申請呢？」

「嗯，你知道的……我手上還有很多工作要做……」

「什麼樣的工作？蓋瑞，你現在手頭上還有什麼？」

「我不太確定你能理解，凱爾……你知道的，它和創意有很大的關係。」

他再次微笑，轉身面對他的電腦，然後他將文件給我，請我離開。

正如你可能在想的，我對這個進展感到非常滿意。離開的門已經出現，我只要走過去就行了。問題是，我想離開嗎？

如今回頭看，我能看得出來我那時的身心狀況並不健康。嚴格來說，我活得很壓抑，我一直擔心自己會被起訴。高階主管會一時興起來瞪我一眼；而我，出於理智，不得不屈服，壓下我想回瞪的衝動。

這讓我很痛苦，但是，在某種程度上，我當時的生活品質真的挺不錯的。我即將交到第一個日本女朋友，我的日語突飛猛進，我在會話喫茶屋裡結識許多聊得來的朋友，我還有一張足夠讓你既羨慕又嫉妒的美食清單。還有，你知道的，耶誕節就快到了。於是我決定先將這事暫時擱置，過一段時間再去想。

日本人其實並不擅長過耶誕節。他們其實分不清楚耶誕老人和肯德基上校。一群瘋子在會話喫茶屋裡相遇，吵著要去卡拉ＯＫ慶祝。

我還是不喜歡卡拉ＯＫ。雖然我滿會唱歌的，但我之前太放不開，一輪到我就渾身不自在。我唱完歌，頂著一頭傲人白髮的六十多歲日本老先生弘，拉我在他身邊坐下。

「你知道嗎？來卡拉ＯＫ玩，唱得好或唱得不好其實無關緊要。你的客人玩得開心，才是最重要的。」

從那以後，我去卡拉ＯＫ時，更懂得享受放開的樂趣。也許，這也是一個能讓我受益一生的教訓。

除夕夜，我和會話喫茶屋的一群人一起在午夜到花園神社參拜。

在除夕的午夜去神社參拜是日本人的固有習俗，即使又冷又黑，神社裡依舊大排長龍。許多人穿著傳統和服。

花園神社的舊神社位於東京最大的紅燈區歌舞伎町。新宿黃金街就在歌舞伎町，是大家聚集喝酒之處，裡面有很多專業小酒吧，它的四周則擠滿各種提供酒精、性愛和美食的店面。

那些酒吧才是我真正學習日語的好地方，尤其是看起來搖搖欲墜，卻總是熱情好客的「袋鼠非法審判」是我最喜歡的一家。我每次去那裡都點日本燒酎加葡萄柚，他們的葡萄柚存貨不足，所以我拿到的飲料日本燒酎的比例愈來愈高，直到葡萄柚完全用完，店主只得趕快跑去7－11補貨。

我和會話喫茶屋相熟的朋友們一起在花園神社排隊，人龍很長。日本人的除夕夜通常都是全家團圓守歲，所以那天晚上，我們一群聚在神社的人都有一個共同點：我們全是沒有家人、被冷落的人。

輪到我參拜時，我將一枚五日圓的小金幣拋進小木盒裡，它彈了兩下才滑進去。金屬撞擊木頭。我抓牢又粗又重的繩子，用力搖晃，上頭的大鈴鐺發出細碎的叮叮聲。我鞠躬，兩次，拍手，兩次，然後我定在原地，等待。突然，在那一瞬間，我感覺寒冽的空氣再次湧入我的肺部。寒冷、潮溼的午夜空氣。不過，這一次，卻沒有帶來絲毫的灼痛感。

「我想，差不多該回家了。」

直到一月底，我才把所有的文件整理好。老實說，我並不著急。之前提過的一個美國慈善機構提供我工作機會，他們說，我可以在倫敦遠距上班，負責撰寫關於貧富不均的文章。全球經濟繼續以緩慢的速度崩塌，一切都是老樣子，經濟沒有成長，生活水準下降。雖然我必須承認，生活在日本讓我很容易忘記這些。有時候我不禁在想，不知道銀行是保留我的舊交易，還是已經全部獲利了結。他們應該保留的，但我猜他們沒有。不曉得為什麼，離開銀行、前往慈善機構的申請文書牽涉到的數量異常多。我費力的完成一切，正式提出申請。

我等了一個月，才收到電子郵件的回覆。

「你的申請已經遭到拒絕。」

我猜你看到這裡，可能也會產生和我當時相同的疑問。

「如果打算他媽的拒絕我，為什麼還要叫我提出申請呢？」這是一個愚蠢的問題，因為答案顯而易見。他們這麼做，純粹是想讓我知道我被他們困住。

他們這麼做是為了讓我明白，當然，如果我願意，我可以吃遍他媽的東京所有的餃子。我可以連續幾個月在東京都裡騎自行車，我可以與當地的披頭四歌迷嬉鬧，我可以在除夕夜拉響神社的大鈴鐺，我可以逛完所有歷史悠久的聖地。只要我願意，這些我都能做，但我不能離開。不，我不能回家。

我需要多長的時間才能拿到全部的錢？還要三年？那時我已經三十歲。不，他媽的。那個該死的男人。去他的。這場爭鬥的意義到底在哪裡？

我按下一直帶在身上的錄音筆的紅色按鈕，然後將它放回口袋，毫無預警的衝向凱爾的辦公室。

「你他媽的在做什麼!?」

凱爾很開心。這幾乎讓我也很開心。

「蓋瑞！真高興見到你！我們要開會嗎？來！先坐下吧！」

我坐下來。

「你他媽的在做什麼？」

「你在說什麼？蓋瑞？到底出了什麼事？」

「你他媽的怎麼會不知道出了什麼事！你他媽的在做什麼？」

「我很抱歉，蓋瑞，但我不知道你在說什麼。我們並沒有事先約好今天要開會吧？是不是？你有什麼問題嗎？到底發生什麼事？」

「為什麼拒絕我的慈善申請？」

「噢，慈善申請！」他微笑，往後靠在椅子上。「我現在明白了，你是為了這件事才來找我的。有什麼問題嗎？」

「為什麼我的申請會被拒絕？」

「嗯，等等，我先看一下。」

他轉向他的電腦。我當然看不見他的螢幕。他一邊看，一邊哼一首我認不出來的歡快曲調。我在想，會不會是日本的曲子。

「好，我明白了。不幸的是，你想去工作的慈善機構並沒有在美國正式註冊。它不符合規定。很不幸的，你不能為他們工作。真是遺憾。」

我們互相瞪著對方。他再度露出微笑。以老鼠的標準來說，相當美觀的微笑。

「我知道你他媽的在做什麼。」

「抱歉，我不明白你的意思。」

「你騙我，冰柱騙我，迦勒也騙我。冰柱將應該保密的會議內容告訴迦勒，這是違法的。你對此有何看法？」

「抱歉，蓋瑞，我對那些事一無所知。你到底在說什麼？」

「你他媽的很清楚我在說什麼，你他媽的心知肚明！你們從一開始就他媽的狼狽為奸，你也知道你們一直在這麼做，你他媽的對此有何看法？」

沒有辦法。完全沒有辦法抓住他，激怒他，抓住他的尾巴將他拖出來。他喜歡這樣，他絕對他媽的喜歡這樣。就像一頭豬，喜歡在屎尿中打滾。

「對不起，蓋瑞，我真的很抱歉，但我真的不明白你的意思。」

他露出堪稱美麗的笑容。我發誓那個混蛋開心得差點就眨眼了。

我無計可施，只能再度回到辦公桌前，寫電子郵件詢問花旗銀行人力資源部門對慈善機構的正式定義。他們過三週才回覆我。我和我的日本女友在那個週末分手了。在我的生活毫無希望時，我不能再讓另一個女孩雙眼含淚的看我。我又開始繞著皇居跑來跑去，把身上的脂肪全部減掉，消滅所有該死的脂肪。我把所有甚至不存在的脂肪減掉，將所有不需要的東西全部剔除。

如果我走不掉，代表什麼？我該怎麼辦？我應該起訴該死的銀行嗎？我會像過去的聖誕節幽靈一樣，在交易大廳裡再坐個三年嗎？我會變成什麼？我會變成什麼樣子？我會放棄嗎？會回頭嗎？我會變成另一個迦勒？還是像傑拉德·岡特一樣變成滿頭白髮的老頭？

我的睡眠時間幾乎立刻蕩然無存，我再次成為夜行性動物。那時正逢冬末，夜晚依舊很冷，我在寒風和霓虹燈中飛來飛去，騎著腳踏車尋找食物。

就在那時，警察偷走我的自行車。

在日本，沒有人會偷東西。沒有人會偷他媽的偷任何東西。你可以把錢包扔在地上，三天後再回來，裡頭的現金一毛錢都不會少。但警察會偷你的腳踏車，所以你最好還是小心點，千萬不要把車停在車站前面。

我向我居住的大樓櫃台詢問，要如何從警察手中拿回我的自行車。他們給我一個地址，我只好搭他媽的火車去那裡。

到達之後，我見識到世界上最大的自行車違停扣押場。我從來沒有見過，甚至無法想像，一個地方能有這麼多自行車。一個由自行車組成的世界，甚至可以說是宇宙。在歷史的長河中，肯定沒有比東京警察更貪婪的自行車竊賊。治安這麼好，我想他們還是得找點什麼事情來殺時間吧？

他們帶我去牽我的自行車。至於他們怎麼知道它到底被放在哪裡，只能說是現代工程的奇蹟。光是走到放我自行車的地方，就走了十五分鐘。

輪子壞了。我不太確定怎麼壞的。我試著想修好它，但它似乎是什麼特殊尺寸所以無法修理，只能再訂購一個一模一樣的。在人生的那個階段，我擁有那輛自行車的時間比擁有女朋友的時間還要長。它是我唯一從倫敦運來的東西，說它是我的老朋友也不為過。

我牽走自行車，再次把它留在車站外面，就是我把它弄丟的那個他媽的車站。東京警察！再給你們一個任務，再偷一次吧！然後我去一家老舊的二手自行車行。它在代代木公園後方一個安靜的住宅區，很靠近迦勒的家。老闆是個走路搖搖晃晃的駝背老男人，我用日語請他讓我看一下店裡最便宜的自行車。

他帶我去看一輛頗具喜感、被日本人暱稱為「淑女車」的黃色小腳踏車，車籃和車鈴在出廠時就已安裝在上頭。我試著撥一下車鈴，聲音有點破損。然而，我們又有誰是完好無缺的？我問他多少錢，他說五千日圓，以當時匯率，大約是三十英鎊。我付完錢，將它騎回家。畢竟人生難免有失去老朋友的時候。

二〇一四年春天。在盛開的櫻花之中，我迎來世界上速度最慢的電子郵件戰爭。

花旗銀行花上三週才告訴我他們對於慈善機構的定義。我幾乎可以肯定，我選的慈善機構完全符合這個定義。我必須把所有相關文件一部分、一部分的剪貼在一起，使這個事實變得異常明顯，然後將它們寄回給凱爾・齊默爾曼。他拖一個月都沒有回覆我。然後，他給我的理由是，我在第二份申請中的第一頁和第三十六頁之類的，簽名簽錯了地方。

我非常清楚他們在做什麼，而且也明白這個過程可能會拖得非常久。我在想，不知道這種情況會不會永遠持續下去，他們是否會繼續付錢讓我坐在岡特部門的角落。櫻花開始逐漸凋落。

我的精神狀態惡化得相當快。自從和冰柱會面，她告訴我沒有什麼可以阻止我離開時，我覺得我抓到逃生繩。我確實不知道它有多堅固，但我一直都知道它就在那裡。有這樣的保證，我感覺自己經過很長一段時間以來第一次可以遠離狼群，稍微喘口氣。但是現在我又回到交易大廳，而且我似乎怎麼找都找不到出口。

儘管沒有什麼事情可做，我待在辦公室的時間卻比以往更長。我的精神緊繃，無法繼續享受學日文或畫畫的樂趣。於是只要一空下來，我就去跑步。樹上的櫻花全部凋謝，東京再一次進入梅雨季節。

就在那時，花旗銀行採取下一步行動。他們取消我的住房津貼。

自從我搬來日本後，我的房租一直由花旗銀行支付。對於在日本工作的銀行業外籍人士來說，由公司負擔房租很正常，而且理論上高額的住房津貼，加上我仍在領取的高薪，應該是我當初願意接受外派的巨大誘因之一。

我很喜歡這戶從陽台可以看到墓地的公寓，也喜歡它頂樓供應梅干飯的餐廳。如果我趴在陽台，將身子探出去，用力轉頭，甚至還能看到東京鐵塔。至於位在四十二樓的餐廳則是觀察人們的好地方。我曾經看過一位美國銀行家花一小時和一對日本夫妻談論小說《白鯨記》，這對夫婦自始至終都沒開口說一句話，只是不時的點頭應和。銀行家走出去時，臉上帶著燦爛的笑容，還姿態悠閒的向我頷首致意。然而，我的視線穿過他肩膀上方，卻看到那個在他身後的日本人正張開雙手，痛苦的抱住自己的頭。

晚上的餐廳通常很空。在煙火綻放的夏季，我有時會獨自在幽暗的餐廳觀看遠處東京灣上空的絢麗煙火。

我猜，以後大概看不到煙火了，這裡的租金真的很貴。如果銀行不支付，我又不願繼續待在這個行業，我大概只能付得起兩個月的房租。到這時，我知道我已經完蛋，而且極有可能未來很多年都無法再正常工作。我開始盤算如果我的健康狀況再也無法恢復到可以工作，甚至一輩子都不能再工作時，要怎麼分配我的錢。

我有一個朋友，來自離我家鄉不遠的埃塞克斯郡羅姆福德。他從兒時就立下志向，長大後要當電影《超級戰隊》（*Power Rangers*）裡的替身演員。為了實現夢想，他毅然決然的搬到日本。他在韓國人聚集的新大久保一戶破舊公寓裡分租一個破舊的房間。那個地區可以算是東京市中心的貧民窟，不過至少離他工作的英語會話喫茶屋很近。我發簡訊問他，能不能收留我睡在他家的地板上。他回覆我：「好，當然可以，老兄。沒問題。」

我在想，不知道花旗銀行是不是會繼續使出這類的手段打擊我，想讓我受不了，決定放棄，自行離開。好吧！我想，就讓他們打擊我吧！我不會放棄的。反正我也不是沒遇過他們這樣的人。

17

在那之後，天氣非常熱，非常潮溼。而我開始，再一次的，變成瘋子。

我厭倦被動等待，於是我決定嘗試一些新玩法。

我開始發送電子郵件。每天給不同的人寫信。給很多人寫信。我發給首席執行長好幾次電郵，全球人力資源主管也是我的收信人。這些戰術並不是我的律師團的提議，也沒得到他們的批准，只不過是我自己的小小創意。

我不太記得我在這些電子郵件裡寫些什麼。有時候，我會自行編造一些時髦且創新的暱稱來稱呼對方，或者含糊的提起一些隱祕的事。有時候，我會具體談論迦勒、冰柱和凱爾．齊默爾曼所做過的行為。有時候，我會不懷好意的暗示那些事情如果出現在報紙上，會讓銀行陷入醜聞。其他時候，我會嘗試以輕鬆的態度，寫一些幽默的軼事，或是介紹及評論食物。在我曉得全球人力資源主管是摩門教徒後，我甚至會在給他的電子郵件中穿插摩門教經文的摘錄。我覺得這是個可以拉近雙方距離的好方法。

這麼執行兩週之後，在夏季最炎熱的日子，凱爾．齊默爾曼把我叫進他的辦公室。

我知道凱爾．齊默爾曼見到我的時候會表現得很開心。他向來如此。

到了此時，我對凱爾的辦公室已經非常熟悉，我注意到他的辦公桌上多一張全家福照片。我現在可以看得出來，凱爾和傑拉德一樣，都娶了日本太太。他有三個孩子，我猜，一定有一半的日本血統。進到辦公室後，我彎腰，仔細看著這張新照片，看了很久很久很久。然後，我才抬頭望向凱爾。

凱爾看起來和以前不同。他一如既往的微笑，只是這一次和以往只有嘴巴在笑不同，這一次他的笑意直達眼底。這不太對，完全打破常態。凱爾．齊默爾曼是被鬼附身嗎？

如此不尋常的樣子迷惑我，我在他辦公桌前坐下，好一會兒，我們都沒開口，只是看著彼此。然後，我們進行一次很長的談話。經過那次談話後，一切都變了。

不管是在故事中或是在現實生活裡，有時會發生一些我們說不出口的事。我們都知道，它們發生在你身上，也發生在我身上。

發生這種情況的原因很多。也許是因為我們不能背叛他人的信任，也許想保存愛人或非常親密的朋友所留下的記憶。也許牽涉的感情對我們來說太過深刻，無法言說，不能被提及。

有時候，我們不能說的原因和情感無關，而是理性的抉擇。這就是為什麼當年我拿到四十萬英鎊的分紅，卻對媽媽隻字不提。

然而，還有其他的時候，不能說的原因不在自身，而在環境。有時候，社會將我們的名字寫在紙上，然後把紙揉成一個球，塞進我們的嘴裡，讓我們什麼都不能說。

發生在我身上的是哪一個？是其中之一嗎？

我不能告訴你這個問題的答案。對不起，真的，我很抱歉。我想當我們割斷綁住我們的繩子時，有時也會誤傷自己，割破皮膚。

我永遠不會忘記在那次面談結束時，凱爾看起來有多開心。不是裝出來的開心，不是表面的開心，而是發自內在的、很真摯的、很真誠的開心。他和我握手，我在他臉上看到彷彿父親為兒子感到驕傲的自豪。

我心想，去你的，你就是一隻該死的老鼠。你就是一隻和我一樣該死的老鼠。

然後，就這樣，我自由了。

18

我是怎麼贏的？我是如何贏得這場戰爭的？

我很想告訴你，是因為我是個瘋子。因為我很聰明，因為我很勇敢。更進一步的說，因為我獨一無二。因為我很有創意，個性狂放。因為我掙脫束縛我的人為限制，決定徹底的瘋狂一回。

可是，其實我不知道正確答案，而且上述大概也都是錯的。

在我獲得自由的前一週，就在我向花旗最高管理階層瘋狂發送電子郵件的同時，鼻涕蟲被解雇。我不確定為什麼，但我喜歡將自己想成原因之一；不過，同樣的，這個想法也可能是錯的。

多個可靠的消息來源告訴我，鼻涕蟲在被解雇後，還安排一場與花旗銀行全球銷售及交易部門所有員工的視訊會議，他在其中表示衷心感謝大家為他完成的工作。然後，在那之後，就在那場視訊會議裡，當著所有人的面，他情緒崩潰，淚流滿面。每一個高階主管都參加這場會議，幾乎沒有例外的每個人都討厭他。他就那樣當著所有人的面，擦去他眼裡那滴冰冷而悲傷的淚水。

雖然鼻涕蟲被開除和我的徹底發瘋是兩個獨立事件，但是當它們合在一起之後，我有些搞不清楚贏得自由的人到底是誰。是我嗎？還是鼻涕蟲？

在和我開會時，鼻涕蟲向來表現和善。因此，我或許太過天真的以為，是迦勒，而不是鼻涕蟲，寧願每年付我十二萬英鎊，外加住房津貼，也要將我留在銀行。除了公開羞辱我外，沒有任何其他原因，也許只是為了阻止我從他手中溜走逃脫。

可是也許我猜錯，也許從來都不是迦勒；也許全是一齣戲；也許想要留下我的是鼻涕蟲，畢竟他一離開，迦勒就立刻放了我。

我不知道。我永遠都不會知道。我永遠都不會知道我到底是怎麼贏的。

但事情就是這樣，不是嗎？你永遠不知道運氣占的比重是多少，真正靠實力的又是多少，不是嗎？比如，如果一九六六年那個俄羅斯巡邊員（他根本不是真正的俄羅斯人）沒有判定進球有效，英格蘭就永遠不會贏得世界盃。也許，如果和我同一個醫院出生的約翰・泰利沒有在莫斯科舉行的歐洲冠軍聯賽決賽中失利，艾林・格蘭特就會是世界上最偉大的教練。也許，如果伊爾福德縣立高中在二〇〇二年十月那天決定向警方報案，我就會留下犯罪紀錄，我就會成為那些沒有選擇只能在街角販賣毒品的男孩之一，這本書的故事根本不會發生。你永遠不會知道的，不是嗎？運氣占的比重是多少，真正靠實力的又是多少？

也許我確實打敗花旗銀行；也許我靠的是智取；也許我真的在這場比賽中表現出色；也許和上述說的都沒關係；也許我只是不停的挨打，倒下後又站起來，像英俊的保羅．紐曼一樣。如何知道我們的哪些勝利和哪些失敗，是因為運氣，還是因為實力？

交易也是如此，不是嗎？當然，我在二〇一一年和二〇一二年透過押注全球經濟崩潰，預測普通民眾、一般家庭的生活水準會緩慢但持續且必然的下跌，全球數億家庭不可避免的陷入貧困之中，因此賺了大錢。後來這些不幸也確實全在現實世界裡發生，但是，說到底，這是否表示我就是對的？

當然，我後來幾乎每一年依舊持續下注在同樣的預測上，從我的沙發，從我的臥室，直到現在，直到二〇二三年；當然，我預見的景象也確確實實持續在發生，每年陷入日益惡化的貧困之中的家庭愈來愈多，付不起房貸，無法養活自己的孩子。然而，這是實力，還是純粹的運氣？

我們不知道，不是嗎？也許我們永遠都不會知道。在這種情況下，我們該怎麼辦？我們是讓它發生，還是阻止它發生？我們會不會閉上眼睛說，這只是一場遊戲？我們是否會告訴自己，全然取決於運氣？

畢竟，那些心胸狹窄、穿著考究、口音高尚的富裕經濟學家也相信自己是對的。當他們告訴大眾情況會好轉，目前的問題只是暫時的時候，他們和我一樣充滿信心。當然，自二〇〇八年以來，他們每年都錯了，當然，即使他們錯了，他們和他們的階級卻在這段期間變得愈來愈有錢，所以，這難道不是純粹的運氣嗎？

永遠沒有辦法知道，不是嗎？誰是對的，誰是錯的，或者我們應該做什麼，或者我們是否應該改變。我們只能等待，看看接下來會發生什麼事，不是嗎？

亞瑟說我們什麼都不能做，說不定他也是對的。嗯，但是他可沒說，你什麼都不可以做，不是嗎？我們還是可以做點什麼，你也可以。我們可以下注。我們可以賭世界末日即將來臨。我們可以賭利率將永遠低於通貨膨脹率，賭經濟會一直崩潰下去。房地產價格、股票價格和黃金價格將會上漲，使有錢人變得更有錢，但薪資卻停滯不前。若以實際價值來看，經濟自然會支撐不住。我們可以那麼做，不是嗎？所有人都可以那麼做。如果我們那麼做，我們所有人都可以因為下這樣的賭注而致富，不是嗎？我們不能嗎？只要我們夠幸運，所有人都可以從世界末日裡獲利。只不過，還是無法阻止它發生，只能眼睜睜的看著它崩潰。

你知道嗎？我小時候有個朋友，他沒有爸爸，只有媽媽，而且他家比我家窮很多。為了讓孩子能吃得上飯，他的媽媽經常不吃飯，她認為我的朋友和他的姐妹們不會注意到，但他們還是注意到了。我知道。因為他告訴過我。

我不知道，我想，遊戲就是那樣。有時你會贏，有時你會輸。而且，你知道的，還有什麼事比贏更重要呢？我不知道。我什麼都想不出來。

19

我告訴凱爾，再給我兩週的時間。

我不知道為什麼我會開口要求那兩週。我猜，大概是因為我還沒有準備好。我不知道我會在那一天突然就贏了，就自由了。我需要一點時間來接受這個事實。

在那兩週裡，我每天都去上班，依照我的合約工時，朝九晚五的待在辦公室裡。

我為什麼這麼做？我不確定。我猜，我只是想多聽一點交易大廳的聲音。當然，東京交易大廳不是我的交易大廳，不是我打出名號的交易大廳，也不是我做夢時會看到的交易大廳。

儘管如此，它仍然是一個貨真價實的交易大廳。人們在這裡相互競爭，試著賺大錢，試著做出正確的預測，試著比同事表現得更好，買下沒有門但有旋轉牆的大公寓。然而，他們所有的夢想卻無法在這裡實現。雖然如鳳毛麟角般稀少，但是在這裡，還是有年輕人可以從一無所有，一躍成為世界上最優秀的交易員。然後，那些有錢的老男人和富家少爺們在年輕人走向廁所時，都會盯著他看，在心裡懷疑：「看看這傢伙，穿著一件 Topman 平價連鎖店買來的愚蠢襯衫。他到底有什麼是我沒有的？」

而且，你知道嗎？正如我們剛才說過的，也許他們是對的，也許這一切真的單純只是因為我運氣好。

有時候，你知道的，我會希望真的只是因為我運氣好。天知道如果不是的話，世界的未來顯然並不美好。

然後，我在交易大廳的最後一天終於來臨。我不必向很多人道別。我去找弗洛倫特．勒博夫，兩個人就他最近的艷遇說笑幾句。他說下次回倫敦時再聯繫我，但從那之後我就再也沒聽過他的任何消息。

我去找午餐鑑賞家，聊最近午餐吃過的東西，他們說：「喔，蓋瑞，你的日語說得真好。」最後我去找孝介，告訴他，我非常感謝他為我做的一切。他微笑著抬手，在自己鼻子前面揮了兩下，用日語回應「沒事的，沒事的」。從那之後，我再也沒見過他。

沒有掌聲送我走出交易大廳。不過，這一次我卻停下來回頭看了一眼。再看最後一眼。

20

我離開大樓，打開我拴在河邊一根燈柱上黃色小腳踏車的鎖。我放下包包，解開條紋白襯衫的釦子，脫下它，把它揉成一團，放進包包裡。天氣非常非常炎熱，我拿出一件巫師剛來日本時送我的7－11灰色小背心。每次穿上它，走進7－11，裡頭的工作人員總會忍不住笑出聲。我將它套在身上，然後我決定，這一次不騎自行車回家，而是再一次用走的，穿越皇居外苑。

我花好長一段時間才走回住處，炙熱的陽光曬得我皮膚發疼。我牽著黃色小自行車穿過上百萬棵一模一樣的樹，我試著數，卻總是分心。

我在想，自己的離開表示什麼。我在想，誰是對的，誰又是錯的。

青蛙說，我很快就會花光所有的錢，最終我會爬回去求他們，他是對的嗎？

亞瑟說，我們無法為崩潰的世界做什麼，只能藉機獲利，袖手旁觀，他是對的嗎？

我認為，經濟會繼續崩潰，人民的生活會變得愈來愈糟，我是對的嗎？

其他人呢？有人是對的嗎？查克把硬幣堆起來，找不到回家的路，他是對的嗎？迦勒離開卻又回來，他是對的嗎？JB、哈利和史努比呢？我們都在做什麼？我們有人是對的嗎？

我的腦子裡充斥太多東西，我無法繼續數樹，更無法將它們全部數完。我能感覺後頸和肩膀已經曬傷，我在想，也許我應該把襯衫拿出來。

但是，後來我又想，不，不，就這樣吧！因為你永遠不知道你什麼時候會再回來。

於是日本的太陽繼續烤我的肩膀。我停下來，什麼都不去想。我走向蟬鳴處，品味空氣中的溼熱。

之後，我飛回倫敦，試著挑戰一場我贏不了的比賽。

我又想，我其實不在乎自己能不能贏，可是我真的應該戒掉總是獨自奮鬥的習慣。

請陪我一起挑戰吧！

祝我們好運。

後記

（以下這些話是許多年後，本名威廉・道格拉斯・安東尼・蓋瑞・托馬斯的比爾，在他的豪宅所在地赫特福德郡、一家位於哈彭登的美麗鄉村酒吧裡，以輕快且略帶醉意的利物浦口音告訴我的。）

「你知道嗎？你離開那天，剛好有一場電話會議。不是因為你離職才特別召開的，就是每月一次的例會，只不過恰巧是你離開的那天。每個人都參加那場會議，紐約、倫敦、東京和雪梨，所有STIRT的交易員和所有STIRT的管理階層。對了，還有查克（查克沒死，醫師切除他的腫瘤後，他被「晉升」到新加坡）。交易員和管理階層加總起來，大概有二十六或二十七人。

我們先做平時會做的事，談論交易，談論市場，然後在快結束的時候，迦勒突然發言了，他直截了當的說：『我想讓大家知道，今天是蓋瑞・史蒂文森在花旗銀行的最後一天。』

之後，好一陣子都沒人開口，會議陷入短暫的沉默。然後他媽的查克出聲，他說：『那麼，是誰贏了？蓋瑞？還是花旗銀行？』

然後，迦勒為了關掉他的手機靜音，發出些微的嘈雜聲、咔嗒聲和劈啪聲。他只說一句話：『蓋瑞贏了。』

然後，沒有人開口說話，你聽到的只有大約十到十五聲輕微的咔噠聲，因為原本手機沒開靜音的人都迅速按下靜音鍵；然後，一旦每個人的手機都調成靜音，所有人都放肆的開懷大笑，甚至連青蛙也不例外。」

——完

致謝

如果沒有這些人，這本書可能永遠都不會問世。首先，我得謝謝我的經紀人克里斯．韋爾貝洛夫（Chris Wellbelove），他是第一個建議我寫書的人，雖然我當時很禮貌的告訴他，想都別想。其次要感謝的是路易絲．鄧尼根（Louise Dunnigan），在我半途而廢時，她說服我這本書並沒有我以為的那麼糟糕。最後，我要謝謝我的姐姐黛比茲．史蒂文森（Deborah/Debris Stevenson）。她告訴我，既然我這麼擅長形狀和結構，數學男孩當然也有寫書的能力。

謝謝所有在我寫這本書時讀過它並幫忙塑造它的人，包括我的編輯湯姆．潘恩（Tom Penn）和保羅．惠特拉奇（Paul Whitlatch），以及所有利用通勤時間，在火車上拿著手機用 Google 文檔閱讀這本書的朋友，尤其是安娜史塔西亞．德羅莎（Anastasia DeRosa）和理查德．帕拉斯拉姆（Richard Parasram）。

我必須感謝在現實生活中為我提供寫作靈感的比爾、迦勒、史努比、蒂茲、ＪＢ、魯伯特、羅丹、洪哥、查克、亞瑟、孝介、凱爾、傑拉德、傑米、冰柱、青蛙、鼻涕蟲，以及最重要的，哈利和巫師。你們和我之間的故事或者很美麗，或者很糟糕，或者很精采。你們讓我別無選擇，只能奮筆疾書。

最後，我要感謝上帝，或任何造物主，讓押注在可怕的未來預測上這麼容易，阻止它們發生卻這麼困難。如果沒有祢，我大概只會躺在海灘上，被太陽曬傷，無聊得無以復加。

作者簡介

蓋瑞．史蒂文生來自英國伊爾福德的勞工階級家庭。獲得獎學金後，在倫敦政治經濟學院攻讀經濟學和數學學士學位。二十一歲時成為花旗銀行的金融交易員。金融危機期間，他預測經濟不平等將大幅加劇，貧困人口日益增加，導致利率一直維持在低水準。透過基於這項預測的利率交易，他成為百萬富翁，二〇一一年更是花旗銀行全球最賺錢的交易員。

二〇一四年，他從金融交易領域急流勇退，前往牛津大學攻讀經濟學碩士學位，撰寫論文〈當家計單位關心財富，經濟不平等對資產價格的影響〉（The Impact of Inequality on Asset Prices When Households Care About Wealth）。他對自己所接受的學校教育感到失望，認為「變革不會從校園發生」，決定公開談論、寫下他的所見所聞，希望用自己的熱情和易於理解的方式，向所有人解釋現實生活中的經濟問題。

COVID-19 疫情爆發後，他預測房價和購物成本會上升，更加劇不平等現象。他加入愛國百萬富翁（Patriotic Millionaires）和關懷人類的百萬富翁（Millionaires for Humanity）組織的「財富稅」運動，創建 YouTube 頻道 GarysEconomics，致力於反對經濟不平等，並向更廣泛的觀眾解釋經濟概念。二〇二一年，他與其他二十九位英國百萬富翁一起簽署致前總理蘇納克（Rishi Sunak）的公開信，呼籲時任的財政大臣引進富人稅，並表示「與其提高國民保險費，每年從領取統一福利救濟金的家庭手上奪走一千英鎊，身價數百萬的財政大臣應該對自己和像我這樣擁有財富的人課稅」。他還提議，限制人們保留財富的時間。

二〇二二年以後，他積極出現在紀錄片或電視媒體，也曾為《衛報》、ＢＢＣ、ＬＢＣ等媒體撰稿。

國家圖書館出版品預行編目（CIP）資料

交易遊戲：日交易量百兆元的法人操盤手，揭露富人愈富、窮人愈窮的失衡現象 / 蓋瑞．史蒂文生（Gary Stevenson）著；卓妙容譯 . -- 臺北市：遠見天下文化出版股份有限公司，2024.07
384 面；14.8×21 公分（財經企管；BCB851）
譯自 : The Trading Game：A Confession

ISBN 978-626-355-861-8（平裝）

1. CST：史蒂文生 (Stevenson, Gary)　2. CST：花旗銀行
3. CST：證券經紀商　4. CST：證券金融業　5.CST：傳記

563.558　　113010071

財經企管 BCB851

交易遊戲

日交易量百兆元的法人操盤手，揭露富人愈富、窮人愈窮的失衡現象

The Trading Game：A Confession

作者 —— 蓋瑞．史蒂文生（Gary Stevenson）
譯者 —— 卓妙容

總編輯 —— 吳佩穎
財經館總監 —— 陳雅如
責任編輯 ——楊伊琳
封面設計 —— 職日設計（特約）

出版者 —— 遠見天下文化出版股份有限公司
創辦人 —— 高希均、王力行
遠見．天下文化 事業群榮譽董事長 —— 高希均
遠見．天下文化 事業群董事長 —— 王力行
天下文化社長 —— 王力行
天下文化總經理 —— 鄧瑋羚
國際事務開發部兼版權中心總監 —— 潘欣
法律顧問 —— 理律法律事務所陳長文律師
著作權顧問 —— 魏啟翔律師
社址 —— 台北市 104 松江路 93 巷 1 號

讀者服務專線 —— 02-2662-0012 ｜ 傳真 —— 02-2662-0007, 02-2662-0009
電子郵件信箱 —— cwpc@cwgv.com.tw
直接郵撥帳號 —— 1326703-6 號　遠見天下文化出版股份有限公司

電腦排版 —— 綠貝殼資訊有限公司（特約）
製版廠 —— 東豪印刷股份有限公司
印刷廠 —— 祥峰印刷事業有限公司
裝訂廠 —— 台興印刷裝訂股份有限公司
登記證 —— 局版台業字第 2517 號
總經銷 —— 大和書報圖書股份有限公司 電話／ (02)8990-2588
出版日期 —— 2024 年 07 月 31 日第一版第 1 次印行

定價 —— NT500 元

ISBN —— 978-626-355-861-8
EISBN ——9786263558687 (PDF)、9786263558694 (EPUB)

書號 —— BCB851
天下文化官網 —— bookzone.cwgv.com.tw